最新安全生产法

条文对照与重点解读

李遐桢／编著

法律出版社 LAW PRESS · CHINA

编 写 说 明

安全生产是关系人民群众生命财产安全的大事,是经济社会协调健康发展的标志,是党和政府对人民利益高度负责的要求。所以,安全生产工作必须树牢安全发展理念,坚持以人为本,坚守发展决不能以牺牲安全为代价这条不可逾越的红线,以防范遏制重特大生产安全事故为重点,坚持安全第一、预防为主、综合治理的方针。

2002 年 6 月 29 日,第九届全国人民代表大会常务委员会第二十八次会议通过《安全生产法》[1],自 2002 年 11 月 1 日起施行。2009 年 8 月 27 日,第十一届全国人民代表大会常务委员会第十次会议对《安全生产法》第一次修正;2014 年 8 月 31 日,第十二届全国人民代表大会常务委员会第十次会议对《安全生产法》第二次修正;2021 年 6 月 10 日,第十三届全国人民代表大会常务委员会第二十九次会议对《安全生产法》第三次修正。至此,《安全生产法》共 7 章 119 条。包括:总则、生产经营单位的安全保障义务、从业人员的安全生产权利义务、安全生产的监督管理、生产安全事故的应急救援与调查处理、法律责任和附则等内容。

生产经营单位千差万别,生产经营活动安全性各不相同,安全生产立法要反映各行各业的安全生产工作要求。除了《安全生产法》之外,还有《矿山安全法》《特种设备安全法》《道路交通安全法》《消防

---

〔1〕 为便于读者阅读,本书中法律法规名称均使用简称。

法》《海上交通安全法》《铁路法》《民用航空法》等法律。为配合上述法律的实施，国务院制定了《安全生产许可证条例》《民用核安全设备监督管理条例》《矿山安全法实施条例》《生产安全事故应急条例》《危险化学品安全管理条例》《国务院关于预防煤矿生产安全事故的特别规定》《煤矿安全监察条例》《生产安全事故报告和调查处理条例》等大量行政法规。按照“管行业必须管安全、管业务必须管安全、管生产经营必须管安全”和“谁主管谁负责”的原则，为了做好安全生产工作，负有安全生产监督管理职责的部门也先后制定了关于安全生产方面的 30 余部部门规章。可以说，从 2002 年《安全生产法》实施至今已经 19 年，逐步建立了以《安全生产法》为安全生产方面的一般法，以《特种设备安全法》等法律为安全生产方面的特别法，以相关行政法规、部门规章、国家标准或行业标准和司法解释为补充的安全生产法律法规体系。

2021 年，值《安全生产法》修改之时，为方便广大读者更好地理解、学习、适用新修改的《安全生产法》，我们编著了这本《最新安全生产法条文对照与重点解读》，本书突出以下特点：

1. 条文对照

本书围绕最新《安全生产法》的条文进行编写，同时对 2021 年修改涉及的条文单独整理新旧对照表，列于相应条款之下，使读者清晰了解该条的立法变化。对照表中，针对不同修改情况采用了特殊符号，“**黑体**”的内容，系 2021 年《安全生产法》所新增、修改的内容；“删除线”的内容，系 2021 年所删除的内容。

2. 适用要点

本书对主体法条进行专门注释并提炼条文主旨，部分条款特设“实用小贴士”，便于读者把握理解适用核心要点。

3. 典型案例

本书从最高人民法院指导案例、参考案例和公报案例中精心梳理关于安全生产的典型案例,并提炼裁判要旨,有针对性地放在相关条款之下,以案释法。读者可扫描二维码,进入"有章·案例",查阅相关案例全文。

4. 流程图表

书末特设流程图表,指引安全生产合规实务,帮助读者速查速记。

本书的出版,如果能够对生产经营单位、从业人员的守法和安全生产监管监察部门执法提供帮助,将是我们莫大的荣幸。本书在编著过程中,不足之处在所难免,恳请读者不吝指正。

编　者

2021 年 6 月

目　　录

中华人民共和国安全生产法

流 程 图 表

中华人民共和国安全生产法

（2002 年 6 月 29 日第九届全国人民代表大会常务委员会第二十八次会议通过　根据 2009 年 8 月 27 日第十一届全国人民代表大会常务委员会第十次会议《关于修改部分法律的决定》第一次修正　根据 2014 年 8 月 31 日第十二届全国人民代表大会常务委员会第十次会议《关于修改〈中华人民共和国安全生产法〉的决定》第二次修正　根据 2021 年 6 月 10 日第十三届全国人民代表大会常务委员会第二十九次会议《关于修改〈中华人民共和国安全生产法〉的决定》第三次修正）

第一章　总　　则

第一条　【立法目的】[1] 为了加强安全生产工作，防止和减少生产安全事故，保障人民群众生命和财产安全，促进经济社会持续健康发展，制定本法。

〔1〕 条文主旨为编者所加，仅供参考，下同。

适用要点

本条是关于《安全生产法》立法目的的规定。

如果生产经营单位、从业人员或者负有安全生产监督管理职责的部门实施的关于安全生产行为不符合立法目的,该行为无效,甚至受到法律制裁。我们在评价和适用一种具体的安全生产制度时,也应从安全生产的立法目的出发。例如,我国存在安全生产违法行为或事故隐患职业举报人,该职业举报人虽然有获得举报奖励之目的,但无论其举报多少次安全生产违法行为或者事故隐患,都是值得鼓励的,也应对其依法奖励,这符合我国安全生产举报奖励制度的立法目的,也符合《安全生产法》的立法目的。

从本条规定来看,《安全生产法》的立法目的主要有四个层次:

一是加强安全生产工作。这里的"生产"是广义的,既包括各种产品的生产经营,也包括各类工程建设、娱乐业以及其他服务业的经营活动;既包括具有高度危险性的生产,也包括危险性比较小的生产。换言之,工矿商贸等各行各业生产经营都属于本法中的"生产"。

二是防止和减少生产安全事故。何为"生产安全事故",《安全生产法》没有明确规定。国务院《生产安全事故报告和调查处理条例》第 2 条规定:"生产经营活动中发生的造成人身伤亡或者直接经济损失的生产安全事故的报告和调查处理,适用本条例;环境污染事故、核设施事故、国防科研生产事故的报告和调查处理不适用本条例。"因此,生产安全事故是指生产经营活动中发生的造成人身伤亡或者直接经济损失的事故,但不包括环境污染事故、核设施事故、国防科研生产事故。生产安全事故是生产经营活动中造成人员伤亡和直接经济损失的事故。人员伤亡包括造成人员死亡和重伤。造成轻伤的,通常有医疗费等支出,属于财产损失的范围。直接经济损失是指因事故造成人身伤亡及善后处理支出的费用和毁坏财产的价值。生产经营活动中的事故虽然难以做到完全避免,但只要高度重视,加大投入,严格遵守法律、法规、规章和操作规程,事故是可以预防和减少的。发生安全事故后，救援措施得当，也可以减少伤亡和财产损失。

三是保障人民群众生命和财产安全。保障人民群众生命和财产安全是本法的根本目的。《安全生产法》保护的对象不限于从业人员，还包括非从业人员；既保护他们的人身权利，也保护他们的财产权利。

四是促进经济社会持续健康发展。2014 年《安全生产法》将原表述“促进经济发展”修改为“促进经济社会持续健康发展”，主要是考虑到经济与社会要同步发展、持续发展和健康发展，《安全生产法》的重要目的是保障经济社会全面、协调、可持续健康发展。

典型案例

安徽金阳金属结构工程有限公司与舒城县应急管理局安督行政处罚案[1]

裁判要旨：本院认为，《安全生产法》相关条文明确，为了加强安全生产工作，防止和减少生产安全事故，保障人民群众生命和财产安全，促进经济社会持续健康发展，生产经营单位在生产经营工作中，要做好生产岗位培训、安全预防措施、安全隐患排除等具体工作。生产安全实行责任事故追究制度，出现生产安全事故的，依照本法和有关法律、法规的规定，追究生产安全事故责任人员的法律责任。本案中，金阳公司在承建涉案工程中，因施工监管不力，安全措施采取不当，造成施工人员张某死亡的安全事故发生，金阳公司作为生产经营单位，应当负有事故责任。原舒城县安监局作为该行政区域安全生产监督管理部门，有权对辖区内发生的安全生产事故进行调查处理，从本案证据材料可以看出，原舒城县安监局在处理该起事故

〔1〕 参见安徽省六安市中级人民法院（2019）皖 15 行终 41 号案例。

中，依法进行调查取证，履行了告知陈述、申辩权，并作出处罚决定，程序符合法律规定。至于上诉人提出处罚20万元偏高与法律、法规规定不符的上诉理由，本院认为，2014年《安全生产法》第109条明确规定了对事故发生单位的处罚标准和幅度，该法系全国人大常委会修正，修止后自2014年12月1日起正式施行，国务院《生产安全事故报告和调查处理条例》实施于2007年6月1日，无论从法律层级上还是生效时间上，均应优先适用《安全生产法》，故上诉人的此理由不能成立。综上，一审判决认定事实清楚，审理程序合法，上诉人上诉理由不能成立，依法不予支持。

第二条 【效力范围】在中华人民共和国领域内从事生产经营活动的单位（以下统称生产经营单位）的安全生产，适用本法；有关法律、行政法规对消防安全和道路交通安全、铁路交通安全、水上交通安全、民用航空安全以及核与辐射安全、特种设备安全另有规定的，适用其规定。

适用要点

本条是关于《安全生产法》效力范围的规定。

法律的效力表现为法对何种空间范围内的人和事产生法律拘束力。它包括：法律的时间效力，是指法律从什么时候开始发生效力和什么时候失去效力；法律的空间效力，是指法律适用的地域范围；法律对人的效力，是指法律适用于什么法律主体；法律对事的效力，是指法律适用于特定法律主体的何种活动。

一、本法的空间效力

本法的空间效力为“中华人民共和国领域内”，即本法的效力及于中华人民共和国的全部领域，包括领陆、领海和领空，即在中华人民共和国领域内从事生产经营活动的单位就要受《安全生产法》的调整。企业在我国专属经济区内从事生产经营活动的，也适用本法的调整。按照我国香港、澳门特别行政区基本法的规定，只有列入这两个基本法附件三的全国性法律，才能在这两个特别行政区适用。《安全生产法》没有被列入其中，因此《安全生产法》不适用于我国已经恢复行使主权的香港特别行政区和澳门特别行政区。香港和澳门的安全生产立法由特别行政区立法机关自行制定。

二、本法的对人效力

本法适用于在中华人民共和国领域内从事生产经营活动的单位（以下简称生产经营单位）。但是，本条中的“生产经营单位”主要有以下三个问题需要明确：

（一）生产经营活动的界定

依据本条规定，《安全生产法》的调整对象是生产经营单位在“生产经营活动”中的“安全”。《安全生产法》中的生产经营活动既包括生产活动，也包括经营活动，还包括生产经营活动。当然，在公共场所集会引发事故的，因集会活动不属于生产经营活动，该事故就不属于生产安全事故，就不在《安全生产法》的调整范围之内。生产经营活动通常在固定场所进行，但也有在固定场所之外实施的，如运营性道路运输活动等。

生产经营活动的目的在于获得利润，但它不同于《民法典》关于“营利法人”中“营利”的界定，并不以将其所获得的利润分配给其成员为目的。例如，高校食堂也属于生产经营活动，应受《安全生产法》调整。民办学校（包括幼儿园）从事教育活动、民办医院从事医疗活动等虽然也获取营利，但因这些行为本身具有公益性，不属于《安全生产法》中所称的生产经营活动，医疗致患者损害或者教育教学致受教育者受害不属于生产安全事故；在从事医疗或者教育过程中，医护人员或教师受到伤害的，虽属于工伤,但是其不属于生产安全事故。换言之,是否为生产经营活动,不但要从是否以获取利润为目的进行判断,还要从行为本身的性质判断。

生产经营活动应做广义上的理解,为生产经营活动做准备或收尾,也属于生产经营活动,在准备或收尾过程中发生的事故也属于生产安全事故。[1] 生产经营单位为从事生产经营活动,在准备过程中发生的事故,也属于生产安全事故。例如,运输公司驾驶员在驾驶空车前往目的地运货途中检修轮胎的行为属于为运输活动而开展的"预备性"活动,它是运输公司生产经营活动的一部分,在检修轮胎过程中,轮胎突然发生爆炸,致人损害的事故,属于生产安全事故。生产经营单位在生产经营活动之后,从业人员在从事收尾性工作时造成的事故,也属于生产安全事故。例如,建筑施工企业在完成建设工程后,安排员工拆除脚手架过程中发生的事故。

(二)生产经营单位应该不包括自然人

从事生产经营活动的单位包括从事生产经营活动的企业、事业单位和个体经济组织以及其他组织,包括国有企事业单位、集体所有制的企事业单位、股份制企业、中外合资经营企业、中外合作经营企业、外资企业、合伙企业、个人独资企业等,不论性质如何,规模大小,只要是从事生产经营活动,都应遵守本法的各项规定。[2] 司法实践认为,生产经营单位不含自然人。[3] 严格意义上讲,单位并不是一个非常严谨的法律概念,也不是一个独立的法律主体,根据第七版《现代汉语词典》的解释,"单位"有两层含义:(1)计量事物的标准量的名称。如米为计量长度的单位,千

---

〔1〕 依据原国家安全监管总局《关于生产安全事故调查处理中有关问题的规定》,生产经营活动,是指在工作时间和工作场所,为实现某种生产、建设或者经营目的而进行的活动,包括与工作有关的预备性或者收尾性活动。

〔2〕 全国人大常委会法制工作委员会编:《中华人民共和国安全生产法释义》,法律出版社2014年版,第6页。

〔3〕 参见孙某某诉莱州市安监局安监行政处罚再审案,山东省高级人民法院(2016)鲁行再26号行政判决书。

克为计量质量的单位,升为计量容器的单位等。(2)指机关、团体等或属于一个机关、团体等的各个部门。而按照《劳动合同法》第2条的规定,用人单位是指中华人民共和国境内的企业、个体经济组织、民办非企业单位等组织。自然人不属于用人单位,不适用《安全生产法》的规定。当然,也有地方性法规规定,自然人属于生产经营单位,例如《广东省安全生产条例》。

(三)生产经营单位不包括非法单位

根据《国家安全生产监督管理总局关于生产安全事故认定若干意见问题的函》第2条的规定,《安全生产法》所称的生产经营活动,既包括合法的生产经营活动,也包括违法违规的生产经营活动。有学者指出:“未依法登记(如未取得相关证照)的组织,排除在安全生产法的调整对象之外,从而造成不取得营业执照、不承担安全生产法律责任的错误导向。”持这种观点的学者针对这种“错误导向”,进一步指出:“仅关注行为主体的性质,而忽略了该主体所从事的行为以及该行为可能产生的严重后果,后者恰恰是安全生产法所要重点规范的内容。”所以,“从主体的行为角度来看,安全生产必然是与有关生产经营活动融为一体的,不存在游离于生产经营活动之外或者独立于生产经营活动的安全生产。因此,界定生产经营单位,应当把重点放在对主体行为的考察上,不能单纯从主体的组织形态或法律属性上来简单做出判断。”[1]行为是主体的行为,没有主体何来行为,上述主张非常容易陷入“行为”与“主体”的循环论证之中,最终必然造成主体与行为的撕裂。“单位”的性质通常决定了行为的性质,《安全生产法》不能适用于机关法人的行政活动,即使机关法人作为建设单位,委托建筑公司建设办公楼,也不能轻易将《安全生产法》关于建设单位的安全生产义务加之于行政机关,承担建筑安全责任的应该是施工单位。[2] “非法

---

〔1〕 阚珂主编:《中华人民共和国安全生产法释义》,法律出版社2014年版,第6页。

〔2〕 建设单位将项目发包给施工单位,施工单位要有资质和安全生产条件,建设单位仅负责审查施工单位的安全资质即可,施工单位承揽工程后,应当对工程建设中的安全生产负责。建设单位只有在未尽审查义务等对施工单位选择、指示过程中存在过错时,才应承担安全生产责任。

单位”并不存在，自然人常私刻公章，假冒不存在单位之名义从事经营活动，有时其从事的行为危险性极大，但行为人是假冒非法单位的自然人，而非“非法单位”，不宜将其纳入《安全生产法》的调整范围，发生事故的，也不能对该自然人以非法单位之主要负责人处以事故罚款，更不可能对不存在之单位实施处罚。不能因这些非法单位有时实施行为的社会危害性巨大，而不顾一切地将其纳入《安全生产法》的调整范围。实际上，这些假冒非法单位从事行为的违法行为，在目前法律框架内并非不能解决，我国现有立法已经张开了天罗地网，如非法经营罪等。

三、本法的对事效力

本法对事的效力，是生产经营活动中的安全问题，其调整的事项仅限于生产经营领域，不属于生产经营活动中的安全问题，如公共安全、国家安全等不适用本法的规定，但在公共场所组织的各类商业活动，受本法的调整。这里的生产经营活动范围非常广泛，既包括资源的开采活动，各种产品的加工、制作活动，也包括各类工程建设和商业、娱乐业以及其他服务业的经营活动。其调整的对象不仅包括生产经营单位的安全生产，也调整负有安全生产监督管理职责的部门及其工作人员对生产经营单位的安全生产监管监察工作。

考虑到从事生产经营活动的单位或者某些安全事项具有特殊性，对其单独立法非常有必要。目前，《消防法》对消防安全、《道路交通安全法》对交通安全、《海上交通安全法》对海上交通安全、《铁路法》对铁路交通安全、《民用航空法》对民用航空安全、《特种设备安全法》对特种设备安全以及《民用核安全设备监督管理条例》《放射性同位素与射线装置安全和防护条例》对核与辐射安全等作了特别规定。因此，对这些领域的安全问题，应当适用相关法律和行政法规的规定。也就是说，在这些领域中的安全问题，由专门的法律、行政法规进行调整，执行这些专门法律、行政法规作出的规定。对于一些安全生产方面的问题，上述法律、行政法规中未作出规定的，仍然要适用本法的规定。

此外,1992年制定的《矿山安全法》对矿山生产安全、1997年制定的《建筑法》对建筑安全生产、1994年制定的《劳动法》对劳动安全、1996年制定的《煤炭法》对煤矿安全等都作了规定,这些规定与《安全生产法》的立法目标是一致的。但是,为了减少法律与法律之间不必要的重复,对这些法律中已经作出的具体规定,《安全生产法》就采取了从简的办法,只作出基本规定或原则规定。《立法法》第94条规定:"法律之间对同一事项的新的一般规定与旧的特别规定不一致,不能确定如何适用时,由全国人民代表大会常务委员会裁决。行政法规之间对同一事项的新的一般规定与旧的特别规定不一致,不能确定如何适用时,由国务院裁决。"所以,当这些法律与《安全生产法》冲突时,是按照特别法优于一般法的原则选择适用《矿山安全法》等特别规定,还是根据新法优于旧法的原则选择适用《安全生产法》,应按照《立法法》第94条的规定,由全国人民代表大会常务委员会裁决。

在司法实践中,《最高人民法院关于安监部门是否有权适用〈安全生产法〉及〈生产安全事故报告和调查处理条例〉对道路交通安全问题予以行政处罚及适用法律问题的答复》中认为,根据《安全生产法》第2条规定,《道路交通安全法》等法律、行政法规对道路交通安全有关问题有特别规定的,应当适用特别规定。没有特别规定的,安监部门可以适用《安全生产法》和《生产安全事故报告和调查处理条例》的规定处理。

典型案例

攀枝花市吉畅汽车运输有限公司、攀枝花市应急管理局行政处罚再审审查与审判监督案[1]

裁判要旨:再审申请人吉畅运输公司因不服被申请人市应急管理局作出的(攀)应急罚〔2019〕6号《行政处罚决定书(单位)》提起本案诉讼。

〔1〕参见四川省高级人民法院(2020)川行申543号案例。

《安全生产法》第2条规定，在中华人民共和国领域内从事生产经营活动的单位的安全生产，适用本法。国家安全生产监督管理总局、公安部等五部委联合发布的安监总统计〔2016〕70号文件规定，道路运输事故中有十二类车辆在从事相应运输活动中发生人员伤亡的事故，应报安监部门并纳入生产安全事故统计。本案案涉肇事车辆川D6××××号四桥重型自卸货车挂靠于吉畅运输公司，该车在经营运输途中发生人员伤亡的道路运输事故，应纳入生产安全事故统计，适用《安全生产法》规定。吉畅运输公司作为挂靠车辆的生产经营单位，没有履行安全生产主体责任，没有对驾驶员进行安全教育培训和对车况进行检测检验，其在安全生产经营中的违法行为应当适用《安全生产法》规定。《生产安全事故报告和调查处理条例》第3条第1款第3项规定，较大事故是指造成3人以上10人以下死亡，或者10人以上50人以下重伤，或者1000万元以上5000万元以下直接经济损失的事故；第19条第2款规定，较大事故由设区的市级人民政府组织事故调查组进行调查，也可以授权或者委托有关部门组织事故调查组进行调查。涉案交通事故造成6人死亡，属较大事故。攀枝花市人民政府在事故发生后成立调查组进行调查，作出《盐边县6·21较大道路交通事故调查报告》符合条例规定。针对案涉行政处罚，市应急管理局相继作出(攀)安监立〔2019〕2－7号《立案审批表》、(攀)安监处呈〔2019〕3－8号《案件处理呈批表》、(攀)应急罚告〔2019〕8号《行政处罚告知书》和(攀)应急听告〔2019〕3号《行政处罚听证告知书》，举行听证会，针对吉畅运输公司的违法行为和处罚，经过集体讨论作出被诉的(攀)应急罚〔2019〕6号《行政处罚决定书(单位)》，程序合法。

实用小贴士

《安全生产法》适用于生产经营单位从事生产经营活动的生产安全工作。生产经营活动双方皆为商事主体的，当然适用《安全生产法》；当一方为生产经营单位，另一方为消费者时，从事生产经营活动的一方仍要适用《安全生产法》的规定，尽其《安全生产法》规定的安全保障义务，不但要保护其内部从业人员的安全，也要保护消费者、周围群众等非从业人员的安全。

第三条 【工作方针、理念、机制】安全生产工作坚持中国共产党的领导。

安全生产工作应当以人为本，坚持人民至上、生命至上，把保护人民生命安全摆在首位，树牢安全发展理念，坚持安全第一、预防为主、综合治理的方针，从源头上防范化解重大安全风险。

安全生产工作实行管行业必须管安全、管业务必须管安全、管生产经营必须管安全，强化和落实生产经营单位主体责任与政府监管责任，建立生产经营单位负责、职工参与、政府监管、行业自律和社会监督的机制。

条文对照

2014年《安全生产法》	2021年《安全生产法》
第三条 安全生产工作应当以人为本，坚持安全发展，坚持安全第一、预防为主、综合治理的方针，强化和落实生产经营单位的主体责任，建立生产经营单位负责、职工参与、政府监管、行业自律和社会监督的机制。	**第三条 安全生产工作坚持中国共产党的领导。** 安全生产工作应当以人为本，坚持**人民至上、生命至上，把保护人民生命安全摆在首位，树牢**安全发展**理念**，坚持安全第一、预防为主、综合治理的方针，**从源头上防范化解重大安全风险。** **安全生产工作实行管行业必须管安全、管业务必须管安全、管生产经营必须管安全**，强化和落实生产经营单位主体责任**与政府监管责任**，建立生产经

续表

2014 年《安全生产法》	2021 年《安全生产法》
	营单位负责、职工参与、政府监管、行业自律和社会监督的机制。

适用要点

本条是关于安全生产工作方针、理念、机制的规定。

习近平总书记在十九大报告中强调:“树立安全发展理念,弘扬生命至上、安全第一的思想,健全公共安全体系,完善安全生产责任制,坚决遏制重特大安全事故,提升防灾减灾救灾能力。”2016 年 12 月《中共中央、国务院关于推进安全生产领域改革发展的意见》强调,“牢固树立新发展理念,坚持安全发展,坚守发展决不能以牺牲安全为代价这条不可逾越的红线,以防范遏制重特大生产安全事故为重点,坚持安全第一、预防为主、综合治理的方针”,“坚持安全发展。贯彻以人民为中心的发展思想,始终把人的生命安全放在首位,正确处理安全与发展的关系,大力实施安全发展战略,为经济社会发展提供强有力的安全保障”。新时代对安全生产工作提出了新的要求,就是应当以人为本,坚持人民至上、生命至上,把保护人民生命安全摆在首位,树牢安全发展理念,坚持安全第一、预防为主、综合治理的方针,从源头上防范化解重大安全风险。

一、安全生产工作坚持中国共产党的领导

中国特色社会主义最本质的特征是中国共产党领导,中国特色社会主义制度的最大优势是中国共产党领导。党是我们各项事业的领导核心。我国之所以实现安全生产形势的根本好转,根本的一条就是始终坚持中国共产党领导。在当代中国,没有党的领导,这个是做不到的。做好安全生产工作,关键在党,而要把安全生产工作这件大事办好,最关键的也是要坚持党的领导。所以,本条第 1 款明确规定“安全生产工作坚持中

国共产党的领导”。这就要求：一是必须坚决落实习近平关于安全生产工作一系列重要讲话和重大论述；二是必须坚决落实《中共中央、国务院关于推进安全生产领域改革发展的意见》；三是必须坚持党政同责、一岗双责、齐抓共管、失职追责，确保习近平总书记关于安全生产工作重要论述落到实处。

二、把保护人民生命安全摆在首位

安全生产工作应当以人为本，坚持人民至上、生命至上，把保护人民生命安全摆在首位。以人为本，就是要以人的生命健康为本。生产经营单位要做到以人为本，就是要以尊重职工、爱护职工、维护职工的人身安全为出发点，以消灭生产经营过程中存在的安全隐患为手段，不断改善劳动环境和安全生产条件，保护职工生命健康，绝不能为了发展经济以牺牲人的生命为代价。当人的生命健康与生产经营单位等法律主体的财产利益冲突时，首先应当考虑人的生命健康，而不是首先考虑和维护财产利益。

三、树牢安全发展理念

安全生产工作还要以安全发展为理念。2014 年《安全生产法》规定“坚持安全发展”，2021 年修正后的《安全生产法》规定“树牢安全发展理念”，这就要求我们不但要坚持安全发展理念，而且还要牢固树立安全发展理念，坚持统筹兼顾，协调发展，正确处理安全与发展的关系。安全作为发展的前提和基础，坚持将安全放在首要位置，促进区域、行业领域的科学、安全、可持续发展，绝不能以牺牲安全换取一时的发展。

四、安全生产十二字方针

“安全第一、预防为主、综合治理”是安全生产工作的十二字方针。这一方针是开展安全生产工作总的指导方针，是长期实践经验的总结。

一是安全第一。在生产经营活动中，在处理保证安全与实现生产经营活动的其他各项目标的关系上，要始终把安全特别是从业人员和其他人员的人身安全放在首要的位置，实行“安全优先”的原则。在确保安全的前提下，实现生产经营活动的其他目标，不安全不生产，生产要安全。安全第一，体现了以人为本、安全发展的理念，是预防为主、综合治理的统帅，没有安全第一的思想，预防为主就失去了思想支撑，综合治理就失去了整治依据。

二是预防为主。这是安全生产工作方针的核心，也是安全第一理念的具体要求和支撑，预防为主要求将预防生产安全事故的发生放在安全工作的首位。安全生产工作虽然包括发生事故后的救援工作，更要在事前预防上下功夫，做到防患于未然，将事故消灭在萌芽状态。我国《安全生产法》对生产经营单位的安全保障义务、从业人员的安全义务以及应急管理部门的检查权等的规定，都是坚持预防为主的体现，可以说现行《安全生产法》就是一部事故预防法。

三是综合治理。所谓综合治理是指要综合运用法律、经济、行政等手段，从发展规划、行业管理、安全投入、科技进步、经济政策、税收政策、教育培训、安全文化以及责任追究等方面着手，建立安全生产长效机制。综合治理的目的在于预防事故的发生，实现以人为本、安全发展的理念，它是“安全第一，预防为主”的安全管理目标实现的重要手段和方法，只有不断健全和完善综合治理工作机制，才能有效贯彻安全生产方针，从源头上防范化解重大安全风险。

五、坚持“三管三必须”

《中共中央、国务院关于推进安全生产领域改革发展的意见》提出：“按照管行业必须管安全、管业务必须管安全、管生产经营必须管安全和谁主管谁负责的原则，厘清安全生产综合监管与行业监管的关系，明确各有关部门安全生产和职业健康工作职责，并落实到部门工作职责规定中。”该意见中的“三管三必须”主要指向部门监管职责，厘清综合监管和行业监管的关系。2021 年《安全生产法》进一步发展了“三管三必须”，提出“安全生产工作”要实行“三管三必须”，这既是对监管部门落实监管责任的要求，也是对生产经营单位落实安全生产主体责任的要求。

六、安全生产工作机制

我国安全生产工作机制是生产经营单位负责、职工参与、政府监管、行业自律和社会监督。建立这一工作机制的目的在于形成齐抓共管的合力。

1. 生产经营单位负责。生产经营单位负责是落实生产经营单位主体责任的要求，生产经营单位要按照法律、法规、规章和各项标准规定的安全生产义务，落实主体责任，对本单位的安全生产工作负责。

2. 职工参与。职工参与是指职工有义务也有权利参与本单位生产经营活动中的安全工作，我国《安全生产法》第 3 章对从业人员的安全生产权利义务作了规定。要充分发挥工会、共青团、妇联组织的作用，依法维护和落实生产经营单位职工对安全生产的参与权与监督权，鼓励职工监督举报各类安全生产问题，对举报者予以奖励。

3. 政府监管。各级人民政府要切实履行安全生产管理职责，各级人民政府中负有安全生产监督管理职责的部门要切实履行安全生产管理和监督职责。根据“管行业必须管安全”的要求，各行业主管部门要履行安全生产监督管理职责。健全完善安全生产综合监管与行业监管相结合的工作机制，强化应急管理部门对安全生产的综合监管，全面落实行业主管部门的专业监管、行业管理和指导职责。各部门要加强协作，形成监管合力，在各级人民政府的统一领导下，严厉打击违法生产、经营等影响安全生产的行为，对拒不执行监管监察指令的生产经营单位，要依法依规从重处罚。

4. 行业自律。一方面各个行业要遵守国家法律、法规和政策，另一方面行业组织要通过行规约束本行业生产经营单位的行为。通过行业间的自律，促使生产经营单位能从自身安全生产的需要和保护从业人员生命健康的角度出发，自觉开展安全生产工作，切实履行法定职责和社会责任。

5. 社会监督。社会监督就是要发挥社会监督的作用,任何单位和个人都有权对违反安全生产的行为进行检举和控告。发挥新闻媒体的舆论监督作用,有关部门和地方要进一步畅通安全生产的社会监督渠道,设立举报电话,接受人民群众的公开监督,打一场安全生产工作的人民战争。

典型案例

重庆正发运输有限公司与重庆市巴南区人民政府重庆市巴南区安全生产监督管理局行政处罚案[1]

裁判要旨:根据《生产安全事故报告和调查处理条例》第3条、第19条第2款、第32条和《重庆市安全生产条例》第44条第3项、第46条之规定,本案所涉"9·28事故"属于一般事故,巴南区政府具有进行调查处理的职权和职责,其所作的《关于重庆正发运输有限公司"9·28"一般车辆伤害死亡事故结案的批复》,是履行生产安全事故调查处理法定职责而作出的行政确认,依法具有法律效力。该批复确认,"9·28事故"是一起经营性道路交通安全责任事故,正发公司安全生产主体责任落实不到位是造成此次事故的间接原因,对本次事故负有责任。正发公司对该行政确认行为既未申请复议,也未提起诉讼,该行为亦无重大、明显违法的情形,依法应得到执行。因此,本院对该行政确认予以支持,即正发公司因安全生产主体责任落实不到位而对本次事故负有责任。安全生产工作应当以人为本,坚持安全发展,坚持安全第一、预防为主、综合治理的方针,强化和落实生产经营单位的主体责任,建立生产经营单位负责、职工参与、政府监督、行业自律和社会监督的机制。这是关于安全生产工作方针的规定,也是关于强化和落实生产经营单位的主

[1] 参见重庆市第五中级人民法院(2017)渝05行终639号案例。

体责任的规定。生产经营单位在生产经营活动全过程中必须履行法定义务,承担法律责任,接受未尽责的追究,这是安全生产主体责任的应有之义。“隐患险于明火,防范胜于救灾,责任重于泰山。”安全生产工作,重在防范事故的发生,预防为主是安全生产方针的核心和具体体现,也是实施安全生产的根本途径。对于生产安全事故,不仅需要从源头上加以防范,对发生事故负有责任的单位,也应当依法给予制裁,从而督促其更好地加强前期预防。

实用小贴士

从部门监管的角度,根据“三管三必须”,对行业负有监管职责的部门要负起该行业安全生产监管工作,如能源行业管理部门要承担能源安全生产监管职责;管理具体业务工作的部门必须管安全生产工作,如财政部门在管主业的同时,应该确保本地区安全生产工作财政投入;负责管理生产经营的部门必须负起生产经营过程中的安全问题。从生产经营单位的角度,根据“三管三必须”,单位内部管理业务的部门也要负责职责范围内的安全生产工作,确保本单位安全生产,如单位内部的财务部门要严格落实本单位安全资金投入,而主管本单位生产经营的部门或负责人要负起生产经营过程中的安全。

第四条 【生产经营单位的基本义务】生产经营单位必须遵守本法和其他有关安全生产的法律、法规,加强安全生产管理,建立健全全员安全生产责任制和安全生产规章制度,加大对安全生产资金、物资、技术、人员的投入保障力度,改善安全生产条件,加强安全生产标准化、信息化建设,构建安全风险分级管控和隐患排查治理双重预防机制,健全风险防范化解机制,提高安全生产水平,确保安全生产。

平台经济等新兴行业、领域的生产经营单位应当根据本行业、领域的特点,建立健全并落实全员安全生产责任制,加强从业人员安全生产教育和培训,履行本法和其他法律、法规规定的有关安全生产义务。

条文对照

2014 年《安全生产法》	2021 年《安全生产法》
第四条　生产经营单位必须遵守本法和其他有关安全生产的法律、法规，加强安全生产管理，建立、健全安全生产责任制和安全生产规章制度，改善安全生产条件，推进安全生产标准化建设，提高安全生产水平，确保安全生产。	**第四条**　生产经营单位必须遵守本法和其他有关安全生产的法律、法规，加强安全生产管理，建立健全**全员**安全生产责任制和安全生产规章制度，**加大对安全生产资金、物资、技术、人员的投入保障力度，**改善安全生产条件，**加强**安全生产标准化、**信息化**建设，**构建安全风险分级管控和隐患排查治理双重预防机制，健全风险防范化解机制，**提高安全生产水平，确保安全生产。 **平台经济等新兴行业、领域的生产经营单位应当根据本行业、领域的特点，建立健全并落实全员安全生产责任制，加强从业人员安全生产教育和培训，履行本法和其他法律、法规规定的有关安全生产义务。**

适用要点

本条是关于生产经营单位基本义务的规定。

一、生产经营单位安全生产的一般性义务

本条第 1 款是关于生产经营单位安全生产一般性义务的规定。根据本条规定，生产经营单位安全生产的一般义务包括：

一是遵守法律法规的义务。安全生产工作必须依法，遵守安全生产法律、法规是生产经营单位必须履行的义务。生产经营单位不但要遵守《安全生产法》，还要遵守其他法律，如《矿山安全法》《建筑法》《消防法》

《特种设备安全法》等法律的规定；生产经营单位不但要遵守国务院制定的关于安全生产的行政法规，如《安全生产许可证条例》，也要遵守负有安全生产监管管理职责的部门根据法律、行政法规制定的关于安全生产的部门规章和规范性文件，如《烟花爆竹安全生产许可证管理办法》。生产经营单位不但要遵守各地方根据法律、行政法规结合本地方实际情况，制定的有关生产安全的地方性法规，如《山东省安全生产条例》等，也要遵守地方人民政府制定的关于安全生产的政府规章，如《北京市生产经营单位安全生产主体责任规定》。

二是加强安全生产管理。安全生产管理是企业管理的重要内容。生产经营单位要依法设置安全生产管理机构或者安全生产管理人员，建立健全本单位安全生产的各项安全生产管理制度并组织实施。生产经营单位的主要负责人是企业安全生产管理工作的第一责任人，带头执行现场带班制度，切实加强安全生产现场管理工作；分管负责人对分管范围内的安全生产加强管理。

三是建立、健全全员安全生产责任制和安全生产规章制度。全员安全生产责任制是企业岗位责任制的一个重要组成部分，是企业中最基本的一项安全制度，也是企业安全生产、劳动保护管理制度的核心。做到安全工作人人有责、各负其责，实现“一岗双责”。安全生产责任制要做到“三定”（定岗位、定人员、定安全生产责任），即什么人在何岗位，负何种安全生产责任。全员安全生产责任制中，生产经营单位的主要负责人对本单位安全生产工作全面负责，其他分管负责人、各级管理人员、职能部门、技术人员、各岗位操作人员以及生产工人，应当根据各自的工作岗位，确定其在安全生产方面应做的工作和应负的责任，并与奖惩制度挂钩。全员安全生产责任制的目的在于落实各岗位的安全生产职责，避免职责不清、相互推诿而使安全生产工作无人负责，无法进行，防止工伤事故与职业病的发生。

安全生产规章制度是以安全生产责任制为核心建立起来的指引和约束人们在安全生产方面的行为准则。安全生产规章制度的目的是明确各岗位安全职责,规范安全生产行为,建立和维护安全生产秩序,包括安全生产责任制、安全操作规程和基本的安全生产管理制度,是生产经营单位制定的组织生产过程和进行生产管理的规则和制度的"总称"。它属于生产经营单位内部规则,是生产经营单位内部的行为规范,对生产经营单位和从业人员具有法律约束力。

四是加大对安全生产资金、物资、技术、人员的投入保障力度。目前,我国安全生产工作取得重要成绩,但生产安全事故仍时有发生,甚至发生惊天动地的大事故,我们对安全生产工作不能掉以轻心。对生产经营单位而言,安全生产工作主要是"投入"是否到位的问题,投入包括"资金"、"物资"、"技术"和"人员"四个方面。"资金"投入主要包括两个方面:(1)生产经营单位要确保安全生产教育培训劳动防护用品等方面的资金投入;(2)依法提取和使用安全生产费用。"物资"投入包括安全设施、设备投入和应急物资投入。"技术"投入主要是生产经营单位采用技术手段确保本单位生产安全,国家鼓励安全生产技术创新,落实技术淘汰制度。"人员"投入包括依法建立安全生产管理机构、配置安全生产管理人员及根据全员安全生产责任制确保所有从业人员关注本单位的安全生产。

五是改善安全生产条件。安全生产条件是指生产经营单位实现安全生产所需要的设施、设备、环境等条件。生产经营单位安全生产条件分为物质性条件和文化性条件。物质性条件主要是安全生产需要具备的各项物质技术条件,如安全帽等。文化性条件也称软条件,如安全生产教育培训、企业安全文化等。因不同行业其潜在的危险因素各不相同,对高危行业我国制定了专门的市场准入条件。按照《安全生产许可证条例》第 2 条的规定,国家对矿山企业、建筑施工企业和危险化学品、烟花爆竹、民用爆炸物品生产企业实行安全生产许可制度。企业未取得安全生产许可证的,不得从事生产活动。对于从事上述生产经营活动的单位要具备取得安全生产许可证的条件才能生产经营。对于不需要取得安全生产许可证的生产经营单位,也要达到安全生产需要的条件。同时,本条第 1 款要求,生产经营单位在符合安全生产条件的基础上,还要持续具备并不断改善安全生产条件。

六是加强安全生产标准化、信息化建设。安全生产标准化，是指通过建立安全生产责任制，制定安全管理制度和操作规程，排查治理事故隐患和监控重大危险源，建立预防机制，规范生产行为，使各生产环节符合有关安全生产法律法规和标准规范的要求，人（人员）、机（机械）、料（材料）、法（工法）、环（环境）、测（测量）处于良好的生产状态，并持续改进，不断加强企业安全生产规范化建设。生产经营单位是安全生产的责任主体，必须依法建立健全安全生产标准化管理体系，通过树立安全生产理念和目标，实施安全承诺，建立健全组织机构，配备安全管理人员，建立并落实安全生产责任制和安全管理制度，提升从业人员素质，开展安全生产风险分级管控和事故隐患排查治理，抓好安全生产质量控制，不断规范、改进安全生产工作。安全生产标准化强调企业安全生产工作的规范化、科学化、系统化和法治化，强化风险管理和过程控制，注重绩效管理和持续改进，这符合安全管理的基本规律，代表了现代安全管理的发展方向，是先进安全管理思想与我国传统安全管理方法、企业具体实际的有机结合，有效提高企业安全生产水平，从而推动我国安全生产状况的根本好转。安全生产标准化主要包含目标职责、制度化管理、教育培训、现场管理、安全投入、安全风险管控及隐患排查治理、应急管理、事故查处、绩效评定、持续改进等方面。

随着信息时代的到来，各个行业都开始应用信息技术实现生产安全，信息化为安全生产工作注入了新的生命力和创造力。信息化要求生产经营单位运用信息化技术手段确保生产安全，通过开展智慧矿山等信息化建设，以信息化手段实现对本单位内部风险管控和隐患排查治理。但因部分企业缺乏对信息化技术的认识，没有重视信息化技术对安全生产的作用，因此，企业在信息化系统上的资金投入也较少，导致企业没有相应的设备和技术，无法对生产数据进行分析，缺乏生产信息化管理系统，造成安全生产工作开展较难。所以，2021 年《安全生产法》明确要求加强安全生产“信息化建设”。

七是构建安全风险分级管控和隐患排查治理双重预防体制。风险管控必将成为安全工作的重点,风险预警是预防事故的首要环节。从世界范围看,风险管控的质量高低直接决定了安全状况。生产安全事故风险管控法律制度应该包括风险辨识、风险评估、风险监控、风险处置预案、风险响应等内容,它应该是安全法律制度的核心内容。生产经营单位要定期开展风险评估和危害辨识,要针对高危工艺、设备、物品、场所和岗位,建立分级管控制度,制定落实安全操作规程。

树立隐患就是事故的观念,建立健全隐患排查治理制度、重大隐患治理情况向负有安全生产监督管理职责的部门和企业职代会“双报告”制度,实行自查自改自报闭环管理。生产经营单位应当建立健全生产安全事故隐患排查治理制度,采取技术、管理措施,及时发现并消除事故隐患。事故隐患排查治理情况应当如实记录,并向从业人员通报。

生产经营单位通过落实上述七个方面的安全生产职责,不断健全风险防范化解机制,提高安全生产水平,确保安全生产。

二、新兴行业、领域的生产经营单位的安全生产义务

互联互通时代,平台经济、共享经济等新兴行业、领域的生产经营单位层出不穷。滴滴打车、美团外卖、宅急送、闪送、共享单车、共享汽车等已经成为我们生活必不可少的组成部分,从事这些新兴行业、领域的企业虽然也属于生产经营单位,必须承担安全生产主体责任,但又属于新业态,其行业、领域特色明显。因此,本条第 2 款规定,平台经济等新兴行业、领域的生产经营单位应当根据本行业、领域的特点,建立健全并落实全员安全生产责任制,加强从业人员安全生产教育和培训,履行《安全生产法》和其他法律、法规规定的有关安全生产义务。例如,从事外卖平台经营服务的生产经营单位应建立并落实全员安全生产责任制,加强对从业人员安全生产教育和培训,确保生产安全。快递员在配送过程中发生事故的,也属于生产安全事故,依法适用《安全生产法》的规定追究相关单位和人员的法律责任。

典型案例

重庆市军耀化工产品有限公司与璧山区人民政府、重庆市人民政府安全生产行政处罚及行政复议案〔1〕

裁判要旨：生产经营单位不具备有关法律、行政法规和国家标准或者行业标准规定的安全生产条件，经停产停业整顿仍不具备安全生产条件，由负有安全生产监督管理职责的部门报请县级以上人民政府予以关闭，据此，璧山区政府具有作出被诉责令关闭决定的法定职权。本案中，璧山区安监局于2015年7月9日对军耀公司经营储存场所进行了现场检查，发现军耀公司存在自建仓库未经正规设计、私自扩建等13处安全隐患问题，当日即下达了责令限期整改指令书。军耀公司于2015年11月30日递交的整改方案及设计图，经专家审查不符合安全生产设计。璧山区安监局于2015年12月9日进行复查，发现军耀公司没有按照责令限期整改指令书的要求进行整改。随后，璧山区安监局对军耀公司处以责令停产停业整顿3个月，并处罚款15万元的行政处罚，经停产停业整顿3个月后，军耀公司仍不具备安全生产条件，璧山区政府对军耀公司作出关闭决定认定事实清楚。璧山区安监局已经依法对军耀公司作出责令停产停业整顿3个月的行政处罚，军耀公司对该行政处罚既没有复议也未诉讼，璧山区安监局履行了作出责令关闭决定的前置程序。璧山区政府对军耀公司作出被诉关闭决定程序中向其送达了行政处罚告知书、行政处罚听证告知书，告知了军耀公司拟对其作出关闭行政处罚的事实、理由及依据，并告知了军耀公司依法享有陈述、申辩、要求举行听证的权利。并受理军耀公司的听证申请依法举行听证会，对军耀公司争议的相关事项进行了听证。被诉关闭决定亦经过璧山区政府常务会议集体讨论决定。璧山区政府作出的被

〔1〕 参见重庆市高级人民法院（2018）渝行终84号案例。

诉关闭决定履行了停产停业整顿、调查、告知、决定等程序，程序合法。璧山区政府根据所调查的事实认定军耀公司在停产停业整顿后仍未达到安全生产的条件，作出了责令关闭的行政处罚决定，事实清楚、证据充分，适用法律依据正确。

实用小贴士

生产经营单位的安全生产规章制度主要包括：(1)安全生产教育和培训制度；(2)安全生产检查制度；(3)生产安全事故隐患排查和治理制度；(4)具有较大危险因素的生产经营场所、设备和设施的安全管理制度；(5)安全生产资金投入或者安全生产费用提取、使用和管理制度；(6)危险作业管理制度；(7)特种作业人员管理制度；(8)劳动防护用品配备和使用制度；(9)安全生产奖励和惩罚制度；(10)生产安全事故报告和调查处理制度；(11)法律、法规、规章规定的其他安全生产制度。

第五条 【生产经营单位主要负责人及其他负责人的职责】生产经营单位的主要负责人是本单位安全生产第一责任人，对本单位的安全生产工作全面负责。其他负责人对职责范围内的安全生产工作负责。

条文对照

2014 年《安全生产法》	2021 年《安全生产法》
第五条 生产经营单位的主要负责人对本单位的安全生产工作全面负责。	**第五条** 生产经营单位的主要负责人**是本单位安全生产第一责任人**，对本单位的安全生产工作全面负责。**其他负责人对职责范围内的安全生产工作负责。**

适用要点

本条是关于生产经营单位的主要负责人、其他负责人安全生产职责的概括性规定。

一、主要负责人的安全生产责任

生产经营单位安全生产主体责任能否落实,重点在主要负责人。生产经营单位的主要负责人是本单位安全生产第一责任人,对本单位的安全生产工作全面负责。“第一责任人”是指主要负责人是本单位安全生产工作的首要负责人,在全员安全生产责任制中,应首先明确主要负责人的安全生产职责。主要负责人不但是第一责任人,而且还要对本单位的安全生产全面负责。全面负责并非安全生产只能由主要负责人承担,也不是方方面面的安全生产工作只能由主要负责人承担,而是主要负责人应负起对本单位安全生产的全面责任,要负责建立健全并落实本单位全员安全生产责任制。按照《安全生产法》第21条的规定,生产经营单位的主要负责人对本单位安全生产工作负有下列职责:(1)建立健全并落实本单位全员安全生产责任制,加强安全生产标准化建设;(2)组织制定并实施本单位安全生产规章制度和操作规程;(3)组织制定并实施本单位安全生产教育和培训计划;(4)保证本单位安全生产投入的有效实施;(5)组织建立并落实安全风险分级管控和隐患排查治理双重预防工作机制,督促、检查本单位的安全生产工作,及时消除生产安全事故隐患;(6)组织制定并实施本单位的生产安全事故应急救援预案;(7)及时、如实报告生产安全事故。

二、其他负责人的安全生产工作职责

主要负责人毕竟精力有限,难以履行方方面面的安全生产职责。所以,2021年《安全生产法》规定“其他负责人对职责范围内的安全生产工作负责。”“其他负责人”是指除主要负责人之外对生产经营活动等负有组织、指挥、管理职责的负责人,主要是指各分管负责人、车间(区队)负责

人、班组负责人等。“职责范围”主要根据“三管三必须”以及“全员安全生产责任制”确定。例如，煤矿的生产副矿长，在负责煤矿生产的同时，要承担其相应的安全生产职责。

典型案例

张丽娟诉吉林辽源经济开发区管理委员会安全生产行政处罚案〔1〕

裁判要旨：张静为亨得利公司派驻欧亚公司的营业员，虽然按照亨得利公司与欧亚公司之间形成的《经营合同书》，张静的工资由亨得利公司发放，但张静实际工作场所是欧亚公司，其日常工作均应服从欧亚公司的统一指挥、领导和管理，亨得利公司及其法定代表人张丽娟无权指挥、领导和管理张静在欧亚公司的日常工作。因此，亨得利公司是劳务派遣单位而非生产经营单位。且根据所查明的事实和相关证据材料，张静在欧亚公司意外跌落死亡事件经调查已经认定为一起安全生产责任事故。生产经营单位的主要负责人对本单位的安全生产工作全面负责。生产经营单位的主要负责人未履行本法规定的安全生产管理职责，导致发生生产安全事故的，由应急管理部门依照规定处以罚款。

实用小贴士

生产经营单位的主要负责人，因生产经营单位的法律组织形式不同有所不同。对于公司制的生产经营单位，按照我国公司法的规定，有限责任公司和股份有限公司的董事长是公司的法定代表人，经理负责“主持公司的生产经营管理工作”。因此，有限责任公司和股份有限公司的主要负责人应当是公司的董事长和经理（总经理、首席执

〔1〕 参见吉林省高级人民法院（2019）吉行终 107 号案例。

行官或者其他实际履行经理职责的企业负责人)。[1]对于非公司制的企业,主要负责人为企业的厂长、经理、矿长等企业行政“一把手”。例如,《全民所有制工业企业法》第7条规定,企业实行厂长(经理)负责制。厂长依法行使职权,受法律保护。第45条规定,厂长是企业的法定代表人。企业建立以厂长为首的生产经营管理系统。厂长在企业中处于中心地位,对企业的物质文明建设和精神文明建设负有全面责任。厂长领导企业的生产经营管理工作。对于个人独资企业,按照《个人独资企业法》第19条的规定,个人独资企业投资人,或者其委托、聘用的其他具有民事行为能力的人是生产经营单位的主要负责人。个体工商户的主要负责人是个体工商户营业执照上登记的自然人。

第六条 【从业人员安全生产权利义务】生产经营单位的从业人员有依法获得安全生产保障的权利,并应当依法履行安全生产方面的义务。

适用要点

本条是关于从业人员安全生产权利义务的规定,是《安全生产法》第3章从业人员的安全生产权利义务在《安全生产法》总则部分的概括。

从业人员在安全生产方面的权利主要包括:(1)安全生产知情权,即生产经营单位的从业人员有权了解其作业场所和工作岗位存在的危险因素、防范措施及事故应急措施。(2)有获得符合国家标准的劳动防护用品的权利。(3)建议权。生产经营单位的从业人员有权对本单位的安全生产工作提出建议。(4)批评、检举、控告权。生产经营单位的从业人员有权对本单位安全生产工作中存在的问题提出批评、检举、控告。生产经营单位不得因从业人员对本单位安全生产工作提出批评、检举、控告而降低其工资、福利等待遇或者解除与其订立的劳动合同。(5)有对违章指挥的拒绝权。生产经营单位的从业人员有权拒绝违章指挥和强令冒险作业。生产经营单位不得因从业人员拒绝违章指挥、强令冒险作业而降低其工

〔1〕 阚珂主编:《中华人民共和国安全生产法释义》,法律出版社2014年版,第6页。

资、福利等待遇或者解除与其订立的劳动合同。(6)有采取紧急避险措施的权利。从业人员发现直接危及人身安全的紧急情况时,有权停止作业或者在采取可能的应急措施后撤离作业场所。生产经营单位不得因从业人员在紧急情况下停止作业或者采取紧急撤离措施而降低其工资、福利等待遇或者解除与其订立的劳动合同。(7)损害赔偿请求权。因生产安全事故受到损害的从业人员,除依法享有工伤保险外,依照有关民事法律尚有获得赔偿的权利的,有权提出赔偿要求。

从业人员既是《安全生产法》保护的对象,也是生产经营单位安全生产工作的具体参与者,根据《安全生产法》的规定,从业人员在安全生产方面的义务主要包括:(1)从业人员在作业过程中,应当严格落实岗位安全责任,应当严格遵守本单位的安全生产规章制度和操作规程,服从管理。(2)正确佩戴和使用劳动防护用品。(3)从业人员应当接受安全生产教育和培训,掌握本职工作所需的安全生产知识,提高安全生产技能,增强事故预防和应急处理能力。(4)报告义务。从业人员发现事故隐患或者其他不安全因素,应当立即向现场安全生产管理人员或者本单位负责人报告;接到报告的人员应当及时予以处理。只有每一位从业人员都认真履行自己在安全生产方面的法定义务,生产经营单位的安全生产工作才能得到保证。实践中,许多生产安全事故的发生,都是由于从业人员违章操作,或者不遵守规章制度造成的。因此,从业人员认真履行安全生产义务,是生产经营单位能够真正做到安全生产的非常重要的因素。

典型案例

季国政重大责任事故案[1]

裁判要旨:季国政作为工程施工的管理人员,于2020年6月24日在

[1] 参见黑龙江省林甸县人民法院(2021)黑0623刑初50号案例。

作业过程中违反有关安全管理规定，为进行基坑排水将放置污水井上的油桶挪开后没有在该危险部位设置警示标志或者围挡，致使发生一人坠井死亡的后果，构成重大责任事故罪，应予依法惩处，公诉机关的指控成立。季国政的辩护人关于被告人季国政具有如实供述自己的罪行；有悔罪表现；系初犯、偶犯并签订认罪认罚具结书及被害人家属已得到赔偿等可以从轻处罚的辩护意见被采纳。被告人到案后如实供述自己的罪行，自愿认罪认罚，对被害人家属进行赔偿且得到谅解，对其可以从轻处罚。对被告人季国政适用缓刑对所居住社区没有重大不良影响，季国政犯重大责任事故罪，判处有期徒刑1年，宣告缓刑2年。

实用小贴士

生产经营单位的从业人员是指在生产经营单位从事生产经营活动各项工作的所有人员，既包括管理人员、技术人员和各岗位的工人，也包括临时聘用的人员、被派遣劳动者以及实习学生。其范围包括劳动者，但不限于劳动者。

第七条 【工会职责】工会依法对安全生产工作进行监督。

生产经营单位的工会依法组织职工参加本单位安全生产工作的民主管理和民主监督，维护职工在安全生产方面的合法权益。生产经营单位制定或者修改有关安全生产的规章制度，应当听取工会的意见。

适用要点

本条是关于工会在安全生产方面职责的规定。

根据本条规定，工会的安全生产职责主要包括两个层次：

一是对本单位的安全生产工作实施监督。工会的根本职责是维护工人的合法权益，工会对生产经营单位事关从业人员生命安全的安全生产工作实施监督，是履行其保护工人合法权益的行为。工会对安全生产工作的监督主要体现在以下几个方面：(1)工会依照国家规定对新建、扩建企业和技术改造工程中的劳动条件和安全设施与主体工程同时设计、同时施工、同时投产使用进行监督。(2)工会发现企业违章指挥、强令工人冒险作业，或者生产过程中发现明显重大事故隐患和职业危害，有权提出解决的建议，企业应当及时研究答复；发现危及职工生命安全的情况时，工会有权向企业建议组织职工撤离危险现场，企业必须及时作出处理决定。(3)对生产经营单位违反安全生产法律、法规，侵犯从业人员合法权益的行为，有权要求纠正。(4)工会有权依法参加事故调查，向有关部门提出处理意见，并有权要求追究直接负责的主管人员和有关责任人员的责任。

二是生产经营单位的工会依法组织职工参加本单位安全生产工作的民主管理和民主监督，维护职工在安全生产方面的合法权益。生产经营单位制定的各项安全生产管理制度违反职工代表大会制度和其他民主管理制度的，工会有权要求纠正，保障职工依法行使民主管理的权利。工会依照法律规定通过职工代表大会或者其他形式，组织职工参与本单位安全生产的民主决策、民主管理和民主监督。生产经营单位制定或者修改有关安全生产的规章制度，应当听取工会的意见。

典型案例

张桂英、范连强行政赔偿案[1]

裁判要旨：工会依法对安全生产工作进行监督，在生产的各个环节都需要工会的参与。在本案中，调查拆除事故的原因时，工会就参与到其

〔1〕参见最高人民法院(2018)最高法行赔申102号案例。

中。桃源县安监局、县公安局、县监察局、县总工会组成了2015年桃源县建龙鞭炮厂原厂区“9·16”拆除事故调查组，作出《2015年桃源县建龙鞭炮厂原厂区“9·16”拆除事故调查报告》，调查报告认定事故的直接原因是：建龙鞭炮厂原厂区实施整体搬迁至今法定代表人刘清海没有制定拆除施工组织方案，没有彻底清除废弃危险品，未按国家相关规定设置安全警示标志，致使隐患爆发；范金门安全意识淡漠，擅自进入存在危险因素的建龙鞭炮厂原厂区，实施拆墙取砖活动，未辨析进入场所的危险因素，用锄头等铁器挖该厂工房墙体基脚。间接原因是建龙鞭炮厂法定代表人刘清海履行法定安全生产职责不到位。事故性质是一般生产安全责任事故。

第八条 【安全生产规划】国务院和县级以上地方各级人民政府应当根据国民经济和社会发展规划制定安全生产规划，并组织实施。安全生产规划应当与国土空间规划等相关规划相衔接。

各级人民政府应当加强安全生产基础设施建设和安全生产监管能力建设，所需经费列入本级预算。

县级以上地方各级人民政府应当组织有关部门建立完善安全风险评估与论证机制，按照安全风险管控要求，进行产业规划和空间布局，并对位置相邻、行业相近、业态相似的生产经营单位实施重大安全风险联防联控。

条文对照

2014年《安全生产法》	**2021年《安全生产法》**
第八条第一款 国务院和县级以上地方各级人民政府应当根据国民经济和社会发展规划制定安全生产规划，	**第八条** 国务院和县级以上地方各级人民政府应当根据国民经济和社会发展规划制定安全生产规划，并组织

续表

2014 年《安全生产法》	2021 年《安全生产法》
并组织实施。安全生产规划应当与城乡规划相衔接。	实施。安全生产规划应当与**国土空间**规划**等相关**规划相衔接。 **各级人民政府应当加强安全生产基础设施建设和安全生产监管能力建设,所需经费列入本级预算。** **县级以上地方各级人民政府应当组织有关部门建立完善安全风险评估与论证机制,按照安全风险管控要求,进行产业规划和空间布局,并对位置相邻、行业相近、业态相似的生产经营单位实施重大安全风险联防联控。**

适用要点

第 8 条是关于安全生产规划的规定。

一、安全生产规划的编制

关于安全生产规划的制定,国务院和县级以上地方各级人民政府应当根据国民经济和社会发展规划制定安全生产规划,并组织实施。十三届全国人大四次会议 2021 年 3 月 11 日表决通过了国民经济和社会发展第十四个五年规划和 2035 年远景目标纲要的决议,决定批准这个规划纲要。纲要共分为 19 篇,其中“第十五篇　统筹发展和安全建设更高水平的平安中国”中的“第五十四章　全面提高公共安全保障能力”之“第一节　提高安全生产水平”规定:“完善和落实安全生产责任制,建立公共安全隐患排查和安全预防控制体系。建立企业全员安全生产责任制度,压实企业安全生产主体责任。加强安全生产监测预警和监管监察执法,深入推进危险化学品、矿山、建筑施工、交通、消防、民爆、特种设备等重点领域安全整治，实行重大隐患治理逐级挂牌督办和整改效果评价。推进企业安全生产标准化建设，加强工业园区等重点区域安全管理。加强矿山深部开采与重大灾害防治等领域先进技术装备创新应用，推进危险岗位机器人替代。在重点领域推进安全生产责任保险全覆盖。”

安全生产规划应当与国土空间规划等相关规划衔接。国土空间规划是各级政府统筹安排发展建设空间布局，保护生态和自然环境，合理利用自然资源，维护社会公正与公平的重要依据。安全生产规划与国土空间规划等相关规划衔接，主要是指安全生产规划中涉及国土空间规划的内容应当与其相衔接，如有关危化品的工业园区建设、化工产业布局等，就应当与国土空间规划相衔接。同时，各级人民政府在编制国土空间规划时，也要考虑安全生产工作。

二、政府安全生产能力建设

本条第 2 款是关于各级政府安全生产能力建设的规定，属于新增加的内容。国务院、省、地级市、县、乡镇等各级人民政府要承担相应的安全生产责任，确保本辖区安全生产。一是各级政府应当加强安全生产基础设施建设，要求各地区和负有安全生产监督管理职责的部门根据本地区和本部门实际情况，制定安全生产基础设施建设方案并加以落实，加强基础建设，提升安全保障能力，针对城市建设、危旧房屋、玻璃幕墙、渣土堆场、尾矿库、燃气管线、地下管廊等重点隐患和煤矿、非煤矿山、危化品、烟花爆竹、交通运输等重点行业以及游乐、“跨年夜”等大型群众性活动，坚决做好安全防范，严防重特大事故发生。二是加强安全生产监管能力建设。各级政府对安全生产监管责任的落实需要加强监管能力建设，监管能力建设需要从监管职责分工、监管机关和监管队伍、监管技术、监管人员培训等各方面着手。无论是安全生产基础建设还是监管能力建设，都需要投入。因此，本款明确规定建设“所需经费列入本级预算”。从制度上保障各级人民政府安全生产基础建设和监管能力建设所需资金。例如，按照行政执法机构车辆配置标准，为各级应急管理部门配备执法车辆。落实安全监管职业能力建设标准要求，为监管执法人员配备专业执法装备，根据各地财政状况，为基层监管执法人员配备移动执法终端、执法记录仪、个人安全防护等装备。这就要求各级人民政府建立完善财政部门牵头负责、有关部门参与配合的安全监管执法经费保障机制、动态调整机制和安全监管执法经费使用管理制度。

三、县级以上各级人民政府的风险管控

应急管理部门应加强对企业实施安全生产风险管理，科学评估生产经营单位事故风险等级，对风险实行分类管理，建立外部激励约束机制，促进依法规范管理，自我控制风险，提高本质安全水平。所以，地方人民政府及相关部门对本辖区内的生产安全风险进行辨识与评价，制定本地生产安全事故风险预警预案，其内容包括事故风险等级、分级标准、应急预案、响应以及解除等。事故风险等级应从安全许可、安全投入、机构设置和人员配备、规章制度制定、安全教育、风险管控和预警、安全管理状况、现场安全条件、事故报告等方面进行评估，将本地区企业列入相应的等级区间。县级以上地方各级人民政府应当组织有关部门建立完善安全风险评估与论证机制，按照安全风险管控要求，进行产业规划和空间布局，并对位置相邻、行业相近、业态相似的生产经营单位实施重大安全风险联防联控。

第九条　【各级人民政府安全生产工作职责】国务院和县级以上地方各级人民政府应当加强对安全生产工作的领导，建立健全安全生产工作协调机制，支持、督促各有关部门依法履行安全生产监督管理职责，及时协调、解决安全生产监督管理中存在的重大问题。

乡镇人民政府和街道办事处，以及开发区、工业园区、港区、风景区等应当明确负责安全生产监督管理的有关工作机构及其职

责，加强安全生产监管力量建设，按照职责对本行政区域或者管理区域内生产经营单位安全生产状况进行监督检查，协助人民政府有关部门或者按照授权依法履行安全生产监督管理职责。

条文对照

2014 年《安全生产法》	2021 年《安全生产法》
第八条第二、三款 国务院和县级以上地方各级人民政府应当加强对安全生产工作的领导，支持、督促各有关部门依法履行安全生产监督管理职责，建立健全安全生产工作协调机制，及时协调、解决安全生产监督管理中存在的重大问题。 乡、镇人民政府以及街道办事处、开发区管理机构等地方人民政府的派出机关应当按照职责，加强对本行政区域内生产经营单位安全生产状况的监督检查，协助上级人民政府有关部门依法履行安全生产监督管理职责。	**第九条** 国务院和县级以上地方各级人民政府应当加强对安全生产工作的领导，建立健全安全生产工作协调机制，支持、督促各有关部门依法履行安全生产监督管理职责，及时协调、解决安全生产监督管理中存在的重大问题。 乡镇人民政府**和**街道办事处，**以及**开发区、**工业园区、港区、风景区等应当明确负责安全生产监督管理的有关工作机构及其职责，加强安全生产监管力量建设，**按照职责对本行政区域**或者管理区域**内生产经营单位安全生产状况**进行**监督检查，协助人民政府有关部门**或者按照授权**依法履行安全生产监督管理职责。

适用要点

第 9 条是关于各级人民政府安全生产工作职责的规定。

根据本条第 1 款的规定，各级人民政府安全生产工作的职责主要包括：

1. 加强领导。加强对安全生产工作的领导是政府应尽的职责，各级人民政府必须充分认识加强对安全生产工作领导的重要性和必要性，依法履行对本地区安全生产工作的领导责任，落实各级人民政府安全生产行政首长负责制和领导班子成员安全生产“一岗双责”制度，健全安全生产监管监察体制，认真研究解决本地区安全生产中的重大问题。

2. 建立健全安全生产工作协调机制。安全生产工作涉及各种行业、领域的生产经营活动，应由不同的部门行使对不同行业、领域的监管职责，但负有安全生产监督管理职责的部门之间监管职责划分有时不够明确。所以，各级人民政府对安全生产监管监察中存在的重大问题，应及时予以协调、解决。因此，需要县级以上各级人民政府建立健全安全生产工作协调机制。安全生产工作协调机制，主要是通过成立安全生产委员会，对安全生产工作进行协调指导。

3. 支持、监督各有关部门依法履行安全生产监督管理职责。各级人民政府应急管理部门和其他依法负有安全生产监督管理职责的部门肩负安全生产的监督管理职责，其职责虽然有法律的授权，但都是代表相关政府实施管理。所以，一方面，县级以上各级人民政府要通过资金投入等方式支持本级政府负有安全生产监督管理职责的部门依法履职；另一方面，要领导和监督负有安全生产监督管理职责的部门依法履行监督管理职责。

实践中，针对开发区、工业园区、港区、风景区等区域安全生产监督管理职责不明的现象，2021 年修正《安全生产法》时明确要求“开发区、工业园区、港区、风景区等应当明确负责安全生产监督管理的有关工作机构及其职责，加强安全生产监管力量建设”。这就要求，在设定这些特定功能区时，必须同时明确该功能区安全生产监督管理的责任主体，明确其安全生产监督管理的工作机构及其职责，加强安全生产监管力量建设。同时，要求乡镇人民政府和街道办事处，以及开发区、工业园区、港区、风景区等负责安全生产监督管理的有关工作机构应按照职责分工负责以下工作：(1)对本行政区域内生产经营单位安全生产状况的监督检查。(2)协助上级人民政府有关部门依法履行安全生产监督管理。换言之，乡、镇人民政府以及街道办事处等应为负有安全生产监督管理职责的部门依法履行职责提供便利，切实保证本地区的安全生产工作。

典型案例

富民县麦竜箐田青采石场诉富民县人民政府案[1]

裁判要旨：2014年《安全生产法》第8条第2款规定，国务院和县级以上地方各级人民政府应当加强对安全生产工作的领导，支持、督促各有关部门依法履行安全生产监督管理职责，建立健全安全生产工作协调机制，及时协调、解决安全生产监督管理中存在的重大问题。该法第9条第1款规定，县级以上地方各级人民政府安全生产监督管理部门对本行政区域内安全生产工作实施综合监督管理。本案中，根据查明的事实，2015年至2017年，富民县政府及相关职能部门对田青采石场现场进行了多次检查，并多次要求田青采石场进行整改。经检查田青采石场仍未能排除相应安全隐患，富民县政府认为田青采石场存在安全隐患，已不再具有安全生产的条件，在履行了相应告知、听证等程序后根据2014年《安全生产法》第108条、第110条的规定作出3号关闭矿山决定书，符合法律规定。昆明市政府经复议维持3号关闭矿山决定书亦无不当。

实用小贴士

国务院安全生产委员会办公室设在应急管理部，承担安全生产委员会的日常工作。其主要职责有：(1)在国务院领导下，负责研究部署、指导协调全国安全生产工作。(2)研究提出全国安全生产工作的重大方针政策。(3)分析全国安全生产形势，研究解决安全生产工作中的重大问题。(4)必要时，协调军委联合参谋部和武警总

[1] 参见云南省高级人民法院(2019)云行终52号案例。

部调集部队参加特大生产安全事故应急救援工作。(5)完成国务院交办的其他安全生产工作。

第十条 【安全生产监督管理体制】国务院应急管理部门依照本法,对全国安全生产工作实施综合监督管理;县级以上地方各级人民政府应急管理部门依照本法,对本行政区域内安全生产工作实施综合监督管理。

国务院交通运输、住房和城乡建设、水利、民航等有关部门依照本法和其他有关法律、行政法规的规定,在各自的职责范围内对有关行业、领域的安全生产工作实施监督管理;县级以上地方各级人民政府有关部门依照本法和其他有关法律、法规的规定,在各自的职责范围内对有关行业、领域的安全生产工作实施监督管理。对新兴行业、领域的安全生产监督管理职责不明确的,由县级以上地方各级人民政府按照业务相近的原则确定监督管理部门。

应急管理部门和对有关行业、领域的安全生产工作实施监督管理的部门,统称负有安全生产监督管理职责的部门。负有安全生产监督管理职责的部门应当相互配合、齐抓共管、信息共享、资源共用,依法加强安全生产监督管理工作。

条文对照

2014 年《安全生产法》	2021 年《安全生产法》
第九条 国务院安全生产监督管理部门依照本法,对全国安全生产工作实施综合监督管理;县级以上地方各级人民政府安全生产监督管理部门依照本法,对本行政区域内安全生产工作实	**第十条** 国务院**应急**管理部门依照本法,对全国安全生产工作实施综合监督管理;县级以上地方各级人民政府**应急**管理部门依照本法,对本行政区域内安全生产工作实施综合监督管理。

续表

2014 年《安全生产法》	2021 年《安全生产法》
施综合监督管理。 国务院有关部门依照本法和其他有关法律、行政法规的规定，在各自的职责范围内对有关行业、领域的安全生产工作实施监督管理；县级以上地方各级人民政府有关部门依照本法和其他有关法律、法规的规定，在各自的职责范围内对有关行业、领域的安全生产工作实施监督管理。 安全生产监督管理部门和对有关行业、领域的安全生产工作实施监督管理的部门，统称负有安全生产监督管理职责的部门。	国务院**交通运输、住房和城乡建设、水利、民航等**有关部门依照本法和其他有关法律、行政法规的规定，在各自的职责范围内对有关行业、领域的安全生产工作实施监督管理；县级以上地方各级人民政府有关部门依照本法和其他有关法律、法规的规定，在各自的职责范围内对有关行业、领域的安全生产工作实施监督管理。**对新兴行业、领域的安全生产监督管理职责不明确的，由县级以上地方各级人民政府按照业务相近的原则确定监督管理部门。** **应急**管理部门和对有关行业、领域的安全生产工作实施监督管理的部门，统称负有安全生产监督管理职责的部门。**负有安全生产监督管理职责的部门应当相互配合、齐抓共管、信息共享、资源共用，依法加强安全生产监督管理工作。**

适用要点

第 10 条是关于安全生产监督管理体制的规定。

一、应急管理部门负责“综合监管”

2018 年 3 月，中共中央印发《深化党和国家机构改革方案》，组建应急管理部，是国务院组成部门，为正部级。将国家安全生产监督管理总局的职责划归应急管理部，不再保留国家安全生产监督管理总局。2018 年

7月国务院办公厅发布《应急管理部职能配置、内设机构和人员编制规定》，规定应急管理部依法行使国家安全生产综合监督管理职权，指导协调、监督检查国务院有关部门和各省（自治区、直辖市）政府安全生产工作，组织开展安全生产巡查、考核工作。依据本法以及其他相关法律的规定，应急管理部门的主要职责有：（1）依照有关法律、行政法规的规定，对涉及安全生产的事项进行审批。（2）依法对生产经营单位执行有关安全生产法律、法规和国家标准或者行业标准的情况进行监督检查。（3）按照国务院规定的权限组织对生产安全事故的调查处理。（4）对违反本法的行为依法给予行政处罚等。

国务院应急管理部依据《安全生产法》等对全国安全生产工作实施综合监督管理；县级以上地方各级人民政府应急管理部门依照《安全生产法》等对本行政区域内安全生产工作实施综合监督管理。应急管理部对全国安全生产工作实施综合监督管理，其综合监督管理表现在：（1）综合监督管理全国安全生产工作，组织起草安全生产方面的综合性法律和行政法规，制定发布工矿商贸行业及有关综合性安全生产规章，研究拟订安全生产方针政策和工矿商贸安全生产标准、规程，并组织实施。负责职责范围内非煤矿矿山企业和危险化学品、烟花爆竹生产企业安全生产许可证的颁发和管理工作。（2）依法行使国家安全生产综合监督管理职权，按照分级、属地原则，指导、协调和监督有关部门安全生产监督管理工作，对地方应急管理部门进行业务指导；制定全国安全生产发展规划；定期分析和预测全国安全生产形势，研究、协调和解决安全生产中的重大问题。（3）负责发布全国安全生产信息，综合管理全国生产安全伤亡事故调度统计和安全生产行政执法分析工作；依法组织、协调特大和特别重大事故的调查处理工作，并监督事故查处的落实情况；组织、指挥和协调安全生产应急救援工作。（4）负责综合监督管理危险化学品和烟花爆竹安全生产工作。（5）指导、协调全国和各省、自治区、直辖市安全生产检测检验工作；组织实施对工矿商贸生产经营单位安全生产条件和有关设备（特种设备除外）进行检测检验、安全评价、安全培训、安全咨询等社会中介组织的资质管理工作，并进行监督检查。(6)组织、指导全国和各省、自治区、直辖市安全生产宣传教育工作，负责安全生产监督管理人员的安全培训、考核工作，依法组织、指导并监督特种作业人员（煤矿特种作业人员、特种设备作业人员除外）的考核工作和工矿商贸生产经营单位主要经营管理者、安全生产管理人员的安全资格考核工作（煤矿矿长安全资格除外）；监督检查工矿商贸生产经营单位安全培训工作。(7)负责监督管理中央管理的工矿商贸生产经营单位安全生产工作，依法监督工矿商贸生产经营单位贯彻执行安全生产法律、法规情况及其安全生产条件和有关设备（特种设备除外）、材料、劳动防护用品的安全生产管理工作。(8)依法监督检查职责范围内新建、改建、扩建工程项目的安全设施与主体工程同时设计、同时施工、同时投产使用情况；依法监督检查工矿商贸生产经营单位作业场所（煤矿作业场所除外）职业卫生情况，负责职业卫生安全许可证的颁发管理工作；监督检查重大危险源监控、重大事故隐患的整改工作，依法查处不具备安全生产条件的工矿商贸生产经营单位。(9)组织拟订安全生产科技规划，组织、指导和协调相关部门和单位开展安全生产重大科学技术研究和技术示范工作。(10)组织实施注册安全工程师执业资格制度，监督和指导注册安全工程师执业资格考试和注册工作。(11)组织开展与外国政府、国际组织及民间组织安全生产方面的国际交流与合作。(12)承办国务院、国务院安全生产委员会交办的其他事项。

二、行业监管

“有关部门”是指除应急管理部外，依照法律、行政法规和国务院有关部门的“三定”方案的规定，对安全生产工作负有监督管理职责的部门，主要是国务院交通运输、住房和城乡建设、水利、民航等有关部门。例如，交通运输部负责交通运输安全监督管理。水利部负责指导监督水利工程建设与运行管理。公安部负责烟花爆竹的公共安全管理，许可烟花爆竹运输和确定运输路线，许可焰火晚会燃放，组织销毁处置废旧和罚没的非法烟花爆竹，侦查非法生产、买卖、储存、运输、邮寄烟花爆竹的刑事案件。

各行业主管部门在对各自的安全生产工作实行专项监督管理的同时，应急管理部门对各行业主管部门的安全生产工作又负有监督检查和指导协调的职能，这充分体现了专项监管和综合监管相结合的工作原则。地方各级人民政府有关部门也应当依照相关的分工，承担本部门相应的安全生产监督管理的职责。

在实践中，出现了一些新兴行业、领域，这些新兴行业、领域通常没有明确的行业、领域管理部门，造成安全生产监管职责不明确，所以 2021 年《安全生产法》规定“对新兴行业、领域的安全生产监督管理职责不明确的，由县级以上地方各级人民政府按照业务相近的原则确定监督管理部门”。例如，闪送属于典型的运输业务，应由负责道路交通运输管理的部门对其进行安全生产监督管理。

三、负有安全生产监督管理职责的部门

应急管理部门和对有关行业、领域的安全生产工作实施监督管理的部门，统称负有安全生产监督管理职责的部门。负有安全监管职责的行业主管部门要按照“管行业必须管安全、管业务必须管安全、管生产经营必须管安全”的要求，做到安全生产责任“五落实”。一是落实“党政同责”，部门党政主要负责人对安全生产工作负总责；二是落实领导班子成员“一岗双责”，部门领导班子成员要在各自分管领域各负其责；三是落实行业领域安全生产监督管理责任，健全工作机构、明确工作职责、充实专业力量；四是落实日常监督检查和指导督促职责，加强本行业领域安全生产监管执法，做好有关事故预防控制，发生重特大事故立即派员到现场指导参与抢险救援、事故调查等工作；五是落实安全生产工作考核奖惩、“一票否决”等制度，建立自我约束、持续改进的安全生产长效机制，按照“谁主管、谁负责”“谁审批、谁负责”的原则，督促落实企业安全生产主体责任，健全本行业领域安全生产责任体系。负有安全生产监督管理职责的部门多，各部门之间应当相互配合、齐抓共管、信息共享、资源共用，依法加强安全生产监督管理工作。

典型案例

乐清桃花岛旅游开发有限公司、浙江省应急管理厅电力行政管理案[1]

裁判要旨：上诉人乐清桃花岛旅游开发有限公司向原浙江省安全生产监督管理局申请公开的信息为“浙江省安全生产监督管理局关于《华能玉环电厂二期500kV送出工程》（玉环变—乐清变500千伏双回输电线路工程）浙江省电力公司获批的安全生产的相关手续”。2014年《安全生产法》第9条第2款规定：“国务院有关部门依照本法和其他有关法律、行政法规的规定，在各自的职责范围内对有关行业、领域的安全生产工作实施监督管理；县级以上地方各级人民政府有关部门依照本法和其他有关法律、法规的规定，在各自的职责范围内对有关行业、领域的安全生产工作实施监督管理。”故有些专门行业的安全生产工作并非由县级以上地方各级人民政府安全生产监督管理部门实施监督管理。上诉人上诉称可推定案涉工程施工建设必须要向原浙江省安全生产监督管理局办理安全生产相关手续，并无事实和法律依据。原浙江省安全生产监督管理局答复称“信息不属于本机关的掌握范围”，并在行政复议过程中进一步解释“不具有申请人申请公开信息涉及相关电力工程的审批职责”，已尽到法定的告知及说明理由义务。

实用小贴士

国家矿山安全监察局

按照党中央决策部署，国家煤矿安全监察局更名为国家矿山安全监察局，仍由应急管理部管理。应急管理部的非煤矿山安全监督管理职责划入国家矿山安全监

[1] 参见浙江省高级人民法院（2019）浙行终627号案例。

察局。设在地方的27个煤矿安全监察局相应更名为矿山安全监察局，由国家矿山安全监察局领导管理。根据《中共中央办公厅、国务院办公厅关于印发〈国家矿山安全监察局职能配置、内设机构和人员编制规定〉的通知》要求，国家矿山安全监察局负责贯彻落实党中央关于矿山安全监管监察工作的方针政策和决策部署，在履行职责过程中坚持和加强党对矿山安全监管监察工作的集中统一领导。主要职责是：(1)拟订矿山安全生产（含地质勘探，下同）方面的政策、规划、标准，起草相关法律法规草案、部门规章草案并监督实施。(2)负责国家矿山安全监察工作。监督检查地方政府矿山安全监管工作。组织实施矿山安全生产抽查检查，对发现的重大事故隐患采取现场处置措施，向地方政府提出改善和加强矿山安全监管工作的意见和建议，督促开展重大隐患整改和复查。(3)指导矿山安全监管工作。制定矿山安全准入、监管执法、风险分级管控和事故隐患排查治理等政策措施并监督实施，指导地方矿山安全监督管理部门编制和完善执法计划，提升地方矿山安全监管水平和执法能力。依法对煤矿企业贯彻执行安全生产法律法规情况进行监督检查，对煤矿企业安全生产条件、设备设施安全情况进行监管执法，对发现的违法违规问题实施行政处罚、监督整改落实并承担相应责任。(4)负责统筹矿山安全生产监管执法保障体系建设，制定监管监察能力建设规划，完善技术支撑体系，推进监管执法制度化、规范化、信息化。(5)参与编制矿山安全生产应急预案，指导和组织协调煤矿事故应急救援工作，参与非煤矿山事故应急救援工作。依法组织或参与煤矿生产安全事故和特别重大非煤矿山生产安全事故调查处理，监督事故查处落实情况。负责统计分析和发布矿山安全生产信息和事故情况。(6)负责矿山安全生产宣传教育，组织开展矿山安全科学技术研究及推广应用工作。指导矿山企业安全生产基础工作，会同有关部门指导和监督煤矿生产能力核定工作。对煤矿安全技术改造和瓦斯综合治理与利用项目提出审核意见。(7)完成党中央、国务院交办的其他任务。(8)职能转变。国家矿山安全监察局要进一步完善“国家监察、地方监管、企业负责”的矿山安全监管监察体制。以防范遏制重特大矿山生产安全事故为重点，坚持安全第一、预防为主、综合治理的方针，加强对地方政府落实矿山安全属地监管责任的监督检查，严密层级治理和行业治理、政府治理、社会治理相结合的安全生产治理体系，着力防范化解区域性、系统性矿山安全风险。推动地方矿山安全监督管理部门强化监管执法，依法严厉查处违法违规行为，督促企业落实安全生产主体责任，推动企业建立健全自我约束、持续改进的内生机制。强化矿山安全监管能力建设，建立健全监管执法人员资格管理制度，加强教育培训，推进安全科技创新，提升信息化建设和应用水平，进一步提高执法队伍能力和素质。将煤矿安全生产许可、建设工程安全设施设计审查和竣工验收核查、检验检测机构认证、相关人员培训等事项移交给地方政府。

第十一条 【安全生产相关标准】国务院有关部门应当按照保障安全生产的要求，依法及时制定有关的国家标准或者行业标准，并根据科技进步和经济发展适时修订。

生产经营单位必须执行依法制定的保障安全生产的国家标准或者行业标准。

适用要点

本条是关于安全生产国家标准、行业标准的制定和执行的规定。

科学、合理地制定国家标准、行业标准，对保障安全生产具有重要意义。安全标准涉及安全设施设备、作业场所、生产作业或施工工艺、安全生产劳动防护用品等。标准（含标准样品），是指农业、工业、服务业以及社会事业等领域需要统一的技术要求标准，包括国家标准、行业标准、地方标准和团体标准、企业标准。国家标准分为强制性标准、推荐性标准，行业标准、地方标准是推荐性标准。强制性标准必须执行。关于安全生产的标准，是强制性标准，要求企业必须执行，且是安全生产监督管理的重要方面。国务院有关部门应根据科技进步和经济发展对安全生产标准适时加以修订。

典型案例

玉林市博通公路工程监理有限责任公司与百色市安全生产监督管理局、百色市人民政府质量监督行政管理案[1]

裁判要旨：造成隆林各族自治县“5·12”道路交通事故的原因是原告没有按照《公路工程施工监理规范》的规定严格监理，施工单位违反《公路工程施工安全技术规范》，对违规组织施工的行为没有及时制止和纠正，该行为违反了2014年《安全生产法》第10条第2款的规定，原告对这起事故承担监理责任。

2016年5月12日7时许，岑锦兴驾驶改装的正三轮摩托车违法搭载12人由隆林各族自治县者保乡上棒村往者保乡政府所在地方向行驶，至上××卡××屯上坡右弯弯道路段时，适逢前方道路中间有广西永顺建设有限公司未按规范设置警示标志、未采取防护措施、于前一天未平整的两堆砂石堆料，岑锦兴未在确保安全的原则下驾驶车辆碾压砂石堆料后失控，致车辆驶出道路左侧坠落路外旱田，造成车上乘员9人死亡、3人受伤。涉案事故发生路段的建设方为隆林各族自治县交通运输局，施工单位为广西永顺建设有限公司，监理单位为博通监理公司。根据2014年《安全生产法》第9条第1款规定，被告市安监局有权对本行政区内安全生产工作进行综合监督管理。而根据2011年《〈生产安全事故报告和调查处理条例〉罚款处罚暂行规定》第3条规定，事故发生单位是指对事故发生负有责任的生产经营单位，其不仅是指施工单位、建设单位，还包括其他与事故发生有关的生产经营单位。本案中原告是经工商行政管理机关登记并领取营业执照的合法监理单位，其通过向客户提供监理服务收

〔1〕 参见广西壮族自治区百色市右江区人民法院(2017)桂1002行初37号案例。

取报酬的行为系从事经营活动，应当属于生产经营单位，原告作为监理单位，应根据2014年《安全生产法》第10条第2款规定，执行依法制定的保障安全生产的国家标准或者行业标准，但因原告监理不到位引发事故，被告市安监局根据2014年《安全生产法》第109条第2项对原告进行处罚，是依法履行法定职责的具体体现。

实用小贴士

关于安全生产的行业标准仍属于强制性标准

根据《标准化法》的规定，对保障人身健康和生命财产安全、国家安全、生态环境安全以及满足经济社会管理基本需要的技术要求，应当制定强制性国家标准。对没有推荐性国家标准、需要在全国某个行业范围内统一的技术要求，可以制定行业标准。行业标准由国务院有关行政主管部门制定，报国务院标准化行政主管部门备案。行业标准是推荐性标准。但是《安全生产法》则规定，生产经营单位必须执行依法制定的保障安全生产的行业标准。所以，根据《安全生产法》的规定，关于安全生产的行业标准也属于强制性标准，生产经营单位也应执行。

第十二条　【安全生产国家标准的制定】国务院有关部门按照职责分工负责安全生产强制性国家标准的项目提出、组织起草、征求意见、技术审查。国务院应急管理部门统筹提出安全生产强制性国家标准的立项计划。国务院标准化行政主管部门负责安全生产强制性国家标准的立项、编号、对外通报和授权批准发布工作。国务院标准化行政主管部门、有关部门依据法定职责对安全生产强制性国家标准的实施进行监督检查。

条文对照

2014 年《安全生产法》	2021 年《安全生产法》
	第十二条　国务院有关部门按照职责分工负责安全生产强制性国家标准的项目提出、组织起草、征求意见、技术审查。国务院应急管理部门统筹提出安全生产强制性国家标准的立项计划。国务院标准化行政主管部门负责安全生产强制性国家标准的立项、编号、对外通报和授权批准发布工作。国务院标准化行政主管部门、有关部门依据法定职责对安全生产强制性国家标准的实施进行监督检查。

适用要点

本条是关于安全生产国家标准制定的规定，属于2021年新增加的规定。本条之规定意在促进安全生产国家标准的制定。

安全生产领域存在大量强制性行业标准，这些强制性行业标准要求生产经营单位必须执行。而《标准化法》则认为，行业标准属于推荐性标准。因此，非常有必要加快安全生产国家标准的制定，将行业标准及时转化为国家标准，提高标准的层次和效力。

国务院标准化行政主管部门统一管理全国标准化工作。国务院有关行政主管部门分工管理本部门、本行业的标准化工作。县级以上地方人民政府标准化行政主管部门统一管理本行政区域内的标准化工作。县级以上地方人民政府有关行政主管部门分工管理本行政区域内本部门、本行业的标准化工作。对保障人身健康和生命财产安全、国家安全、生态环境安全以及经济社会发展所急需的标准项目，制定标准的行政主管部门应当优先立项并及时完成。

国务院有关部门按照职责分工负责安全生产强制性国家标准的项目提出、组织起草、征求意见、技术审查。国务院应急管理部门统筹提出安全生产强制性国家标准的立项计划。国务院标准化行政主管部门负责安全生产强制性国家标准的立项、编号、对外通报和授权批准发布工作。国务院标准化行政主管部门、有关部门依据法定职责对安全生产强制性国家标准的实施进行监督检查。

典型案例

马海军与海西蒙古族藏族自治州安全生产监督管理局行政撤销案[1]

裁判要旨：国务院负责安全生产监督管理的部门依照《安全生产法》，对全国安全生产工作实施综合监督管理；县级以上地方各级人民政府负责安全生产监督管理的部门对本行政区域内安全生产工作实施综合监督管理。下级安全监管监察部门可以将重大、疑难案件报请上级安全监管监察部门管辖。涉案生产事故监管监察工作本应由德令哈市安监局管辖，德令哈市安监局根据案件性质可报请被告管辖，被告按照政府的授权，会同相关部门成立"8·20"事故调查组，对涉案生产事故进行调查处理，其具有履行实施行政处罚行政职能，故原告主张被告对涉案生产事故无管辖权的理由不能成立，本院不予采纳。县级以上人民政府安全生产监督管理部门对生产经营单位及其有关人员在生产经营活动中违反有关安全生产的法律、行政法规、部门规章、国家标准、行业标准和规程的违法行为实施行政处罚。

[1] 参见青海省格尔木市人民法院(2018)青2801行初120号案例。

第十三条 【安全生产教育】各级人民政府及其有关部门应当采取多种形式,加强对有关安全生产的法律、法规和安全生产知识的宣传,增强全社会的安全生产意识。

适用要点

本条是关于加强安全生产宣传教育的规定。

各级人民政府应当采取多种形式,利用电视、广播、报纸、微信公众号、微博等,大力开展安全生产法律、法规、标准的宣传,使广大职工和人民群众熟悉安全生产法律、法规和标准,宣传安全生产知识,增强全社会的安全生产意识。

实用小贴士

安全生产月

经国务院批准,由国家经委、国家建委、国防工办、国务院财贸小组、全国总工会和中央广播事业局等十个部门共同作出决定,于1980年5月在全国开展安全生产月(1991年~2001年改为“安全生产周”),并确定以后每年6月都开展安全生产月,使之经常化、制度化。

第十四条 【协会组织职责】有关协会组织依照法律、行政法规和章程,为生产经营单位提供安全生产方面的信息、培训等服务,发挥自律作用,促进生产经营单位加强安全生产管理。

适用要点

本条是关于协会组织在安全生产方面的职责的规定。

协会组织是社会中介组织,它的产生和发展是社会分工和市场竞争日益加剧的结果，反映了各行业的企业自我服务、自我协调、自我监督、自我保护的意识和要求。协会组织是由个人、单个组织为达到某种目标，通过签署协议，自愿组成的团体或组织，它通常是依法成立的社会团体法人。有关协会组织一方面要做好服务工作，为生产经营单位提供安全生产方面的信息、培训等服务；另一方面要发挥自律作用，促进生产经营单位加强安全生产管理。

实用小贴士

中国安全生产协会

中国安全生产协会，是由中国各地生产经营单位、相关社会团体和科研机构、大专院校等事业单位以及专家、学者自愿组成的，并依法经民政部批准登记成立的全国性、非营利性的社会团体法人，是行业自律性组织，是推动和发展中国安全生产事业的重要社会力量。中国安全生产协会成立于2008 年1 月，在业务上接受应急管理部的领导。

第十五条 【为安全生产提供技术、管理服务机构的职责】依法设立的为安全生产提供技术、管理服务的机构，依照法律、行政法规和执业准则，接受生产经营单位的委托为其安全生产工作提供技术、管理服务。

生产经营单位委托前款规定的机构提供安全生产技术、管理服务的，保证安全生产的责任仍由本单位负责。

适用要点

本条是关于为安全生产提供技术、管理服务机构的职责的规定。

安全生产工作具有很强的专业性、技术性特点。生产经营单位的有关安全生产保障，都离不开相关的技术、管理服务工作，如对安全条件的评价，对有关设施、设备性能的检验和检测以及安全生产培训、咨询等。负有安全生产监督管理职责的部门对安全生产进行监督管理也需要一定的服务机构提供支撑，如需要对某种物质是否属于“危险化学品”进行鉴定等。为安全生产提供技术、管理服务的机构必须是依法设立的提供安全评价、认证、检测、检验、培训和咨询等服务的机构。例如，2019 年应急管理部制定的《安全评价检测检验机构管理办法》对检测检验机构设立的条件和程序等作了规定。“依法设立”，是指专业服务机构必须依照法律、法规、规章的规定设立，需要具备相应资质条件并经有关主管部门批准的应当依法经批准。这些机构依法独立执业，并对其提供服务的结果负责，承担法律责任。非依法设立的机构，不得接受生产经营单位的委托提供安全生产技术、管理服务。

专业服务机构必须依照法律、行政法规和执业准则，为生产经营单位的安全生产工作提供服务。“依照法律、行政法规”，是指专业服务机构提供服务的范围、对象、内容、出具的有关报告和证明以及有关程序等都必须符合有关法律、行政法规的规定。专业服务机构必须对自己的行为结果负责。“执业准则”是专业服务机构在开展业务时应当遵守的具体规范和要求。执业准则一般由有关行业协会或者主管部门制定，对保证服务机构规范、公正地开展业务具有重要意义。专业服务机构在遵守法律、行政法规的同时，还必须遵守执业准则，自觉约束自己的执业行为。

专业服务机构接受委托，应当与委托方签订安全生产技术、管理服务合同，明确提供服务的范围、方式、要求以及双方的权利和义务等事项。未经生产经营单位委托，专业服务机构不得强行为其提供服务。同时，除法律、法规规定外，任何单位和个人不得强令生产经营单位接受服务。生产经营单位委托专业服务机构提供安全生产技术、管理服务的，保证安全生产的责任仍由本单位负责。当然，这并不意味着专业服务机构不需要承担任何责任，其也应当根据法律、行政法规以及委托合同的约定，承担相应的责任，但这种责任不同于生产经营单位保证本单位安全生产的主体责任。

典型案例

梁亮、百色市安全生产监督管理局质量监督行政管理案[1]

裁判要旨：本次事故中，事故调查组在事故认定中已经明确指出"5·12事故"是一起较大的道路交通致死责任事故，在《交通事故认定书》中已经明确了造成交通事故的主要原因是驾驶员岑锦兴与永顺建设公司，并没有载明监理公司应当承担责任。同时2014年《安全生产法》第13条规定："依法设立的为安全生产提供技术、管理服务的机构，依照法律、行政法规和执业准则，接受生产经营单位的委托为其安全生产工作提供技术、管理服务。生产经营单位委托前款规定的机构提供安全生产技术、管理服务的，保证安全生产的责任仍由本单位负责。"

实用小贴士

专业服务机构的法律责任

承担安全评价、认证、检测、检验职责的机构出具失实报告的，责令停业整顿，并处3万元以上10万元以下的罚款；给他人造成损害的，依法承担赔偿责任。承担安全评价、认证、检测、检验职责的机构租借资质、挂靠、出具虚假报告的，没收违法所得；违法所得在10万元以上的，并处违法所得2倍以上5倍以下的罚款，没有违法所得或者违法所得不足10万元的，单处或者并处10万元以上20万元以下的罚款；对其直接负责的主管人员和其他直接责任人员处5万元以上10万元以下的罚款；给他人造成损害的，与生产经营单位承担连带赔偿责任；构成犯罪的，依照刑法有关规定追究刑事责任。对有违法行为的机构及其直接责任人员，吊销其相应资质和资格，5年内不得从事安全评价、认证、检测、检验等工作；情节严重的，实行终身行业和

[1] 参见广西壮族自治区百色市中级人民法院(2018)桂10行终189号案例。

职业禁入。

第十六条 【生产安全事故责任追究制度】国家实行生产安全事故责任追究制度，依照本法和有关法律、法规的规定，追究生产安全事故责任单位和责任人员的法律责任。

条文对照

2014 年《安全生产法》	2021 年《安全生产法》
第十四条 国家实行生产安全事故责任追究制度，依照本法和有关法律、法规的规定，追究生产安全事故责任人员的法律责任。	**第十六条** 国家实行生产安全事故责任追究制度，依照本法和有关法律、法规的规定，追究生产安全事故**责任单位和**责任人员的法律责任。

适用要点

第 16 条是关于生产安全事故实行责任追究制度的规定。

引发生产安全事故的原因很多，有的生产安全事故是由于自然原因引起的，这属于灾难，这时不能追究生产经营单位的责任。例如，交通运输过程中突然遭遇泥石流，造成车毁人亡等。但很多时候，生产安全事故是因为生产经营单位以及从业人员违反生产安全法律、法规、标准和有关技术规程、规范等人为因素造成的。例如，煤矿超能力作业引发生产安全事故，或者管理人员违章指挥或者从业人员违章作业等引发生产安全事故等。从导致生产安全事故发生的原因来看，有技术方面的，也有管理方面的，甚至有设施设备方面的。鉴于生产安全事故对人民群众生命、财产造成严重损害，对因人为原因造成的责任事故，必须依法追究相关人员的法律责任，达到警示教育的作用。法律责任分为民事责任、行政责任和刑事责任。生产安全事故责任追究则主要强调行政责任和刑事责任的追究,民事责任则主要体现为事故发生单位对受害人的赔偿。

一、民事责任

生产经营单位因生产安全事故造成伤亡主要分为两种情形:一种是造成从业人员人身伤亡,另一种是造成从业人员之外的其他人的伤亡。生产安全事故造成从业人员伤亡的,因从业人员主要是劳动者,多属于工伤事故的范畴,按照工伤损害赔偿等相关规定对受害者进行赔付。受害者是从业人员之外的其他人的,则按照《民法典》的规定进行赔付。如果生产经营单位造成他人伤亡在《民法典》上有特别规定,适用特别规定承担民事责任。例如,生产经营单位因高度危险作业造成的,按照《民法典》关于高度危险作业致害的规定承担责任。如果生产事故造成伤亡,不属于特别侵权的,依据《民法典》关于一般侵权行为的规定对受害人承担民事责任。

生产经营单位民事责任赔偿的范围分为人身损害赔偿范围和财产损害赔偿范围。侵害他人造成人身损害的,应当赔偿医疗费、护理费、交通费等为治疗和康复支出的合理费用,以及因误工减少的收入。造成残疾的,还应当赔偿残疾生活辅助具费和残疾赔偿金。造成死亡的,还应当赔偿丧葬费和死亡赔偿金。侵害他人财产的,财产损失按照损失发生时的市场价格或者其他方式计算。

二、行政责任

行政责任是指违反有关行政管理的法律、法规的规定所依法应当承担的法律后果。行政责任一般分为行政处分和行政处罚。行政处分是对国家工作人员及由国家机关委派到企业、事业单位任职人员违法违纪行为给予的制裁性处理。按照《公职人员政务处分法》的规定,政务处分主要包括警告、记过、记大过、降级、撤职、开除。行政处罚是对有行政违法行为的单位或者个人给予的行政制裁。按照《行政处罚法》的规定,行政处罚的种类包括警告、通报批评；罚款、没收违法所得、没收非法财物；暂扣许可证件、降低资质等级、吊销许可证件；限制开展生产经营活动、责令停产停业、责令关闭、限制从业；行政拘留；法律、行政法规规定的其他行政处罚。在对生产安全事故调查处理中，必须实事求是地查明事故的责任，对确实为责任事故的，既要查清事故单位责任者的责任，也要查清对安全生产负有监督管理职责的有关部门是否有违法审批或不依法履行监督管理职责的责任，并根据不同情节，分别给予行政处分或者行政处罚。按照《安全生产法》和《生产安全事故报告和调查处理条例》的规定，发生事故的，对负有责任的生产经营单位以及主要负责人分别处以罚款。

三、刑事责任

刑事责任是指具有刑事责任能力的人因实施《刑法》中规定的犯罪行为按刑事法律的规定应当承担的法律责任，包括主刑和附加刑两种刑事责任。主刑，是对犯罪分子适用的主要刑罚，它只能独立使用，不能相互附加适用。主刑分为管制、拘役、有期徒刑、无期徒刑和死刑。附加刑分为罚金、剥夺政治权利、没收财产。对犯罪的外国人，也可以独立或附加适用驱逐出境。《安全生产法》多处规定了对发生生产安全事故负有责任的人或者存在严重的安全生产违法行为的人需要承担刑事责任。例如，《安全生产法》第 100 条规定："未经依法批准，擅自生产、经营、运输、储存、使用危险物品或者处置废弃危险物品的，依照有关危险物品安全管理的法律、行政法规的规定予以处罚；构成犯罪的，依照刑法有关规定追究刑事责任。"为配合《安全生产法》的实施，《刑法》中规定了多个生产安全罪名，例如重大责任事故罪、重大劳动安全事故罪等。

典型案例

张保国与运城市应急管理局行政处罚案[1]

裁判要旨：国家实行生产安全事故责任追究制度，依照《安全生产法》和有关法律、法规的规定，追究生产安全事故责任单位和责任人员的法律责任。本案中，被上诉人运城市安监局具有对本行政区域内安全生产工作监督管理的职责。发生交通事故的半挂牵引车属于沁阳保通汽运公司，沁阳保通汽运公司是以营利为目的从事汽车运输活动的经营单位，2014 年《安全生产法》第 2 条规定，在中华人民共和国领域内从事生产经营活动的单位的安全生产，适用本法；有关法律、行政法规对消防安全和道路交通安全、铁路交通安全、水上交通安全、民用航空安全等另有规定的，适用其规定。该规定表明《道路交通安全法》对“道路交通安全”有规定的，适用其规定；没有规定的，仍应适用《安全生产法》的规定。由于《道路交通安全法》未对安全事故单位及事故单位主要负责人的行政处罚作出明确规定，因此，对生产经营性道路交通责任事故的事故调查及对事故单位、事故单位负责人的行政处罚应当适用《安全生产法》的规定。

实用小贴士

多罚制

多罚制，亦称多罚原则，是指对发生生产安全事故的生产经营单位，既处罚该生产经营单位，也处罚其法定代表人以及有关责任人员。例如，发生生产安全事故的，依据《安全生产法》第 114 条对生产经营单位实施处罚、依据第 95 条对生产经营单位的主要负责人进行处罚、依据第 96 条对生产经营单位的其他负责人和安全生产管理人员进行处罚。

---

〔1〕 参见山西省运城市中级人民法院(2019)晋 08 行终 46 号案例。

第十七条　【安全生产权力和责任清单】县级以上各级人民政府应当组织负有安全生产监督管理职责的部门依法编制安全生产权力和责任清单，公开并接受社会监督。

条文对照

2014年《安全生产法》	2021年《安全生产法》
	第十七条　县级以上各级人民政府应当组织负有安全生产监督管理职责的部门依法编制安全生产权力和责任清单，公开并接受社会监督。

适用要点

本条是关于负有安全生产监督管理职责的部门编制安全生产权责清单的规定。

权责清单包括权力清单和责任清单。推行地方各级政府工作部门权力清单和责任清单制度，是党中央、国务院部署的重要改革任务，是国家治理体系和治理能力现代化建设的重要举措，对于深化行政体制改革，建设法治政府、创新政府、廉洁政府具有重要意义。所以，县级以上各级人民政府应当组织负有安全生产监督管理职责的部门依法编制安全生产权力和责任清单。

2015年中共中央办公厅、国务院办公厅印发了《关于推行地方各级政府工作部门权力清单制度的指导意见》。该指导意见提出，将地方各级政府工作部门行使的各项行政职权及其依据、行使主体、运行流程、对应的责任等，以清单形式明确列示出来，向社会公布，接受社会监督。通过建立权力清单和相应责任清单制度，进一步明确地方各级政府工作部门职责权限,大力推动简政放权,加快形成边界清晰、分工合理、权责一致、运转高效、依法保障的政府职能体系和科学有效的权力监督、制约、协调机制,全面推进依法行政。

为全面推进安全生产领域依法行政,负有安全生产监督管理职责的部门应依法编制权责清单,全面彻底梳理安全生产监督管理行政职权,逐项列明设定依据;对没有法定依据的安全生产监督管理行政职权,应及时取消;编制权力清单要依法逐条逐项进行合法性、合理性和必要性审查,在审查过程中,要广泛听取基层、专家学者和社会公众的意见。除保密事项外,负有安全生产监督管理职责的部门要以清单形式将每项职权的名称、编码、类型、依据、行使主体、流程图和监督方式等,及时在政府网站等载体公布。垂直管理的负有安全生产监管监察职责的部门设在地方的具有行政职权的机构,其权力清单由其上级部门进行合法性、合理性和必要性审核确认,并在本机构业务办理窗口、上级部门网站等载体公布,并接受人民群众的社会监督。

在建立权力清单的同时,要按照权责一致的原则,逐一厘清与安全生产监管监察职权相对应的责任事项,建立责任清单,明确责任主体,健全问责机制。负有安全生产监督管理职责的部门的责任清单中,需要明确各有关部门必须承担哪些责任、必须做哪些事情,明确每个部门的“职责边界”。该指导意见要求已经建立权力清单的,要加快建立责任清单;尚未建立权力清单的,要把建立责任清单作为一项重要改革内容,与权力清单一并推进。

实用小贴士

权责清单编制的分类标准

权责清单的编制应结合负有安全生产监督管理职责的部门实际,参照行政许可、行政处罚、行政强制、行政征收、行政给付、行政检查、行政确认、行政奖励、行政裁决和其他类别的分类方式进行编制。

第十八条　【国家鼓励安全生产科研及技术推广】国家鼓励和支持安全生产科学技术研究和安全生产先进技术的推广应用，提高安全生产水平。

适用要点

本条是关于鼓励和支持安全生产科学技术研究和先进技术推广应用的规定。

科学技术是第一生产力，安全生产也离不开科学技术的支持。保障安全生产，不仅要靠建立、健全有关安全生产管理制度，加强监督管理，提高人们的安全生产意识，最大限度做好“人防”，也要靠加强安全生产科学技术研究和安全生产先进技术的推广应用，把安全生产工作建立在先进的科学技术基础上，通过先进的技术和设备，全力做好“技防”和“物防”。由于安全生产科学技术研究和安全生产先进技术的推广应用是一项基础性、长远性工作，仅靠市场机制难以解决问题，需要国家给予鼓励和支持。国家的鼓励和支持，可以采取多种形式。如宣传舆论上的鼓励和支持；政策上的鼓励和支持，包括财政、税收、金融以及人事政策的鼓励和支持；直接给予物质扶持、奖励等。在《安全生产法》中明确规定国家鼓励和支持安全生产科学技术研究和先进技术的推广应用，有利于发挥法律的政策导向功能，为促进我国安全生产科学技术研究和安全生产先进技术推广应用创造良好的环境和条件。

第十九条　【国家奖励】国家对在改善安全生产条件、防止生产安全事故、参加抢险救护等方面取得显著成绩的单位和个人，给予奖励。

适用要点

本条是关于对在安全生产方面取得显著成绩的单位和个人给予奖励的规定。

为了充分发挥有关单位和个人在安全生产工作中的积极性，本条明确规定“国家对在改善安全生产条件、防止生产安全事故、参加抢险救护等方面取得显著成绩的单位和个人，给予奖励”。这一规定为奖励在安全生产工作中做出显著成绩的单位和个人提供了法律依据。

获得奖励的条件是“在改善安全生产条件、防止生产安全事故、参加抢险救护等方面取得显著成绩”。“改善安全生产条件”，是指通过对现有生产经营设施、设备、工艺等的革新，使安全生产条件明显改善，安全生产得到进一步的保障。“防止生产安全事故”是通过及时发现事故隐患和其他安全生产问题并采取措施，有效防止事故发生；“参加抢险救护”是在事故发生后积极参与抢险救护，防止事故损失或影响进一步扩大。应当奖励的不仅限于以上三种情况，还包括其他有利于安全生产工作的情况。

“奖励对象”，是指有上述三种情况的单位和个人，既包括生产经营单位及其有关人员，也包括政府、有关部门及其工作人员，还包括其他社会组织和公民个人。

奖励包括精神奖励和物质奖励。精神奖励，是指对受奖者给予一定的名誉、荣誉奖励，使社会对其贡献和成绩予以充分肯定。物质奖励，是指对受奖者予以物质方面的奖励，包括奖金、实物等。无论是精神奖励还是物质奖励，其目的都是使受奖者得到一种激励和鼓舞，使其更加积极地为安全生产工作做出贡献。

实用小贴士

奖励程序

为了保证奖励工作有序进行，做到客观公正，使奖励真正起到应有的作用，防止出现偏差，尤其是防止出现不正之风，在实施奖励政策时必须要有明确的程序做保证。这种程序主要是指评审的程序，包括候选人或者候选单位的产生办法、推荐条件等。程序必须公开、透明，防止暗箱操作，以保证公平、公正。

第二章　生产经营单位的安全生产保障

第二十条　【生产经营单位应当具备安全生产条件】生产经营单位应当具备本法和有关法律、行政法规和国家标准或者行业标准规定的安全生产条件；不具备安全生产条件的，不得从事生产经营活动。

适用要点

本条是关于生产经营单位应当具备安全生产条件的规定。

生产经营单位要保证生产经营活动安全顺利地进行，防止和减少安全生产事故，必须在安全设施、设备、人员安全素质、安全管理制度、采用的工艺和技术等方面达到相应的要求，具备必要的安全生产条件。不具备安全生产条件的，不得从事生产经营活动。如果达不到安全生产条件而进行生产经营的，需要承担相应的法律责任。例如，达不到安全生产资金投入，致使生产经营单位不具备安全生产条件的，根据《安全生产法》第93条的规定，责令限期改正，提供必需的资金；逾期未改正的，责令生产经营单位停产停业整顿。不同的生产经营活动，其危险性各不相同，甚至存在千差万别。所以，本条规定生产经营单位应当具备本法和有关法律、行政法规和国家标准或行业标准规定的安全生产条件。

一、生产经营单位应具备法律规定的安全生产条件

《安全生产法》对生产经营单位的安全生产条件作了规定，除此之外，《建筑法》《消防法》《矿山安全法》《煤炭法》等法律也对生产经营单位的安全生产条件进行了规定，生产经营单位不但要具备《安全生产法》规定的安全生产条件，也要具备这些专门法中规定的安全生产条件。例如，《安全生产法》对生产经营单位的安全生产管理机构、专职安全生产管理人员、兼职安全生产管理人员的设置作了规定，因《安全生产法》属于一般法，因此无论从事何种生产经营活动的生产经营单位都要按照本法的规定，设置相应的安全管理机构或者专兼职安全生产管理人员。

二、生产经营单位应具备行政法规规定的安全生产条件

生产经营单位还要具备行政法规规定的安全生产条件，其中最为重要的行政法规是《安全生产许可证条例》。该条例规定，国家对矿山企业、建筑施工企业和危险化学品、烟花爆竹、民用爆炸物品生产企业实行安全生产许可制度。企业未取得安全生产许可证的，不得从事生产活动。此外，《危险化学品安全管理条例》对危险化学品的生产、经营、运输等安全生产条件作了规定。例如，生产、储存危险化学品的单位，应当根据其生产、储存的危险化学品的种类和危险特性，在作业场所设置相应的监测、监控、通风、防晒、调温、防火、灭火、防爆、泄压、防毒、中和、防潮、防雷、防静电、防腐、防泄漏以及防护围堤或者隔离操作等安全设施、设备，并按照国家标准、行业标准或者国家有关规定对安全设施、设备进行经常性维护、保养，保证安全设施、设备的正常使用。

三、生产经营单位还应具备国家标准或者行业标准规定的条件

有关安全生产的国家标准或者行业标准都属于强制性标准。安全生产的国家标准或者行业标准是关于安全生产的技术规范或管理规范，是保障安全设施、设备、仪器、仪表、器材有效可靠的手段，是政府开展依法

行政和履行安全生产监管监察职责的技术依据，是防止和减少生产安全事故，促进安全生产稳定好转的保证。我国安全生产的国家标准或行业标准主要包括安全生产技术、管理方面的标准，生产设备、工具的安全标准，生产工艺的安全标准，劳动防护用品的安全标准等。生产经营单位从事生产经营活动，必须具备有关国家标准或者行业标准规定的安全生产条件。

典型案例

上林县西燕镇覃浪村中富庄犁来山采石场、上林县人民政府再审审查与审判监督案[1]

裁判要旨：生产经营单位应当具备《安全生产法》和有关法律、行政法规和国家标准或者行业标准规定的安全生产条件；不具备安全生产条件的，不得从事生产经营活动。根据一、二审查明的事实，上林县政府作出的31号会议纪要，主要内容是明确允许继续保留的非煤矿山的原则，并要求政府相关职能部门依法履职。上林县国土资源局、上林县安全生产监督管理局、上林县公安局作为具体的职能部门，除了要按照会议纪要的原则办理，还必须遵循法律、法规的具体规定，对于采石场相关条件是否成立进行审查。上述部门作为独立的行政主体，在遵循县政府的总体规划和要求的情况下，依法进行审查，并非一概依据政府的纪要而无须遵循法律、法规的规定。根据《安全生产许可证条例》第2条的规定，国家对矿山企业、建筑施工企业和危险化学品、烟花爆竹、民用爆炸物品生产企业实行安全生产许可制度，企业未取得安全生产许可证的，不得从事生产活动。本案中，犁来山采石场并未向法庭提交证据证明其有合法的安全生产许可证，且其抗辩

〔1〕 参见最高人民法院(2018)最高法行申2451号案例。

所称的未取得安全生产许可证的理由亦无法律依据。犁来山采石场无法继续采矿的原因在于两方面,一是其采矿许可证超期,二是没有安全生产许可证。犁来山采石场从开始生产时就未能获取安全生产许可证,其实体上并不符合开采条件。上林县政府作出31号会议纪要的行为,并非造成犁来山采石场关停的原因,并未侵犯其实体权益。犁来山采石场认为上林县政府作出的31号会议纪要导致其被关停,没有事实依据。

实用小贴士

生产经营单位还应当具备其他规范性文件要求的安全生产条件

生产经营单位不但要具备法律、行政法规以及国家标准或者行业标准要求的条件,还应当遵守地方性法规、部门规章、地方政府规章、国务院规范性文件以及各部委、各地方人民政府制定的规范性文件。例如,煤矿不但要遵守《安全生产法》等法律、行政法规、国家标准或行业标准,还应遵守国务院、应急管理部、地方人民政府、国家矿山安全监察局制定的规范性文件。

第二十一条　【生产经营单位的主要负责人的职责】生产经营单位的主要负责人对本单位安全生产工作负有下列职责:

(一)建立健全并落实本单位全员安全生产责任制,加强安全生产标准化建设;

(二)组织制定并实施本单位安全生产规章制度和操作规程;

(三)组织制定并实施本单位安全生产教育和培训计划;

(四)保证本单位安全生产投入的有效实施;

(五)组织建立并落实安全风险分级管控和隐患排查治理双重预防工作机制,督促、检查本单位的安全生产工作,及时消除生产安全事故隐患;

(六)组织制定并实施本单位的生产安全事故应急救援预案;

(七)及时、如实报告生产安全事故。

条文对照

2014 年《安全生产法》	2021 年《安全生产法》
第十八条　生产经营单位的主要负责人对本单位安全生产工作负有下列职责： （一）建立、健全本单位安全生产责任制； （二）组织制定本单位安全生产规章制度和操作规程； （三）组织制定并实施本单位安全生产教育和培训计划； （四）保证本单位安全生产投入的有效实施； （五）督促、检查本单位的安全生产工作，及时消除生产安全事故隐患； （六）组织制定并实施本单位的生产安全事故应急救援预案； （七）及时、如实报告生产安全事故。	**第二十一条**　生产经营单位的主要负责人对本单位安全生产工作负有下列职责： （一）**建立健全并落实**本单位**全员**安全生产责任制，**加强安全生产标准化建设**； （二）组织制定**并实施**本单位安全生产规章制度和操作规程； （三）组织制定并实施本单位安全生产教育和培训计划； （四）保证本单位安全生产投入的有效实施； （五）**组织建立并落实安全风险分级管控和隐患排查治理双重预防工作机制**，督促、检查本单位的安全生产工作，及时消除生产安全事故隐患； （六）组织制定并实施本单位的生产安全事故应急救援预案； （七）及时、如实报告生产安全事故。

适用要点

第 21 条是关于生产经营单位主要负责人安全生产职责的规定。

生产经营单位要建立健全本单位安全生产责任制，主要负责人负责建立、健全本单位安全生产责任制。生产经营单位的主要负责人的安全生产职责除了生产经营单位安全生产责任制中规定的以外，本条还规定了主要负责人的以下职责：

一、建立健全并落实本单位全员安全生产责任制，加强安全生产标准化建设

全员安全生产责任制是生产经营单位最基本的安全生产管理制度，它是对单位的主要负责人与其他负责人员、职能部门及其工作人员、工程技术人员和岗位操作人员在安全生产方面应做的工作及应负的责任加以明确规定的一种制度。安全生产责任制必须具有全面性，做到安全工作层层有人负责。生产经营单位主要负责人根据“管业务必须管安全，管生产经营必须管安全”的原则，建立健全并落实纵向到底，横向到边的全员安全生产责任制，做到安全工作人人有责、各负其责，实现“一岗双责”。安全生产标准化建设对促进生产经营的本质安全建立具有重要意义。安全生产标准化建设需要充分调动生产经营单位的人财物，不是分管负责人能够实现的，它是一把手工程。为加强企业安全生产标准化，2021 年修改后的《安全生产法》将“安全生产标准化建设”作为主要负责人的职责。

二、组织制定并实施本单位安全生产规章制度和操作规程

生产经营单位的安全生产规章制度和操作规程是根据其自身生产经营范围、危险程度、工作性质及具体工作内容，依照国家有关法律、行政法规、规章和标准的要求，有针对性规定的、具有可操作性的、保障安全生产的工作运转制度及工作方式、方法和操作程序。安全生产规章制度主要内容包括两个方面：一是安全生产管理方面的规章制度，即安全生产责任制、安全生产教育和培训、安全生产现场检查、生产安全事故报告、特殊区域内施工审批、危险物品安全管理、安全设施管理、要害岗位管理、特种作业安全管理、安全值班、安全生产竞赛、安全生产奖惩、劳动防护用品的配备和发放等制度；二是安全生产技术方面的规章制度，即电气安全技术、锅炉压力容器安全技术、建筑施工安全技术、危险场所作业安全技术、矿山灾害治理等制度。规程则是对工艺、操作、安装、检测、安全、管理等具

体技术要求和实施程序所作的统一规定;安全操作规程是指在生产经营活动中,为消除能导致人身伤亡或者造成设备、财产破坏以及危害环境的因素而制定的具体技术要求和实施程序的统一规定。生产经营单位的主要负责人应当组织制定本单位的安全生产规章制度和操作规程,并保证其有效实施。

三、组织制定并实施本单位安全生产教育和培训计划

具有高安全素质和技能的作业人员,是保证生产经营活动安全进行的前提。安全生产教育和培训计划是具体落实从业人员教育和培训任务,保证教育和培训质量,提高从业人员安全素质和安全操作技能的重要保障。生产经营单位的安全生产教育和培训计划是根据本单位的安全生产状况、岗位特点、人员结构组成,有针对性地规定单位负责人、职能部门负责人、车间主任、班组长、安全生产管理人员、特种作业人员以及其他从业人员的安全生产教育和培训的统筹安排,包括经费保障、教育培训以及组织实施措施等内容。安全生产教育和培训工作又是一项系统工程,涉及本单位主管人事培训、财务劳资、安全管理、业务主管等多个部门以及人、财、物的安排,实践中,安排人员参加安全生产教育和培训往往最难处理和协调。因此,主要负责人有组织制定并实施本单位安全生产教育和培训计划的义务。

四、保证本单位安全生产投入的有效实施

安全生产需要一定的资金投入,用于安全设施设备建设、安全防护用品配备等。时常发生的生产安全事故分析表明,安全生产投入不足是导致事故发生的重要原因之一。而市场经济条件下,生产经营单位的主要负责人往往更重视经济效益,认为安全生产投入会影响经济效益,或者存在侥幸心理,不想或不愿意在安全方面过多地投入。因此,本条规定,生产经营单位的主要负责人应当保证本单位安全生产投入的有效实施。

五、组织建立并落实安全风险分级管控和隐患排查治理双重预防工作机制，督促、检查本单位的安全生产工作，及时消除生产安全事故隐患

所谓“风险分级管控”是指生产经营单位对本单位的危险源进行辨识，并对其危险性进行评估，确定其风险等级并采取相应的管控措施。所谓“事故隐患”是指生产经营单位在生产设施、设备以及安全管理制度等方面存在的可能引发事故的各种自然或者人为因素，包括物的不安全状态、人的不安全行为以及管理上的缺陷等。隐患是导致事故的根源，隐患不除，事故难断。风险挺在隐患前，隐患挺在事故前，关口前移，防微杜渐，主要负责人应组织建立并落实安全生产风险分级管控和隐患排查治理双重预防工作机制，并经常性地对本单位的安全生产工作进行督促、检查，对检查中发现的问题及时解决，对存在的生产安全事故隐患及时予以排除。

六、组织制定并实施本单位的生产安全事故应急救援预案

生产安全事故应急预案，是指生产经营单位根据本单位的实际，针对可能发生的事故的类别、性质、特点和范围等情况制定的事故发生时组织、采取的技术措施和其他应急措施。生产安全事故应急预案对于防止事故扩大和迅速抢救受害人员，尽可能地减少损失，具有重要的作用。它是一个涉及多方面工作的系统工程，需要生产经营单位主要负责人组织制定和实施，一旦发生事故也要亲自指挥、调度。

七、及时、如实报告生产安全事故

发生生产安全事故及时向有关部门报告，一方面可以使有关部门及时领导、指挥事故救援，防止事故扩大，减少人员伤亡和损失，如实掌握事故的情况，按照规定向社会披露相关事故信息；另一方面也有利于有关部门对事故进行调查处理，分析事故的原因，处理有关责任人员，提出整改和防范措施。生产经营单位的主要负责人应当按照本法和其他法律、法

规、规章的规定，及时、如实报告生产安全事故，不得隐瞒不报、谎报、迟报或者漏报。

典型案例

孙六焕与北京市昌平区应急管理局（原北京市昌平区安全生产监督管理局）行政处罚案[1]

裁判要旨：本案中，昌平安监局在涉案事故发生后，与相关部门组成联合调查组，经调查核实并对证据材料进行综合分析判断，认定本案事故发生时，孙六焕作为涉案工程承包单位亿源永泰公司的法定代表人，其未督促、检查本单位的安全生产工作；未制定安全生产责任制、安全生产管理制度以及生产安全事故应急救援预案，对该事故的发生负有领导责任，事实清楚。昌平安监局所作处罚决定，认定事实清楚，适用法律正确，处罚幅度适当。孙六焕作为事故发生时企业的法定代表人，未履行《安全生产法》规定的安全生产管理职责，对该事故的发生负有领导责任，并不因将企业法定代表人进行变更而免除该事故发生时其应负有的法定领导责任。

实用小贴士

主要负责人的任职资格

生产经营单位的主要负责人必须具备与本单位所从事的生产经营活动相应的安全生产知识和管理能力。危险物品的生产、经营、储存单位以及矿山、金属冶炼、建筑施工、道路运输单位的主要负责人，应当由主管的负有安全生产监督管理职责的部门对其安全生产知识和管理能力考核合格。考核不得收费。

[1] 参见北京市高级人民法院(2019)京行申430号案例。

第二十二条 【全员安全生产责任制】生产经营单位的全员安全生产责任制应当明确各岗位的责任人员、责任范围和考核标准等内容。

生产经营单位应当建立相应的机制，加强对全员安全生产责任制落实情况的监督考核，保证全员安全生产责任制的落实。

条文对照

2014年《安全生产法》	2021年《安全生产法》
第十九条 生产经营单位的安全生产责任制应当明确各岗位的责任人员、责任范围和考核标准等内容。 生产经营单位应当建立相应的机制，加强对安全生产责任制落实情况的监督考核，保证安全生产责任制的落实。	**第二十二条** 生产经营单位的**全员**安全生产责任制应当明确各岗位的责任人员、责任范围和考核标准等内容。 生产经营单位应当建立相应的机制，加强对**全员**安全生产责任制落实情况的监督考核，保证**全员**安全生产责任制的落实。

适用要点

第22条是关于落实全员安全生产责任制具体措施的规定。

全员安全生产责任制要做到“三定”（定岗位、定人员、定安全生产责任），即什么人在何岗位，负何种安全生产责任。根据岗位的实际情况，确定相应的人员，明确岗位职责和相应的安全生产职责，实行“一岗双责”。全员安全生产责任制主要内容应当包括以下五个方面：一是负责生产和经营的各级管理人员，在完成生产或者经营任务的同时，对保证生产安全负责；二是各职能部门的人员，对自己业务范围内有关的安全生产负责；三是班组长、特种作业人员对其岗位的安全生产工作负责；四是所有从业人员应在自己本职工作范围内做到安全生产；五是各类安全责任的考核标准，以及奖惩措施。全员安全生产责任制应当内容全面、要求清晰、操作方便，各岗位的责任人员、责任范围及相关考核标准一目了然。

生产经营单位应当建立完善的全员安全生产责任制监督、考核、奖惩的相关制度，明确安全生产管理机构和人事、财务等相关职能部门的职责。生产经营单位应当建立相应的机制，加强对全员安全生产责任制落实情况的监督考核，保证全员安全生产责任制的落实。对于严格履行安全职责，未超出责任制考核要求的，应当予以奖励；对于弄虚作假、未认真履行安全生产职责或者存在重大事故隐患、发生生产安全事故等超出责任制考核标准要求的，给予严惩。充分发挥工会的作用，鼓励从业人员对全员安全生产责任制落实情况进行监督。

典型案例

北京红螺食品有限公司与北京市朝阳区安全生产监督管理局再审审查与审判监督案〔1〕

裁判要旨：生产经营单位的安全生产责任制应当明确各岗位的责任人员、责任范围和考核标准等内容。生产经营单位应当建立相应的机制，加强对全员安全生产责任制落实情况的监督考核，保证安全生产责任制的落实。北京市特种设备检测中心出具的《鉴定报告》，发生事故的原因除华成通惠公司本身不具备安全生产条件外，还与红螺公司将拆除门头牌匾工程交由该司负责时，未约定安全生产管理职责，未将涉案场地的电力设施、设置等涉及安全作业及拆除作业可能发生触电危险的情况告知华成通惠公司，拆除作业前未与相关部门沟通，进行隔离、断电等安全措施相关。故

〔1〕 参见北京市高级人民法院（2019）京行申1530号案例。

红螺公司虽将拆除门头牌匾工作交由华成通惠公司负责，但作为涉案场地的承租经营单位仍应对涉案场地的安全生产工作承担相应责任。依据2014年《安全生产法》第46条第2款的规定，生产经营项目、场所发包或者出租给其他单位的，生产经营单位应当与承包单位、承租单位签订专门的安全生产管理协议，或者在承包合同、租赁合同中约定各自的安全生产管理职责；生产经营单位对承包单位、承租单位的安全生产工作统一协调、管理，定期进行安全检查，发现安全问题的，应当及时督促整改。认定红螺公司作为责任主体，依法并无不当。

第二十三条　【安全投入保障义务】生产经营单位应当具备的安全生产条件所必需的资金投入，由生产经营单位的决策机构、主要负责人或者个人经营的投资人予以保证，并对由于安全生产所必需的资金投入不足导致的后果承担责任。

有关生产经营单位应当按照规定提取和使用安全生产费用，专门用于改善安全生产条件。安全生产费用在成本中据实列支。安全生产费用提取、使用和监督管理的具体办法由国务院财政部门会同国务院应急管理部门征求国务院有关部门意见后制定。

条文对照

2014年《安全生产法》	2021年《安全生产法》
第二十条　生产经营单位应当具备的安全生产条件所必需的资金投入，由生产经营单位的决策机构、主要负责人或者个人经营的投资人予以保证，并对由于安全生产所必需的资金投入不足导致的后果承担责任。	**第二十三条**　生产经营单位应当具备的安全生产条件所必需的资金投入，由生产经营单位的决策机构、主要负责人或者个人经营的投资人予以保证，并对由于安全生产所必需的资金投入不足导致的后果承担责任。

续表

2014 年《安全生产法》	2021 年《安全生产法》
有关生产经营单位应当按照规定提取和使用安全生产费用，专门用于改善安全生产条件。安全生产费用在成本中据实列支。安全生产费用提取、使用和监督管理的具体办法由国务院财政部门会同国务院~~安全生产监督~~管理部门征求国务院有关部门意见后制定。	有关生产经营单位应当按照规定提取和使用安全生产费用，专门用于改善安全生产条件。安全生产费用在成本中据实列支。安全生产费用提取、使用和监督管理的具体办法由国务院财政部门会同国务院**应急**管理部门征求国务院有关部门意见后制定。

适用要点

第 23 条是关于生产经营单位安全投入保障义务的规定。

一、生产经营单位的安全生产资金投入保障义务

资金是安全生产的物质保障。生产经营单位应当具备的安全生产条件所必需的资金投入，由生产经营单位的决策机构、主要负责人或者个人经营的投资人予以保证，并对由于安全生产所必需的资金投入不足导致的后果承担责任。

《安全生产法》第 93 条规定：“生产经营单位的决策机构、主要负责人或者个人经营的投资人不依照本法规定保证安全生产所必需的资金投入，致使生产经营单位不具备安全生产条件的，责令限期改正，提供必需的资金；逾期未改正的，责令生产经营单位停产停业整顿。有前款违法行为，导致发生生产安全事故的，对生产经营单位的主要负责人给予撤职处分，对个人经营的投资人处二万元以上二十万元以下的罚款；构成犯罪的，依照刑法有关规定追究刑事责任。”

二、安全生产费用

生产经营单位要保证资金投入，对一些特殊的高危行业，还要提取安

全生产费用。安全生产费用是指企业按照规定标准提取在成本中列支，专门用于完善和改进企业或者项目安全生产条件的资金。财政部、国家安全生产监督管理总局于2012年2月14日发布《企业安全生产费用提取和使用管理办法》，根据该办法的规定，在中华人民共和国境内直接从事煤炭生产、非煤矿山开采、建设工程施工、危险品生产与储存、交通运输、烟花爆竹生产、冶金、机械制造、武器装备研制生产与试验（含民用航空及核燃料）的企业以及其他经济组织应该提取安全生产费用。安全费用按照“企业提取、政府监管、确保需要、规范使用”的原则进行管理。

典型案例

史一杰与平阳县安全生产监督管理局、温州市安全生产监督管理局行政处罚案[1]

裁判要旨：2014年《安全生产法》第20条第1款规定：“生产经营单位应当具备的安全生产条件所必需的资金投入，由生产经营单位的决策机构、主要负责人或者个人经营的投资人予以保证，并对由于安全生产所必需的资金投入不足导致的后果承担责任。”第90条规定：“生产经营单位的决策机构、主要负责人或者个人经营的投资人不依照本法规定保证安全生产所必需的资金投入，致使生产经营单位不具备安全生产条件的，责令限期改正，提供必需的资金；逾期未改正的，责令生产经营单位停产停业整顿。有前款违法行为，导致发生生产安全事故的，对生产经营单位的主要负责人给予撤职处分，对个人经营的投资人处二万元以上二十万元以下的罚款；构成犯罪的，依照刑法有关规定追究刑事责任。”根据平阳县人民政府批复的涉案事故调查报告，上诉人在监理过程中，未有效履行安全管理职责，未

〔1〕 参见浙江省温州市中级人民法院(2016)浙03行终325号案例。

保证本单位安全生产投入的有效实施,未严格落实安全生产机构和人员,导致工程监理不到位,是事故发生的间接原因,对事故的发生负有一定的责任。被上诉人平阳县安监局在依据上述事故报告的基础上,对上诉人的违法行为进行立案、调查,认定涉案事故发生在上诉人公司的监理期间和监理范围,上诉人的行为违反了2014年《安全生产法》第20条规定,在履行告知、听证等法定程序后,依据2014年《安全生产法》第90条规定作出被诉行政处罚决定,认定事实清楚,适用法律正确,量罚适当,行政程序合法。被上诉人温州市安监局经复议审查后决定维持被诉行政处罚决定,并无不当。上诉人要求撤销被诉行政处罚决定及行政复议决定的理由不足,原判驳回上诉人的诉讼请求正确。

实用小贴士

《企业安全生产费用提取和使用管理办法》第36条规定:"企业未按本办法提取和使用安全费用的,安全生产监督管理部门、煤矿安全监察机构和行业主管部门会同财政部门责令其限期改正,并依照相关法律法规进行处理、处罚。建设工程施工总承包单位未向分包单位支付必要的安全费用以及承包单位挪用安全费用的,由建设、交通运输、铁路、水利、安全生产监督管理、煤矿安全监察等主管部门依照相关法规、规章进行处理、处罚。"根据《国务院关于预防煤矿生产安全事故的特别规定》第8条第2款和《煤矿重大事故隐患判定标准》,煤矿企业"未按照国家规定足额提取或者未按照国家规定范围使用安全生产费用的"属于重大事故隐患,仍然进行生产的,应依据《国务院关于预防煤矿生产安全事故的特别规定》第10条规定,由县级以上地方人民政府负责煤矿安全生产监督管理的部门或者煤矿安全监察机构责令停产整顿,提出整顿的内容、时间等具体要求,处50万元以上200万元以下的罚款;对煤矿企业负责人处3万元以上15万元以下的罚款。煤矿企业之外的其他生产经营单位未依法提取和使用安全生产费用的,应依据《安全生产违法行为行政处罚办法》第43条的规定,责令限期改正,提供必需的资金,并可以对生产经营单位处1万元以上3万元以下罚款,对生产经营单位的主要负责人、个人经营的投资人处5000元以上1万元以下罚款;逾期未改正的,责令生产经营单位停产停业整顿。

第二十四条 【安全生产管理机构及人员的设置、配备】矿山、金属冶炼、建筑施工、运输单位和危险物品的生产、经营、储存、装卸单位，应当设置安全生产管理机构或者配备专职安全生产管理人员。

前款规定以外的其他生产经营单位，从业人员超过一百人的，应当设置安全生产管理机构或者配备专职安全生产管理人员；从业人员在一百人以下的，应当配备专职或者兼职的安全生产管理人员。

条文对照

2014 年《安全生产法》	2021 年《安全生产法》
第二十一条 矿山、金属冶炼、建筑施工、道路运输单位和危险物品的生产、经营、储存单位，应当设置安全生产管理机构或者配备专职安全生产管理人员。 前款规定以外的其他生产经营单位，从业人员超过一百人的，应当设置安全生产管理机构或者配备专职安全生产管理人员；从业人员在一百人以下的，应当配备专职或者兼职的安全生产管理人员。	**第二十四条** 矿山、金属冶炼、建筑施工、运输单位和危险物品的生产、经营、储存、**装卸**单位，应当设置安全生产管理机构或者配备专职安全生产管理人员。 前款规定以外的其他生产经营单位，从业人员超过一百人的，应当设置安全生产管理机构或者配备专职安全生产管理人员；从业人员在一百人以下的，应当配备专职或者兼职的安全生产管理人员。

适用要点

第 24 条是关于安全生产管理机构及安全生产管理人员的设置、配备规定。

依据本条的规定，生产经营单位应当设置安全生产管理机构或者配备专职安全生产管理人员。影响生产经营单位安全生产管理机构设置或者安全生产管理人员配备的因素主要有两个:一是生产经营单位从事的生产经营活动的危险性;二是生产经营单位从业人员数量。

“安全生产管理机构”是指生产经营单位内部设立的专门负责安全生产管理事务的独立的部门;“专职安全生产管理人员”,是指在生产经营单位中专门负责安全生产管理,不再兼任其他工作的人员。因矿山、金属冶炼、建筑施工、运输单位和危险物品的生产、经营、储存、装卸单位生产经营过程中,危险性比较大,因此必须设置安全生产管理机构或者配备专职安全生产管理人员。必须强调的是,2021年修改的《安全生产法》将具有较大危险性的生产经营单位的范围加以扩大,主要有两个方面:一是将原来的“道路交通运输”扩大到“交通运输”,包括道路运输、水路运输、航空运输、铁路运输等;二是将从事危险化学品作业的单位在原来“生产、经营、储存单位”的基础上增加了“装卸单位”。

除矿山、金属冶炼、建筑施工、运输单位和危险物品的生产、经营、储存、装卸单位外,其他生产经营单位,从业人员超过100人的多属于人员密集型作业,如服装加工企业、人工装配、包装、制药等场所,也必须设置安全生产管理机构或者配备专职安全生产管理人员。

从业人员在100人以下的,应当配备专职或者兼职的安全生产管理人员。生产经营单位根据本单位的危险因素、从业人员数量等决定是否设立专职安全生产管理人员;决定不设置专职安全生产管理人员的,应设立兼职安全生产管理人员。

典型案例

彭载胜与丰都县安全生产监督管理局安全生产行政处罚案[1]

裁判要旨:根据2014年《安全生产法》第21条第1款的规定:“矿山、

〔1〕 参见重庆市涪陵区人民法院(2018)渝0102行初215号案例。

金属冶炼、建筑施工、道路运输单位和危险物品的生产、经营、储存单位，应当设置安全生产管理机构或者配备专职安全生产管理人员。”彭载胜违反上述规定，在生产经营活动中，导致发生吊运现场安全管理缺失，发生触电致1人死亡的生产安全事故，应当受到处罚。丰都县安监局经过调查取证、事先告知、举行听证，作出处罚决定，证据确实充分，程序合法，适用法律法规正确，处罚适当。

实用小贴士

安全生产管理机构的人数要求

应当设置安全生产管理机构的生产经营单位设立安全生产管理机构的，其安全生产管理机构的人数是多少，法律上并没有明确规定。但是，有些地方政府规章作了明确规定，如《北京市生产经营单位安全生产主体责任规定》第11条规定，从业人员总数超过100人的，应当设置安全生产管理机构，按照不少于从业人员总数1%的比例配备专职安全生产管理人员，且最低不得少于3人。安全生产管理机构属于机构应当配备专职安全生产管理人员，且一般不得少于3人。

第二十五条　【安全生产管理机构及管理人员的职责】生产经营单位的安全生产管理机构以及安全生产管理人员履行下列职责：

（一）组织或者参与拟订本单位安全生产规章制度、操作规程和生产安全事故应急救援预案；

（二）组织或者参与本单位安全生产教育和培训，如实记录安全生产教育和培训情况；

（三）组织开展危险源辨识和评估，督促落实本单位重大危险源的安全管理措施；

（四）组织或者参与本单位应急救援演练；

（五）检查本单位的安全生产状况，及时排查生产安全事故隐患，提出改进安全生产管理的建议；

（六）制止和纠正违章指挥、强令冒险作业、违反操作规程的行为；

（七）督促落实本单位安全生产整改措施。

生产经营单位可以设置专职安全生产分管负责人，协助本单位主要负责人履行安全生产管理职责。

条文对照

2014 年《安全生产法》	2021 年《安全生产法》
第二十二条　生产经营单位的安全生产管理机构以及安全生产管理人员履行下列职责： （一）组织或者参与拟订本单位安全生产规章制度、操作规程和生产安全事故应急救援预案； （二）组织或者参与本单位安全生产教育和培训，如实记录安全生产教育和培训情况； （三）督促落实本单位重大危险源的安全管理措施； （四）组织或者参与本单位应急救援演练； （五）检查本单位的安全生产状况，及时排查生产安全事故隐患，提出改进安全生产管理的建议； （六）制止和纠正违章指挥、强令冒险作业、违反操作规程的行为；	**第二十五条**　生产经营单位的安全生产管理机构以及安全生产管理人员履行下列职责： （一）组织或者参与拟订本单位安全生产规章制度、操作规程和生产安全事故应急救援预案； （二）组织或者参与本单位安全生产教育和培训，如实记录安全生产教育和培训情况； （三）**组织开展危险源辨识和评估，**督促落实本单位重大危险源的安全管理措施； （四）组织或者参与本单位应急救援演练； （五）检查本单位的安全生产状况，及时排查生产安全事故隐患，提出改进安全生产管理的建议； （六）制止和纠正违章指挥、强令

续表

2014 年《安全生产法》	2021 年《安全生产法》
（七）督促落实本单位安全生产整改措施。	冒险作业、违反操作规程的行为； （七）督促落实本单位安全生产整改措施。 **生产经营单位可以设置专职安全生产分管负责人，协助本单位主要负责人履行安全生产管理职责。**

适用要点

第 25 条是关于生产经营单位的安全生产管理机构以及安全生产管理人员职责的规定。

根据本条规定，生产经营单位的安全生产管理机构以及安全生产管理人员应履行以下安全生产职责：

一、组织或者参与拟订本单位安全生产规章制度、操作规程和生产安全事故应急救援预案

为了将具体工作落实到具体机构、落实到具体责任人，让具有专业优势和实践经验的安全生产管理机构和安全生产管理人员组织或参与拟订安全生产规章制度、操作规程和生产安全事故应急救援预案等安全生产重要文件，既是必要的，也是可行的。因此，生产经营单位主要负责人负责组织制定并落实本单位的安全生产规章制度、操作规程以及事故应急救援预案。

二、组织或者参与本单位安全生产教育和培训，如实记录安全生产教育和培训情况

生产经营单位主要负责人组织制订并实施本单位安全生产教育和培训计划，而安全生产管理机构和安全生产管理人员组织或者参与本单位

安全生产教育和培训的具体工作，并由其如实记录安全生产教育和培训情况。

三、组织开展危险源辨识和评估，督促落实本单位重大危险源的安全管理措施

主要负责人组织建立并落实安全风险分级管控和隐患排查治理双重预防工作机制。作为专门从事安全生产管理的机构和人员，安全生产管理机构和安全生产管理人员有责任组织开展危险源辨识和评估，督促落实重大危险源的安全管理措施。

四、组织或者参与本单位应急救援演练

主要负责人组织制定并实施本单位的生产安全事故应急救援预案；而依据《生产安全事故应急条例》《生产安全事故应急预案管理办法》，应急救援演练是日常安全生产工作的重要组成部分，应急救援演练的频次、规模、方式等都需要有明确的组织安排，以使应急救援演练与生产经营单位的正常生产经营活动相协调，取得良好的效果。这项工作也应当交由安全生产管理机构和安全生产管理人员组织或参与落实。

五、检查本单位的安全生产状况，及时排查生产安全事故隐患，提出改进安全生产管理的建议

安全生产管理机构和安全生产管理人员要切实履行检查职责，随时关注本单位的安全生产状况，排查生产安全事故隐患，发现隐患的，要及时提出整改建议；没有发现隐患，但认为仍有加强和改进的必要时，也要提出改进安全生产管理的建议。

六、制止和纠正违章指挥、强令冒险作业、违反操作规程的行为

生产经营单位为了赶工期、赶进度，有关人员违章指挥、强令冒险作业、违规操作等情况屡见不鲜，对这些行为必须坚决予以制止和纠正。

《安全生产法》要求生产经营单位设置安全生产管理机构和安全生产管理人员的目的在于确保本单位的生产安全。所以,安全生产管理机构和安全生产管理人员有职责也有权利制止和纠正违章指挥、强令冒险作业、违反操作规程的行为。违章指挥主要是指生产经营活动的组织者、管理者、指挥者违反安全生产方针、政策、法律、法规、规章、规程和有关安全管理制度指挥生产经营活动的行为。强令冒险作业是指单位的领导者、指挥者、组织者在明知存在危险或已经违章的情况下,以强制、威胁、恐吓等手段强令从业人员进行作业的行为。

七、督促落实本单位安全生产整改措施

生产经营单位日常安全检查或者执法部门执法检查发现的安全隐患,需要整改。整改措施关键在落实,这就需要生产经营单位有专门机构和人员来督促。安全生产管理机构和安全生产管理人员是督促落实整改措施的第一责任人,应当采取切实有效措施将整改工作落实到位。

安全生产工作涉及生产经营的方方面面,生产经营单位根据安全生产工作的需要,可以设置专职安全生产分管负责人,协助本单位主要负责人履行安全生产管理职责。

典型案例

重庆渝东建设有限公司与云阳县安全生产监督管理局、重庆市应急管理局行政处罚和行政协议案〔1〕

裁判要旨:生产经营单位的安全生产管理机构以及安全生产管理人员履行下列职责:……检查本单位的安全生产状况,及时排查生产安全事故隐患,提出改进安全生产管理的建议;制止和纠正违章指挥、强令冒险

〔1〕 参见重庆市第二中级人民法院(2019)渝02行终86号案例。

作业、违反操作规程的行为；督促落实本单位安全生产整改措施。本案中，重庆渝东建设有限公司（以下简称渝东建司）承包养鹿镇2016年大中型水库移民后扶工程后，将该工程交给其项目负责人汪孝伦组织建设。在施工过程中，渝东建司及其项目负责人没有安排专职或兼职的安全管理人员现场管理，其委托现场管理的人员长期不在岗，对工地临时租用的铲车没有进行检查、维护，未及时排查生产安全事故隐患，让驻车制动不良、后轴制动效能不良的铲车带病运行，未对从业人员进行安全教育，未制止铲车驾驶员曾以琼违章冒险作业，造成本次生产安全责任事故。根据云阳安监局提交的《施工合同》《轮式装载机事故鉴定》，对知情人员叶成、汪孝伦等人的询问笔录等证据证实的事实以及渝东建司法定代表人黄浩在接受云阳安监局询问时作出的“我们公司是现场监督管理不到位，现场管理人员对租用的铲车审查管理不到位。我认为驾驶员操作不当也是原因之一”的陈述，能够认定渝东建司的行为违反了上述规定，是造成事故的主要原因，应承担本次事故的主要责任。虽然铲车车主对铲车的安全生产具有管理责任，但事发期间，铲车并未在车主的可控范围内，而是受聘于渝东建司承包的工程施工项目中，此时铲车的安全监管责任应由铲车的实际使用方承担。

实用小贴士

安全总监

安全总监是协助本单位主要负责人履行安全生产管理职责，专项分管本单位安全生产管理工作的职位。目前，我国多地政府规章对设置安全总监作了规定。例如，《山东省生产经营单位安全生产主体责任规定》第12条规定：“从业人员在300人以上的高危生产经营单位和从业人员在1000人以上的其他生产经营单位，应当设置安全总监。安全总监应当具备安全生产管理经验，熟悉安全生产业务，掌握安全生产相关法律法规知识。”《北京市生产经营单位安全生产主体责任规定》第5条规定：“生产经营单位分管安全生产工作的负责人或者安全总监协助主要负责人履行安全生产职责，其他分管负责人对分管业务范围内的安全生产工作负责。安全总监的具体办法，由市应急管理部门会同国有资产管理部门和有关行业管理部门制定。”安全总监为本单位副职级别，待遇要高于其他副职并单独发放岗位风险津贴。

第二十六条　【履职要求与履职保障】生产经营单位的安全生产管理机构以及安全生产管理人员应当恪尽职守，依法履行职责。

生产经营单位作出涉及安全生产的经营决策，应当听取安全生产管理机构以及安全生产管理人员的意见。

生产经营单位不得因安全生产管理人员依法履行职责而降低其工资、福利等待遇或者解除与其订立的劳动合同。

危险物品的生产、储存单位以及矿山、金属冶炼单位的安全生产管理人员的任免，应当告知主管的负有安全生产监督管理职责的部门。

适用要点

本条是关于生产经营单位的安全生产管理机构和安全生产管理人员尽职履责及其相关机制保障的规定。

1. 生产经营单位的安全生产管理机构以及安全生产管理人员应当恪尽职守，依法履行职责。安全生产管理机构以及安全生产管理人员应严格按照有关法律、法规以及本单位内部安全生产规章制度的要求，恪尽职守地履行每一项职责，不马虎、不懈怠，更不能玩忽职守。要通过自己依法履行职责，保证本单位日常安全生产管理工作始终有人抓、有人管，最大限度地预防和减少事故发生。

2. 生产经营单位作出涉及安全生产的经营决策，应当听取安全生产管理机构以及安全生产管理人员的意见。按照生产经营单位的组织架构和内部分工,如煤矿中,安全副矿长的排位通常低于生产副矿长,安全生产管理机构和安全生产管理人员的权威和话语权比较弱。针对这一现实,《安全生产法》从法律层面强化安全生产管理机构和安全生产管理人员在本单位生产经营决策中的地位,使其能够参与涉及安全生产的经营决策,从安全角度认真把关。生产经营单位必须保障安全生产管理机构以及安全生产管理人员的这一权利,认真听取他们的意见。

3. 生产经营单位不得因安全生产管理人员依法履行职责而降低其工资、福利等待遇或者解除与其订立的劳动合同。安全生产工作并不直接产生经济效益,有时反而会增加成本,降低本单位的产品竞争力,在一定程度上还可能降低生产经营效益。因此,安全生产管理人员在履行职责过程中难免会与作业部门、业务部门、市场部门甚至管理层产生矛盾和分歧。由于安全生产管理人员属于生产经营单位内部职工,有可能因为履行职责而遭到管理层的打击报复,甚至在本单位难以立足。为此,《安全生产法》对安全生产管理人员依法履行职责规定了保护机制:一是生产经营单位不得因安全生产管理人员依法履行职责而降低其工资、福利等待遇;二是不得因安全生产管理人员履行职责而解除与其订立的劳动合同。

4. 危险物品的生产、储存单位以及矿山、金属冶炼单位的安全生产管理人员的任免,应当告知主管的负有安全生产监督管理职责的部门。危险物品的生产、储存单位以及矿山、金属冶炼单位将安全生产管理人员的任免情况告知主管的负有安全生产监督管理职责的部门,主要目的是对安全生产管理人员的任免进行监督,防止其对依法履行职责的安全生产管理人员进行打击报复,将安全生产管理人员调离安全生产管理岗位甚至解除与其订立的劳动合同。

典型案例

林某某重大责任事故案[1]

裁判要旨：被告人林某某作为内蒙古××矿业有限责任公司分管安全生产的负责人，未履行安全生产职责，在生产、作业中违反有关安全管理的规定，因而发生一人死亡的事故，其行为已构成重大责任事故罪。公诉机关指控的犯罪事实清楚，证据确实、充分，指控的罪名成立，本院予以支持。对辩护人陈嘉提出被告人林某某系初犯、自愿认罪认罚，认罪态度好、主观恶性小的辩护意见本院予以采纳，其他辩护意见与本院查明的事实不符，且于法无据，本院不予采纳。量刑时考虑被害人家属已经获得赔偿，被告人林某某自愿认罪认罚，可以从宽处罚。根据被告人林某某的犯罪事实、情节、危害后果、悔罪表现，依法可适用缓刑。

实用小贴士

安全生产管理人员任免告知方式

危险物品的生产、储存单位以及矿山、金属冶炼单位的安全生产管理人员的任免，应当告知主管的负有安全生产监督管理职责的部门。关于告知的方式，本条没有具体规定，实践中原则上应书面告知，告知内容应包括任免的原因、任免时间等。

第二十七条　【知识和管理能力】生产经营单位的主要负责人和安全生产管理人员必须具备与本单位所从事的生产经营活动相应的安全生产知识和管理能力。

危险物品的生产、经营、储存、装卸单位以及矿山、金属冶炼、

[1] 参见内蒙古自治区阿拉善左旗人民法院(2020)内2921刑初207号案例。

建筑施工、运输单位的主要负责人和安全生产管理人员，应当由主管的负有安全生产监督管理职责的部门对其安全生产知识和管理能力考核合格。考核不得收费。

危险物品的生产、储存、装卸单位以及矿山、金属冶炼单位应当有注册安全工程师从事安全生产管理工作。鼓励其他生产经营单位聘用注册安全工程师从事安全生产管理工作。注册安全工程师按专业分类管理，具体办法由国务院人力资源和社会保障部门、国务院应急管理部门会同国务院有关部门制定。

条文对照

2014 年《安全生产法》	2021 年《安全生产法》
第二十四条 生产经营单位的主要负责人和安全生产管理人员必须具备与本单位所从事的生产经营活动相应的安全生产知识和管理能力。 危险物品的生产、经营、储存单位以及矿山、金属冶炼、建筑施工、道路运输单位的主要负责人和安全生产管理人员，应当由主管的负有安全生产监督管理职责的部门对其安全生产知识和管理能力考核合格。考核不得收费。 危险物品的生产、储存单位以及矿山、金属冶炼单位应当有注册安全工程师从事安全生产管理工作。鼓励其他生产经营单位聘用注册安全工程师从事安全生产管理工作。注册安全工程师按专业分类管理，具体办法由国务院	**第二十七条** 生产经营单位的主要负责人和安全生产管理人员必须具备与本单位所从事的生产经营活动相应的安全生产知识和管理能力。 危险物品的生产、经营、储存**、装卸**单位以及矿山、金属冶炼、建筑施工、运输单位的主要负责人和安全生产管理人员，应当由主管的负有安全生产监督管理职责的部门对其安全生产知识和管理能力考核合格。考核不得收费。 危险物品的生产、储存**、装卸**单位以及矿山、金属冶炼单位应当有注册安全工程师从事安全生产管理工作。鼓励其他生产经营单位聘用注册安全工程师从事安全生产管理工作。注册安全工程师按专业分类管理，具体办法由

续表

2014 年《安全生产法》	2021 年《安全生产法》
人力资源和社会保障部门、国务院安全~~生产监督~~管理部门会同国务院有关部门制定。	国务院人力资源和社会保障部门、国务院**应急**管理部门会同国务院有关部门制定。

适用要点

第 27 条是关于生产经营单位的主要负责人和安全生产管理人员应当具备的知识、能力和考核制度,以及注册安全工程师制度的原则规定。

一、生产经营单位的主要负责人和安全生产管理人员应当具备的知识、能力要求

根据本条第 1 款的规定,生产经营单位的主要负责人和安全生产管理人员必须具备与本单位所从事的生产经营活动相应的安全生产知识和管理能力。这是一项原则性规定,“相应的安全生产知识和管理能力”既要考虑单位的生产经营范围、规模,也要考虑单位的性质、危险程度等因素。生产经营单位的主要负责人要熟悉和了解国家有关安全生产的法律、法规、规章以及方针政策,要对本单位所从事生产经营活动必需的安全知识有一定的了解,并能够较好地组织和领导本单位的安全生产工作。对安全生产管理人员来说,需要对本单位所从事的生产经营活动需要的安全生产知识有比较具体的、深入的了解和掌握,并能够熟练地在安全生产管理工作中运用。

二、生产经营单位的主要负责人和安全生产管理人员考核制度

由于危险物品的生产、经营、储存、装卸单位以及矿山、金属冶炼、建筑施工、运输单位专业性强、危险性大,属于事故多发易发领域。因此,对这类生产经营单位的主要负责人和安全生产管理人员的安全生产知识和

管理能力应当有更高的要求。不仅要求上述单位的主要负责人和安全管理人员具备相应的安全生产知识和管理能力，还要经有关主管部门考核合格，增加了考核程序，以确保其具备相应的安全生产知识和管理能力。考核不得收费。

三、注册安全工程师

注册安全工程师是指取得中华人民共和国注册安全工程师执业资格证书，在生产经营单位从事安全生产管理、安全技术工作或者在安全生产中介机构从事安全生产专业服务工作的人员。

对于危险物品的生产、储存、装卸单位以及矿山、金属冶炼单位等高危行业，应当有注册安全工程师从事安全生产管理工作。对于上述之外的其他生产经营单位，鼓励聘用注册安全工程师从事安全生产管理工作。

为贯彻落实《安全生产法》和《中共中央、国务院关于推进安全生产领域改革发展的意见》的有关要求，加强安全生产监督管理，完善注册安全工程师职业资格制度，国家安全监管总局、人力资源社会保障部于2017年11月2日印发《注册安全工程师分类管理办法》，并于2018年1月1日起施行。目前，注册安全工程师专业类别划分为：煤矿安全、金属非金属矿山安全、化工安全、金属冶炼安全、建筑施工安全、道路运输安全、其他安全（不包括消防安全）。

典型案例

刘祥祥诉金昌市金川区人民政府、金昌市人民政府案[1]

裁判要旨：2018年5月底，刘祥祥作为刘师傅汽配修理店的负责人，在未办理工商注册变更登记、未按要求进行机动车维修经营备案及未组

〔1〕参见甘肃省兰州市中级人民法院（2019）甘01行初18号案例。

织制定安全生产规章制度和操作规程的情况下开始营业，且从业人员陈兴茂没有经过安全生产教育和培训。以上事实有事故调查组对刘祥祥所作询问笔录及《事故调查报告》的内容证实。2018年10月19日13时许，潘多祥驾驶东风大力神重型自卸货车至刘师傅汽配修理店更换变速箱气管时，刘祥祥指派没有经过安全生产教育和培训的修理工陈兴茂更换。陈兴茂在更换气管过程中被落下的翻斗货箱挤伤后经送医院抢救无效死亡。根据2014年《安全生产法》第24条“生产经营单位的主要负责人和安全生产管理人员必须具备与本单位所从事的生产经营活动相应的安全生产知识和管理能力”的规定，本案中，申请人身为生产经营单位的主要负责人，其经营的刘师傅汽配修理店自2018年5月营业以来未依法办理工商注册登记和机动车维修营业备案，未建立和落实安全生产规章制度和操作规程，亦未组织制定并实施安全生产教育和培训计划，且在修理工陈兴茂违规作业过程中未及时制止、及时消除生产安全事故隐患，其一系列经营行为违法，从而酿成本次安全责任事故。

实用小贴士

考核合格并非任职的必要条件

根据行政审批制度改革的精神，2014年修改《安全生产法》时，删去了原来规定的“考核合格后方可任职”中的“方可任职”，对矿山等高危生产经营单位主要负责人和安全生产管理人员安全生产知识和管理能力的考核，不再与能否任职挂钩。但是，对考核不合格的生产经营单位负责人和安全生产管理人员，应连续组织考核，直至考核合格。未经考核合格前，可以考虑暂由其他经考核合格的人协助或者替代其履行相关安全生产管理职责，确保安全生产工作不受影响。

注册安全工程师的配备要求

从业人员300人以上的煤矿、非煤矿矿山、建筑施工单位和危险物品生产、经营单位，应当按照不少于安全生产管理人员15%的比例配备注册安全工程师；安全生产管理人员在7人以下的，至少配备1名。其他生产经营单位，应当配备注册安全工程师或者委托安全生产中介机构选派注册安全工程师提供安全生产服务。安全生产中介机构应当按照不少于安全生产专业服务人员30%的比例配备注册安全工程师。

第二十八条　【安全生产教育和培训】生产经营单位应当对从业人员进行安全生产教育和培训，保证从业人员具备必要的安全生产知识，熟悉有关的安全生产规章制度和安全操作规程，掌握本岗位的安全操作技能，了解事故应急处理措施，知悉自身在安全生产方面的权利和义务。未经安全生产教育和培训合格的从业人员，不得上岗作业。

生产经营单位使用被派遣劳动者的，应当将被派遣劳动者纳入本单位从业人员统一管理，对被派遣劳动者进行岗位安全操作规程和安全操作技能的教育和培训。劳务派遣单位应当对被派遣劳动者进行必要的安全生产教育和培训。

生产经营单位接收中等职业学校、高等学校学生实习的，应当对实习学生进行相应的安全生产教育和培训，提供必要的劳动防护用品。学校应当协助生产经营单位对实习学生进行安全生产教育和培训。

生产经营单位应当建立安全生产教育和培训档案，如实记录安全生产教育和培训的时间、内容、参加人员以及考核结果等情况。

适用要点

本条是关于生产经营单位安全教育和培训的规定。

生产经营单位负责本单位从业人员安全培训工作。生产经营单位应当按照《安全生产法》和有关法律、法规、规章的规定，建立健全安全培训工作制度。生产经营单位教育培训对象包括从业人员、劳务派遣人员、实习学生等。

一、对从业人员的培训

从业人员包括生产经营单位的负责人和安全生产管理人员。

生产经营单位主要负责人安全培训应当包括下列内容:(1)国家安全生产方针、政策和有关安全生产的法律、法规、规章及标准;(2)安全生产管理基本知识、安全生产技术、安全生产专业知识;(3)重大危险源管理、重大事故防范、应急管理和救援组织以及事故调查处理的有关规定;(4)职业危害及其预防措施;(5)国内外先进的安全生产管理经验;(6)典型事故和应急救援案例分析;(7)其他需要培训的内容。

生产经营单位安全生产管理人员安全培训应当包括下列内容:(1)国家安全生产方针、政策和有关安全生产的法律、法规、规章及标准;(2)安全生产管理、安全生产技术、职业卫生等知识;(3)伤亡事故统计、报告及职业危害的调查处理方法;(4)应急管理、应急预案编制以及应急处置的内容和要求;(5)国内外先进的安全生产管理经验;(6)典型事故和应急救援案例分析;(7)其他需要培训的内容。

从业人员的厂(矿)级岗前安全培训内容应当包括:(1)本单位安全生产情况及安全生产基本知识;(2)本单位安全生产规章制度和劳动纪律;(3)从业人员安全生产权利和义务;(4)有关事故案例等。煤矿、非煤矿山、危险化学品、烟花爆竹、金属冶炼等生产经营单位厂(矿)级安全培训除包括上述内容外,还应当增加事故应急救援、事故应急预案演练及防范措施等内容。

车间(工段、区、队)级岗前安全培训内容应当包括:(1)工作环境及危险因素;(2)所从事工种可能遭受的职业伤害和伤亡事故;(3)所从事工种的安全职责、操作技能及强制性标准;(4)自救互救、急救方法、疏散和现场紧急情况的处理;(5)安全设备设施、个人防护用品的使用和维护;(6)本车间(工段、区、队)安全生产状况及规章制度;(7)预防事故和职业危害的措施及应注意的安全事项；（8）有关事故案例；（9）其他需要培训的内容。

班组级岗前安全培训内容应当包括：（1）岗位安全操作规程；（2）岗位之间工作衔接配合的安全与职业卫生事项；（3）有关事故案例；（4）其他需要培训的内容。

二、劳务派遣人员的安全教育培训

劳务派遣是劳务派遣单位与被派遣劳动者签订劳动合同，并与用工单位签订劳务派遣协议，由被派遣劳动者向用工单位给付劳务的用工方式。在这种用工方式中，劳动合同关系存在于劳务派遣单位与被派遣劳动者之间，而劳动力给付的事实则发生于被派遣劳动者和用工单位之间。从安全生产实践角度看，一个突出问题是用工单位对被派遣劳动者“另眼相看”，不履行相应的义务，特别是不对被派遣劳动者进行安全生产教育和培训，或者不为被派遣劳动者提供必要的劳动保护条件。因此，《安全生产法》特别规定：“生产经营单位使用被派遣劳动者的，应当将被派遣劳动者纳入本单位从业人员统一管理，对被派遣劳动者进行岗位安全操作规程和安全操作技能的教育和培训。”“统一管理”，是指生产经营单位将被派遣劳动者与本单位的从业人员一样对待和管理，统一纳入安全生产教育和培训计划。生产经营单位应当打破被派遣劳动者与本单位从业人员的区别，严格按照岗位特点、人员结构、新员工或者调换工种人员等情况，统一组织安全生产教育和培训，包括对被派遣劳动者进行岗位安全操作规程和安全操作技能的教育和培训，保证相同岗位，相同人员（被派遣劳动者和从业人员）达到同等的水平。劳务派遣单位作为被派遣劳动者的管理单位，应当组织本单位的有关人员，或者聘请本单位以外的有关人员对被派遣劳动者进行必要的安全生产教育和培训。

三、实习学生的安全教育培训

生产经营单位接收中等职业学校、高等学校学生实习的，生产经营单位是实习学生安全生产教育和培训的责任主体，应当针对实习学生，制定专门的安全生产教育和培训计划。安全生产教育和培训计划应当根据本单位生产经营的特点、各种危险性的状况以及实习学生所在岗位具体情况确定，生产经营单位依计划对实习学生进行相应的安全生产教育和培训，并提供必要的劳动防护用品。学校作为实习学生的管理方，应当协助和配合生产经营单位对实习学生进行安全生产教育和培训。通过安全生产教育和培训，保证实习学生了解和熟悉有关的安全生产法律法规、安全生产规章制度和操作规程，了解相应的安全生产知识，掌握基本的应急处理措施，能够适应所实习的工作。

四、安全生产教育培训记录和档案

安全生产教育培训记录和档案详细记录每位从业人员参加安全生产教育培训的时间、内容、考核结果以及复训等情况，档案的范围应当包括本单位的主要负责人、有关负责人、安全生产管理人员、特种作业人员、职能部门工作人员、班组长以及其他从业人员安全生产教育培训情况。记录和档案能够反映生产经营单位对安全生产教育和培训的时间、内容、参加人员以及考核结果等情况，是生产经营单位履行安全生产教育培训义务的主要证据。因此，档案应当按照有关法律法规的要求进行保存，不得擅自修改、伪造。档案除电子文档形式保存外，原则上还应当有纸质文件形式。

典型案例

广州市荔湾区艾美宾馆与广州市荔湾区综合行政执法局行政处罚案[1]

裁判要旨：《广州市安全生产条例》第23条规定："生产经营单位应当

〔1〕 参见广东省广州市中级人民法院（2015）穗中法行终字第1360号案例。

按照下列要求对从业人员进行安全生产教育和培训:……(五)建立从业人员安全生产教育和培训档案,记录从业人员安全生产教育和培训经历。"第60条第1款规定:"生产经营单位违反本条例第二十三条第一款第五项、第六项规定,未建立从业人员安全生产教育和培训档案或者未承担安全生产教育和培训费用的,责令限期改正;逾期未改正的,处以五千元以上二万元以下的罚款。"荔湾区综合执法局经检查发现艾美宾馆未建立从业人员安全生产教育和培训档案,责令限期改正,但艾美宾馆逾期未改正,荔湾区综合执法局据此作出罚款16000元的行政处罚决定认定事实清楚、适用法律正确,程序合法,原审判决驳回上诉人诉讼请求并无不当。关于上诉人认为其提交的《消防安全人员培训会议记录》内容实质就是安全培训档案的主张,建立档案应反映每一位从业人员安全生产教育和培训的时间、内容和考核结果等情况,上诉人提交的会议记录不能反映上述情况,因此上诉人主张其已建立从业人员安全培训档案的理由不能成立,本院不予采纳。关于上诉人认为被上诉人未尽指导其建立档案义务的主张,被上诉人作出的《整改复查意见书》已明确指出艾美宾馆在安全生产方面整改后仍存在"未对从业人员进行安全生产教育培训,并建立安全生产教育培训档案"的问题,档案与会议记录存在明显差异,且安全生产培训也不仅限于消防安全方面的教育培训,因此上诉人该项主张不能成立,本院不予支持。

实用小贴士

培训时长要求

《生产经营单位安全培训规定》对培训时长作了规定:(1)主要负责人和安全生产管理人员初次培训时长。生产经营单位主要负责人和安全生产管理人员初次安全培训时间不得少于32学时;非煤矿山、危险化学品、烟花爆竹、金属冶炼等生产经营单位主要负责人和安全生产管理人员初次安全培训时间不得少于48学时。(2)主要负责人和安全生产管理人员再培训时长。生产经营单位主要负责人和安全生产管理人员每年再培训时间不得少于12学时;非煤矿山、危险化学品、烟花爆竹、金属冶炼等生产经营单位主要负责人和安全生产管理人员每年再培训时间不得少于16学时。生产经营单位新上岗的从业人员,岗前安全培训时间不得少于24学时。(3)其他从业人员培训时长。非煤矿山、危险化学品、烟花爆竹、金属冶炼等生产经营单位新上岗的从业人员安全培训时间不得少于72学时,每年再培训的时间不得少于20学时。

因《煤矿安全培训规定》对煤矿从业人员培训有专门规定,煤矿培训时长应按照《煤矿安全培训规定》执行:(1)煤矿特种作业人员在参加资格考试前应当按照规定的培训大纲进行安全生产知识和实际操作能力的专门培训。其中,初次培训的时间不得少于90学时。已经取得职业高中、技工学校及中专以上学历的毕业生从事与其所学专业相应的特种作业,持学历证明经考核发证部门审核属实的,免予初次培训,直接参加资格考试。(2)煤矿企业其他从业人员的初次安全培训时间不得少于72学时,每年再培训的时间不得少于20学时。

第二十九条 【技术更新的安全教育培训】生产经营单位采用新工艺、新技术、新材料或者使用新设备,必须了解、掌握其安全技术特性,采取有效的安全防护措施,并对从业人员进行专门的安全生产教育和培训。

适用要点

本条是关于生产经营单位采用新工艺、新技术、新材料、新设备时有关安全生产教育和培训的规定。

随着科技进步和社会发展,越来越多的新工艺、新技术、新材料或者新设备运用于生产经营活动中。但是新工艺、新技术、新材料或者使用的新设备属于“新”的,生产经营单位或者从业人员对其安全技术性能掌握得不充分,容易成为导致事故的重大隐患。因此,生产经营单位采用新工艺、新技术、新材料或者使用新设备,必须了解、掌握其安全技术特性,采取有效的安全防护措施，并对从业人员进行专门的安全生产教育和培训，保证从业人员了解、掌握其安全技术特性、防护措施等，并能够在工作中加以运用。

典型案例

峨眉山新天达贸易有限公司等诉四川省立源化工有限公司等侵权责任纠纷案[1]

裁判要旨：煤粉喷出后与煤粉储蓄罐附近的炉火发生轰燃，引燃厂房 PVC 玻纤瓦并发生火灾，与立源化工公司的生产设备不符合安全生产规范有关，对此安全隐患立源化工公司未进行排查且其硫化碱生产车间首次采用煤粉作为燃料，在使用新改装制作的煤粉储蓄罐前应掌握其安全技术特性并具有安全防护措施，在装填煤粉时其公司的安全管理人员在场却未能对安全隐患进行排查，依据 2014 年《安全生产法》第 26 条“生产经营单位采用新工艺、新技术、新材料或者使用新设备，必须了解、掌握其安全技术特性，采取有效的安全防护措施，并对从业人员进行专门的安全生产教育和培训”之规定，立源化工公司对事故的发生也有过错，是此次事故的间接原因，应当依据相关法律规定减轻侵权人的侵权责任。

第三十条　【特种作业人员安全管理规定】生产经营单位的特种作业人员必须按照国家有关规定经专门的安全作业培训，取得相应资格，方可上岗作业。

特种作业人员的范围由国务院应急管理部门会同国务院有关部门确定。

---

〔1〕 参见四川省眉山市中级人民法院(2016)川 14 民终 155 号案例。

条文对照

2014 年《安全生产法》	2021 年《安全生产法》
第二十七条 生产经营单位的特种作业人员必须按照国家有关规定经专门的安全作业培训，取得相应资格，方可上岗作业。 特种作业人员的范围由国务院~~安全生产监督~~管理部门会同国务院有关部门确定。	**第三十条** 生产经营单位的特种作业人员必须按照国家有关规定经专门的安全作业培训，取得相应资格，方可上岗作业。 特种作业人员的范围由国务院**应急**管理部门会同国务院有关部门确定。

适用要点

第 30 条是关于特种作业人员安全管理的规定。

一、特种作业人员的概念

特种作业人员，是指直接从事特殊种类作业的从业人员。特种作业，是指容易发生事故，对操作者本人、他人的安全健康及设备、设施的安全可能造成重大危害的作业。特种作业的范围由特种作业目录规定。特种作业人员应当符合下列条件：(1)年满 18 周岁，且不超过国家法定退休年龄；(2)经社区或者县级以上医疗机构体检健康合格，并无妨碍从事相应特种作业的器质性心脏病、癫痫病、美尼尔氏症、眩晕症、癔病、震颤麻痹症、精神病、痴呆症以及其他疾病和生理缺陷；(3)具有初中及以上文化程度；(4)具备必要的安全技术知识与技能；(5)相应特种作业规定的其他条件。危险化学品特种作业人员除符合上述(1)、(2)、(4)、(5)项规定的条件外，应当具备高中或者相当于高中及以上文化程度。

二、特种作业人员安全技术培训考核管理规定

生产经营单位的特种作业人员必须按照国家有关规定经专门的安全作业培训，取得相应资格，方可上岗作业。特种作业人员的范围由国务院应急管理部门会同国务院有关部门确定。2010 年 4 月 26 日，国家安全生产监督管理总局审议通过《特种作业人员安全技术培训考核管理规定》，自 2010 年 7 月 1 日起施行。特种作业人员必须经专门的安全技术培训并考核合格，取得中华人民共和国特种作业操作证后，方可上岗作业。特种作业人员的安全技术培训、考核、发证、复审工作实行统一监管、分级实施、教考分离的原则。

特种作业操作证有效期为 6 年，在全国范围内有效。特种作业操作证由应急管理部统一式样、标准及编号。特种作业操作证每 3 年复审 1 次。特种作业人员在特种作业操作证有效期内，连续从事本工种 10 年以上，严格遵守有关安全生产法律法规的，经原考核发证机关或者从业所在地考核发证机关同意，特种作业操作证的复审时间可以延长至每 6 年 1 次。

典型案例

葛洲坝石门特种水泥有限公司与会同县安全生产监督管理局质量监督行政管理案[1]

裁判要旨：生产经营单位的特种作业人员必须按照国家有关规定经专门的安全作业培训，取得相应资格，方可上岗作业。生产经营单位不得将生产经营项目、场所、设备发包或者出租给不具备安全生产条件或者相应资质的单位或

〔1〕 参见湖南省怀化市中级人民法院(2018)湘 12 行终 39 号案例。

者个人。建设单位应当将拆除工程发包给具有相应资质等级的施工单位。同时,《关于特种作业人员安全技术培训考核工作的意见》(2016年2月废止)中明确规定,特种作业及人员范围包括:电工作业;金属焊接、切割作业;起重机械(含电梯)作业;企业内机动车辆驾驶;登高架设作业等。并规定了特种作业人员必须具备以下基本条件:年龄满18周岁、身体健康、无妨碍从事相应工种作业的疾病和生理缺陷、初中以上文化程度,具备相应工种的安全技术知识,参加国家规定的安全技术理论和实际操作考核并成绩合格等条件。本案中,伤者田清林无论是电工作业还是登高架设作业都未具备特种作业人员基本条件,也没有特种作业操作证;上诉人葛洲坝石门特种水泥有限公司作为会同县火车站货场水泥中转站中的水泥罐和变压器的所有权单位,将拆除水泥罐和变压器的工作发包给并无特种作业经营资质的彭宏春个人,彭宏春个人并不具备涉案拆除工程的企业资质。

实用小贴士

特种作业人员培训时长要求

《特种作业人员安全技术培训考核管理规定》对特种作业人员培训作业规定:(1)取证培训。特种作业人员应当接受与其所从事的特种作业相应的安全技术理论培训和实际操作培训。已经取得职业高中、技工学校及中专以上学历的毕业生从事与其所学专业相应的特种作业,持学历证明经考核发证机关同意,可以免予相关专业的培训。(2)复审培训。特种作业操作证申请复审或者延期复审前,特种作业人员应当参加必要的安全培训并考试合格。安全培训时间不少于8个学时,主要培训法律、法规、标准、事故案例和有关新工艺、新技术、新装备等知识。

第三十一条 【建设项目安全设施“三同时”】生产经营单位新建、改建、扩建工程项目(以下统称建设项目)的安全设施,必须与主体工程同时设计、同时施工、同时投入生产和使用。安全设施投资应当纳入建设项目概算。

适用要点

本条是关于建设项目安全设施“三同时”制度的规定。

一、建设项目安全设施“三同时”制度

“三同时”是指生产经营单位的建设项目的安全设施必须与主体工程同时设计、同时施工、同时投入生产和使用。建设项目安全设施，是指生产经营单位在生产经营活动中用于预防生产安全事故的设备、设施、装置、构(建)筑物和其他技术措施的总称。生产经营单位是建设项目安全设施建设的责任主体。

同时设计，要求在编制建设项目的设计文件时，必须同时编制安全设施的设计，不得不编制或者迟延编制。安全设施设计必须符合有关法律、法规、规章和国家标准的要求，不得随意降低要求。同时施工，是指建设项目施工过程中，必须严格按照设计要求，对安全设施同时进行施工，安全设施施工不得偷工减料，降低建设质量。同时投入生产和使用，是指安全设施必须与主体工程同时竣工并经验收合格后，同时投入生产和使用，不得只将主体工程投入生产和使用，而将安全设施摆样子，不予使用。

二、安全设施投资应当纳入建设项目概算

建设项目概算是对工程建设预计花费的全部费用的计划。安全设施投资纳入建设项目概算，对于落实安全设施与主体工程的“三同时”制度具有重大意义。实践中大量的生产经营单位不重视安全设施建设资金投入，所以本条有针对性地规定“安全设施投资应当纳入建设项目概算”。生产经营单位必须切实按照建设项目概算落实安全设施投资。

典型案例

盈江县教育体育局、任永爱生命权、健康权、身体权纠纷案[1]

裁判要旨：生产经营单位新建、改建、扩建工程项目（以下简称建设项目）的安全设施，必须与主体工程同时设计、同时施工、同时投入生产和使用。安全设施投入应当纳入建设项目概算。依据对相关条文的分析及一审法院依法查明的事实可以看出，因盈江县教育体育局、元联公司至今尚未解除过合同，自2019年2月18日元联公司拆除脚手架暂时停止施工后，因脚手架拆除造成在建综合楼背面失去了现场防护，属于完全开放状态，且施工现场环境复杂，元联公司应考虑到毗邻学校及村社可能存在的安全隐患，但其不作为给学生及群众留下了存在安全隐患的活动空间，致使部分好奇的群众能够自行进出地下防震层，再者脚手架拆除时工程监理单位向元联公司下发了整改通知，但距离事故发生一年多时间里，元联公司不但未整改，甚至未派任何一名工作人员巡查过施工现场，完全放弃了自己应承担的现场防护义务，最终造成任某死亡的后果，元联公司不能因为盈江县教育体育局未按时支付工程款来免除自己应承担的法律责任，元联公司应为其不仅是过错推定而是确已存在的过错承担法律责任。盈江县教育体育局对施工场地存在的安全隐患是知情的，面对学生及周围群众多重复杂的局面，应尽可能地与元联公司协商隐患排除问题，结合现实存在的问题经常性巡查、排查，防止安全事故的发生，且元联公司暂时撤离时，盈江县教育体育局对建筑工程负有维护管理的义务，虽元联公司现场防护缺失为施工现场留下了安全隐患，增加了维护管理的难度，但仅于2019年3月28日对临近学校部位进行了修缮，而对属于建筑工程一部分的地

[1] 参见云南省德宏傣族景颇族自治州中级人民法院（2020）云31民终625号案例。

下积水坑未做到全面维护管理，更没有进行封堵，对造成任某的死亡不是过错推定责任，而是明显的过错责任。

第三十二条 【特殊建设项目安全评价】矿山、金属冶炼建设项目和用于生产、储存、装卸危险物品的建设项目，应当按照国家有关规定进行安全评价。

适用要点

本条是关于特殊建设项目安全评价的规定。

安全评价，亦称“危险评价”“风险评价”，是探明系统危险、寻求安全对策的一种方法和技术。安全评价的目的是在建立必要的安全措施前，掌握系统内可能的危险种类、危险程度和危险后果，并对其进行定量、定性的分析，从而提出有效的危险控制措施。

安全评价按照实施阶段的不同分为三类：安全预评价、安全验收评价、安全现状评价。

一、安全预评价

在建设项目可行性研究阶段、工业园区规划阶段或生产经营活动组织实施之前，根据相关的基础资料，辨识与分析建设项目、工业园区、生产经营活动潜在的危险、有害因素，确定其与安全生产法律法规、标准、规范的符合性，预测发生事故的可能性及其严重程度，提出科学、合理、可行的安全措施建议，做出安全评价结论的活动。下列建设项目在进行可行性研究时，生产经营单位应当按照国家规定，进行安全预评价：(1)非煤矿矿山建设项目；(2)生产、储存危险化学品（包括使用长输管道输送危险化学品）的建设项目；(3)生产、储存烟花爆竹的建设项目；(4)金属冶炼建设项目；(5)使用危险化学品从事生产并且使用量达到规定数量的化工建设项目(属于危险化学品生产的除外);(6)法律、行政法规和国务院规定的其他建设项目。除此以外的其他建设项目,生产经营单位应当对其安全生产条件和设施进行综合分析,形成书面报告备查。

二、安全验收评价

在建设项目竣工后正式生产运行前或工业园区建设完成后,通过检查建设项目安全设施与主体工程同时设计、同时施工、同时投入生产和使用的情况或工业园区内的安全设施、设备、装置投入生产和使用的情况,检查安全生产管理措施到位情况,检查安全生产规章制度健全情况,检查事故应急救援预案建立情况,审查确定建设项目、工业园区建设满足安全生产法律法规、标准、规范要求的符合性,从整体上确定建设项目、工业园区的运行状况和安全管理情况,做出安全验收评价结论的活动。

三、安全现状评价

针对生产经营活动、工业园区的事故风险、安全管理等情况,辨识与分析其存在的危险、有害因素,审查确定其与安全生产法律法规、标准、规范要求的符合性,预测发生事故或造成职业危害的可能性及其严重程度,提出科学、合理、可行的安全措施建议,做出安全现状评价结论的活动。

安全现状评价既适用于对一个生产经营单位或一个工业园区的评价,也适用于某一特定的生产方式、生产工艺、生产装置或作业场所的评价。依据本条的规定,矿山、金属冶炼建设项目和用于生产、储存、装卸危险物品的建设项目,应当进行安全评价。

典型案例

常州市庙桥南华加油站与常州市武进区安全生产监督管理局、常州市安全生产监督管理局行政处罚、行政复议案[1]

裁判要旨：生产、储存危险化学品的企业，应当委托具备国家规定的资质条件的机构，对本企业的安全生产条件每3年进行一次安全评价，提出安全评价报告。安全评价报告的内容应当包括对安全生产条件存在的问题进行整改的方案。生产、储存危险化学品的企业，应当将安全评价报告以及整改方案的落实情况报所在地县级人民政府安全生产监督管理部门备案。生产、储存、使用危险化学品的单位未依法对其安全生产条件定期进行安全评价的，由安全生产监督管理部门责令改正，处5万元以上10万元以下的罚款。

实用小贴士

安全评价机构资质条件

依据《安全评价检测检验机构管理办法》，申请安全评价机构资质应当具备下列条件：(1)独立法人资格，固定资产不少于800万元；(2)工作场所建筑面积不少于1000平方米，其中档案室不少于100平方米，设施、设备、软件等技术支撑条件满足工作需求；(3)承担矿山、金属冶炼、危险化学品生产和储存、烟花爆竹等业务范围安全评价的机构，其专职安全评价师不低于该办法规定的配备标准；(4)承担单一业务范围的安全评价机构，其专职安全评价师不少于25人；每增加一个行业(领域)，按照专业配备标准至少增加5名专职安全评价师；专职安全评价师中，一级安全评价师比例不低于20%，一级和二级安全评价师的总数比例不低于50%，且中级及以上注册安全工程师比例不低于30%；(5)健全的内部管理制度和安全评价过程控制体

[1] 参见江苏省常州市中级人民法院(2018)苏04行终25号案例。

系；(6)法定代表人出具知悉并承担安全评价的法律责任、义务、权利和风险的承诺书；(7)配备专职技术负责人和过程控制负责人；专职技术负责人具有一级安全评价师职业资格，并具有与所开展业务相匹配的高级专业技术职称，在本行业领域工作8年以上；专职过程控制负责人具有安全评价师职业资格；(8)正常运行并可以供公众查询机构信息的网站；(9)截至申请之日3年内无重大违法失信记录；(10)法律、行政法规规定的其他条件。

第三十三条　【建设项目安全设计审查】建设项目安全设施的设计人、设计单位应当对安全设施设计负责。

矿山、金属冶炼建设项目和用于生产、储存、装卸危险物品的建设项目的安全设施设计应当按照国家有关规定报经有关部门审查，审查部门及其负责审查的人员对审查结果负责。

适用要点

本条是关于建设项目安全设施设计审查的规定。

安全设施设计是工程施工据以遵循的技术依据，设计质量的好坏是决定整个安全设施质量的基础。如果设计质量存在问题，整个安全设施的质量也就没有保障。因此，建设项目安全设施的设计人、设计单位应当对安全设施设计负责，确保安全设施设计科学合理。

矿山、金属冶炼建设项目和用于生产、储存、装卸危险物品的建设项目，同其他建设项目相比具有更大的危险性。这些项目除了进行安全预评价以外，还需要按照本条第2款的规定，由有关部门对其安全设施的设计进行审查，主要是审查安全评价报告对建设项目提出的安全措施和要求，是否贯彻落实到建设项目安全设施的设计中，安全设施的设计是否符合有关法律、法规以及国家安全标准或者行业标准的规定等。只有符合有关规定，经审查同意的，方可施工。

典型案例

昆山市跑天下石油化工有限公司与昆山市应急管理局行政处罚案[1]

裁判要旨：原昆山安监局有对本行政区域内的建设项目安全设施“三同时”工作的监管职能。生产经营单位在建设项目初步设计时，应当委托有相应资质的初步设计单位对建设项目安全设施同时进行设计，编制安全设施设计，《建设项目安全设施“三同时”监督管理办法》第30条规定，该办法第7条第1项、第2项、第3项和第4项规定以外的建设项目有下列情形之一的，对有关生产经营单位责令限期改正，可以并处5000元以上3万元以下的罚款：(1)没有安全设施设计的；(2)安全设施设计未组织审查，并形成书面审查报告的；(3)施工单位未按照安全设施设计施工的；(4)投入生产或者使用前，安全设施未经竣工验收合格，并形成书面报告的。本案中，安监局认定跑天下石油化工有限公司租赁开发郭石路南侧、海圳汽车东侧空地，在现场发现1卧式油罐，并设有加油装置，且未按照《建设项目安全设施“三同时”监督管理办法》的规定进行建设项目安全设施“三同时”工作，事实清楚；昆山安监局对跑天下石油化工有限公司作出的处罚符合法律规定，程序合法。

实用小贴士

已经批准的建设项目安全设施设计发生重大变更的审查同意

依据《建设项目安全设施“三同时”监督管理办法》第15条的规定，已经批准的建设项目及其安全设施设计有下列情形之一的，生产经营单位应当报原批准部门审查同意；未经审查同意的，不得开工建设：(1)建设项目的规模、生产工艺、原料、设备

[1] 参见江苏省张家港市人民法院(2019)苏0582行初120号案例。

发生重大变更的；（2）改变安全设施设计且可能降低安全性能的；（3）在施工期间重新设计的。

第三十四条 【建设项目安全设施施工与验收】矿山、金属冶炼建设项目和用于生产、储存、装卸危险物品的建设项目的施工单位必须按照批准的安全设施设计施工，并对安全设施的工程质量负责。

矿山、金属冶炼建设项目和用于生产、储存、装卸危险物品的建设项目竣工投入生产或者使用前，应当由建设单位负责组织对安全设施进行验收；验收合格后，方可投入生产和使用。负有安全生产监督管理职责的部门应当加强对建设单位验收活动和验收结果的监督核查。

条文对照

2014年《安全生产法》	2021年《安全生产法》
第三十一条 矿山、金属冶炼建设项目和用于生产、储存、装卸危险物品的建设项目的施工单位必须按照批准的安全设施设计施工，并对安全设施的工程质量负责。 矿山、金属冶炼建设项目和用于生产、储存危险物品的建设项目竣工投入生产或者使用前，应当由建设单位负责组织对安全设施进行验收；验收合格后，方可投入生产和使用。安全生产监督管理部门应当加强对建设单位验收活动和验收结果的监督核查。	**第三十四条** 矿山、金属冶炼建设项目和用于生产、储存、装卸危险物品的建设项目的施工单位必须按照批准的安全设施设计施工，并对安全设施的工程质量负责。 矿山、金属冶炼建设项目和用于生产、储存、**装卸**危险物品的建设项目竣工投入生产或者使用前，应当由建设单位负责组织对安全设施进行验收；验收合格后，方可投入生产和使用。**负有**安全生产监督管理**职责的**部门应当加强对建设单位验收活动和验收结果的监督核查。

适用要点

第34条是关于建设项目安全设施施工与验收的规定。

一、施工单位按照批准的安全设施设计施工并保证工程质量的义务

实践中，不少建设项目的质量问题，都发生在建设项目的施工阶段。因此，施工单位应该严把施工质量关，做好施工的各项质量控制与管理工作，严格按照批准的设计文件和技术标准进行施工。对于因施工原因造成的质量问题，施工单位承担全部责任。这些责任包括由施工单位对项目存在的质量问题给予修复和赔偿所造成损失的民事责任；由有关主管部门对违法施工的单位给予行政处罚的行政责任；以及对造成重大质量事故、构成犯罪的，由司法机关依照《刑法》的有关规定追究的刑事责任。

建设项目安全设施的施工应当由取得相应资质的施工单位进行，并与建设项目主体工程同时施工。施工单位应当在施工组织设计中编制安全技术措施和施工现场临时用电方案，同时对危险性较大的工程依法编制专项施工方案，并附具安全验算结果，经施工单位技术负责人、总监理工程师签字后实施。施工单位应当严格按照安全设施设计和相关施工技术标准、规范施工，并对安全设施的工程质量负责。施工单位发现安全设施设计文件有错漏的，应当及时向生产经营单位、设计单位提出。施工单位发现安全设施存在重大事故隐患时，应当立即停止施工并报告生产经营单位进行整改。整改合格后，方可恢复施工。

工程监理单位应当审查施工组织设计中的安全技术措施或者专项施工方案是否符合工程建设强制性标准。工程监理单位在实施监理过程中，发现存在事故隐患的，应当要求施工单位整改；情况严重的，应当要求施工单位暂时停止施工，并及时报告生产经营单位。施工单位拒不整改或者不停止施工的，工程监理单位应当及时向有关主管部门报告。工程监理单位、监理人员应当按照法律、法规和工程建设强制性标准实施监理，并对安全设施工程的工程质量承担监理责任。

二、建设项目安全设施的验收

矿山、金属冶炼建设项目和用于生产、储存、装卸危险物品的建设项目的安全设施的验收,是指安全设施已经按照设计要求完成全部施工任务,准备交付生产经营单位使用时,依照有关法律、行政法规的规定,对该设施是否合乎设计要求和工程质量标准所进行的检查、考核工作。这是安全设施建设全过程的最后一道程序,是对安全设施质量实施控制的最后一个重要环节。认真做好安全设施的验收工作,对于保证安全设施的质量具有重要意义。2014 年修改《安全生产法》时,将组织验收的职责由之前的安全生产监督管理部门改为建设单位,规定建设单位负责组织对安全设施进行验收;验收合格后,方可投入生产和使用。

建设项目安全设施竣工或者试运行完成后,建设单位应当委托具有相应资质的安全评价机构对安全设施进行验收评价,并编制建设项目安全验收评价报告。建设项目安全验收评价报告应当符合国家标准或者行业标准的规定。建设项目的安全设施有下列情形之一的,建设单位不得通过竣工验收,并不得投入生产或者使用:(1)未选择具有相应资质的施工单位施工的;(2)未按照建设项目安全设施设计文件施工或者施工质量未达到建设项目安全设施设计文件要求的;(3)建设项目安全设施的施工不符合国家有关施工技术标准的;(4)未选择具有相应资质的安全评价机构进行安全验收评价或者安全验收评价不合格的;(5)安全设施和安全生产条件不符合有关安全生产法律、法规、规章和国家标准或者行业标准、技术规范规定的;(6)发现建设项目试运行期间存在事故隐患未整改的;(7)未依法设置安全生产管理机构或者配备安全生产管理人员的;(8)从业人员未经过安全生产教育和培训或者不具备相应资格的;(9)不符合法律、行政法规规定的其他条件的。

三、验收的监督核查

负有安全生产监督管理职责的部门不承担组织验收的责任,但应当加强对建设单位验收活动和验收结果的监督核查，通过监督检查督促建设单位依法依规落实验收义务。

典型案例

临夏州森源天然气有限公司与中交煤气热力研究设计院有限公司建设工程设计合同纠纷案[1]

裁判要旨：2014年《安全生产法》第28条规定，生产经营单位新建、改建、扩建工程项目的安全设施，必须与主体工程同时设计、同时施工、同时投入生产和使用。安全设施投资应当纳入建设项目概算。第31条规定，矿山、金属冶炼建设项目和用于生产、储存、装卸危险物品的建设项目的施工单位必须按照批准的安全设施设计施工，并对安全设施的工程质量负责。矿山、金属冶炼建设项目和用于生产、储存危险物品的建设项目竣工投入生产或者使用前，应当由建设单位负责组织对安全设施进行验收；验收合格后，方可投入生产和使用。安全生产监督管理部门应当加强对建设单位验收活动和验收结果的监督核查。根据上述法律规定，森源公司对涉案工程有责任组织验收，验收合格后方可投入使用；未经验收或者验收不合格的，不得擅自使用；擅自使用后又以使用部分质量不符合约定为由主张权利的，不予支持。在双方签订的建设工程设计安装合同中也有“工程未经验收，原告提前使用或擅自动用，由此发生的损失由原告承担，并以通过验收论”的约定。森源公司未按照上述法律规定和合同约定组织竣工验收即投入使用，且在认为涉案工程存在安全隐患的情况下违法运营，导致工程质量无法鉴定，应承担不利的法律后果。森源公司没有证据证明中交煤热公司的施工图纸存在设计缺陷，无权就自己违法行为导致的后果

---

〔1〕 参见甘肃省高级人民法院(2019)甘民再71号案件。

要求中交煤热公司承担赔偿责任。

实用小贴士

负有安全生产监督管理职责的部门的监督核查方式

负有安全生产监督管理职责的部门应当按照下列方式之一对矿山、金属冶炼建设项目和用于生产、储存、装卸危险物品的建设项目的安全设施的竣工验收活动和验收结果的监督核查：(1)对安全设施竣工验收报告按照不少于总数10%的比例进行随机抽查；(2)在实施有关安全许可时，对建设项目安全设施竣工验收报告进行审查。抽查和审查以书面方式为主。对竣工验收报告的实质内容存在疑问，需要到现场核查的，负有安全生产监督管理职责的部门应当指派两名以上工作人员对有关内容进行现场核查。工作人员应当提出现场核查意见，并如实记录在案。

第三十五条　【安全警示标志】生产经营单位应当在有较大危险因素的生产经营场所和有关设施、设备上，设置明显的安全警示标志。

适用要点

本条是关于安全警示标志的规定。

一、设置明显的安全警示标志的对象

设置警示标志的对象为“有较大危险因素的生产经营场所和有关设施、设备”，这里的“危险因素”是指对人造成伤亡或者对物造成突发性损害的各种因素。

在存在较大危险因素的地方，设置安全警示标志，是对从业人员知情权的保障，有利于提高从业人员的安全生产意识，防止和减少生产安全事故的发生。

二、安全警示标志的要求

设置的安全警示标志必须"明显"。所谓"明显"是指安全警示标志应当设置在作业场所或者有关设施、设备的醒目位置，一目了然，让每一个在该场所或者靠近设施、设备的从业人员或者其他人员都能够清楚看到，这样才能起到警示作用。警示标志必须易于辨识。

安全警示标志一般由安全色、几何图形和图形符号构成，其目的是引起人们对危险因素的注意，预防生产安全事故的发生。安全色是表达安全信息的颜色，表示禁止、警告、指令、提示等意义。正确使用安全色，可以使从业人员对威胁安全和健康的物体、环境尽快作出反应；迅速发现或分辨安全标志，及时得到提醒，以防止事故、危害发生。国际标准化组织建议采用红色、黄色和绿色三种颜色作为安全色，并用蓝色作为辅助色。中国国家标准GB2893－82规定红、蓝、黄、绿四种颜色为安全色。其含义和用途：（1）红色，表示禁止、停止，也代表防火；（2）蓝色，表示指令、必须遵守的规定，一般用于指令标志；（3）黄色，表示警告、注意；（4）绿色，表示提示安全状态或通行。

典型案例

温州中科新能源科技有限公司与温州市龙湾区人民政府、温州市人民政府质量监督行政管理案[1]

裁判要旨：原国家安全监管总局《关于生产安全事故调查处理中有关问题的规定》第2条规定，生产经营活动，是指在工作时间和工作场所，为实现某种生产、建设或者经营目的而进行的活动，包括与工作有关的预备性或者收尾

〔1〕参见浙江省温州市中级人民法院（2019）浙03行初2号案件。

性活动。本案中,死者李某2系原告中科公司污水处理站作业人员,其在中科公司从事厌氧池操作,该活动依法属于生产经营活动。2014年《安全生产法》第18条第5项规定,生产经营单位的主要负责人对本单位安全生产工作负有督促、检查,及时消除生产安全事故隐患的职责。第32条规定,生产经营单位应当在有较大危险因素的生产经营场所和有关设施、设备上,设置明显的安全警示标志。第38条第1款规定,生产经营单位应当建立健全生产安全事故隐患排查治理制度,采取技术、管理措施,及时发现并消除事故隐患。事故隐患排查治理情况应当如实记录,并向从业人员通报。本案中,根据调查情况,厌氧池口架设有铁制十字架钢材,方格大小约0.8米*0.8米,并没有设置安全防护栏和相关安全警示标志。询问笔录中,原告污水处理站站长胡国洪陈述“厌氧池原来也有装防护栏的,后来影响作业就把它拆掉了”,原告法定代表人及第三人张鹏陈述“厌氧池那里的防护栏杆还未设置,原来有设置的,大概是工人为了作业方便,把防护栏杆拆掉了”。因此,原告法定代表人及第三人张鹏,在厌氧池等危险场所没有设置明显的安全警示标志,没有及时发现并消除事故隐患,未尽到安全生产管理职责。死者李某2在进入厌氧池操作时,没有按照安全规程佩戴防毒面具等,违反公司规定,冒险进入危险场所,导致自己淹溺在厌氧池内致死。故涉案事故调查报告认定李某2安全意识淡薄、违反公司规定为直接原因,原告中科公司对危险场所安全防范措施落实不到位等以及第三人张鹏未认真履行安全生产管理职责等为导致事故发生的间接原因,各负相应责任,事实清楚,证据充分。

实用小贴士

安全警示标志的分类

我国常用的安全警示标志分为禁止标志、警告标志、指令标志、提示标志四类。(1)禁止标志,带斜杠的圆形环为禁止标志的几何图形。圆形环与斜杠为红色,图形符号为黑色,其背景为白色。人们习惯用符号“×”表示禁止或不允许。但是,如果在圆环内画上“×”会使图像不清晰,影响视认效果。因此改用“\”即“×”的一半来表示“禁止”。这样做也与国际标准化组织的规定是一致的。(2)警告标志,“△”是警告的几何图形。三角形的边框和图形符号为黑色,其背景为有警告意义的黄色。三角形引人注目,即使光线不佳时也比圆形清楚。国际标准草案中也把三角形作为“警告标志”的几何图形。(3)指令标志。“○”是指令的几何图形。其背景为具有指令含义的蓝色,图形符号为白色。标有“指令标志”的地方,就是要求人们到达这个地方,必须遵守“指令标志”的规定。例如,进入施工工地,工地附近有“必须戴安全帽”的指令标志,则必须将安全帽戴上,否则就是违反了施工工地的安全规定。(4)提示标志。“▭”是提示标志的几何图形。其背景为绿色,图形符号及文字为白色。长方形给人以安定感,另外,提示标志也需要有足够的地方书写文字和画出箭头以提示必要的信息,所以用长方形是适宜的。

第三十六条　【安全设备管理】安全设备的设计、制造、安装、使用、检测、维修、改造和报废,应当符合国家标准或者行业标准。

生产经营单位必须对安全设备进行经常性维护、保养,并定期检测,保证正常运转。维护、保养、检测应当作好记录,并由有关人员签字。

生产经营单位不得关闭、破坏直接关系生产安全的监控、报警、防护、救生设备、设施,或者篡改、隐瞒、销毁其相关数据、信息。

餐饮等行业的生产经营单位使用燃气的,应当安装可燃气体报警装置,并保障其正常使用。

条文对照

2014年《安全生产法》	2021年《安全生产法》
第三十三条　安全设备的设计、制造、安装、使用、检测、维修、改造和报废,应当符合国家标准或者行业标准。 生产经营单位必须对安全设备进	**第三十六条**　安全设备的设计、制造、安装、使用、检测、维修、改造和报废,应当符合国家标准或者行业标准。 生产经营单位必须对安全设备进

续表

2014 年《安全生产法》	2021 年《安全生产法》
行经常性维护、保养,并定期检测,保证正常运转。维护、保养、检测应当作好记录,并由有关人员签字。	行经常性维护、保养,并定期检测,保证正常运转。维护、保养、检测应当作好记录,并由有关人员签字。 **生产经营单位不得关闭、破坏直接关系生产安全的监控、报警、防护、救生设备、设施,或者篡改、隐瞒、销毁其相关数据、信息。** **餐饮等行业的生产经营单位使用燃气的,应当安装可燃气体报警装置,并保障其正常使用。**

适用要点

第 36 条是关于生产经营单位对安全设备管理的规定。

安全设备,是指为了保护从业人员等生产经营活动参与者的安全,防止生产安全事故发生以及在发生生产安全事故时用于救援而安装使用的机械设备和器械,如矿山使用的自救器、灭火设备、各种安全检测仪器如测风仪表、瓦斯检测器、顶板压力检测仪器、安全检测系统。安全设备有的是能够在保证安全方面独立发挥作用的,有的则作为生产经营装备的附属设备,如压力表则是锅炉的附属设备。这些安全设备需要按照国家有关要求在生产经营活动中配备,以确保生产安全和事故救援的顺利进行。因此,对安全设备从设计到报废的每一个环节都实行标准化管理。生产经营单位作为安全设备的使用单位,规定其使用过程中的维护、保养、检测等义务,对确保安全设备发挥作用至关重要。

一、安全设备的设计、制造、安装、使用、检测、维修、改造和报废,应当符合国家标准或者行业标准

实践中,因为安全设备的设计、制造、安装、使用、检测、维修、改造和

报废不符合有关标准而导致生产安全事故或者损失扩大的情况屡见不鲜，所以，有必要加强对安全设备的管理。

标准化管理是生产经营活动现代化的重要标志之一。《标准化法》第10条第1款规定："对保障人身健康和生命财产安全、国家安全、生态环境安全以及满足经济社会管理基本需要的技术要求，应当制定强制性国家标准。"所以本条第1款规定："安全设备的设计、制造、安装、使用、检测、维修、改造和报废，应当符合国家标准或者行业标准。"并且这些标准属于强制性标准。其他安全生产法律、法规中也多作相同规定。例如，《国务院关于预防煤矿生产安全事故的特别规定》第8条第1款规定："煤矿的通风、防瓦斯、防水、防火、防煤尘、防冒顶等安全设备、设施和条件应当符合国家标准、行业标准，并有防范生产安全事故发生的措施和完善的应急处理预案"。

二、安全设备的日常维护

安全设备在使用过程中，由于内在和外在因素，不可避免地会出现各种各样的问题。因此，生产经营单位必须对安全设备进行经常性维护、保养，并定期检测，保证正常运转。维护、保养、检测应当作好记录，并由有关人员签字。"经常性"主要是指"维护、保养"的周期，因安全设备不同，这里的"经常性"的具体周期也不同。"定期检测"中的定期也要根据安全设备的不同而有所不同。但都要确保安全设备能够正常运转，发挥应有作用。

记录的内容，一般应当包括经常性维护、保养和定期检测的时间、地点、人员、安全设备的名称，维护、保养、检测的结果，发现的问题以及问题的处理情况等。记录是开展相关工作的见证，是重要的追溯资料，也是相关单位履行义务的凭证。需要在记录上签字的有关人员，包括直接从事维护、保养、检测的技术人员以及相关的安全管理人员，必要时生产经营单位的主要负责人也要签字。这样规定，有利于发生事故时的责任划分，为正确追究有关人员法律责任提供证据。

三、生产经营单位不得关闭、破坏直接关系生产安全的监控、报警、防护、救生设备、设施，或者篡改、隐瞒、销毁其相关数据、信息

直接关系生产安全的监控、报警、防护、救生设备、设施能够提醒生产经营状况，并在发生事故时，对从业人员等提供保护。实践中，生产经营单位出于逃避监管等目的，擅自关闭、破坏直接关系生产安全的监控、报警、防护、救生设备、设施，或者篡改、隐瞒、销毁其相关数据、信息的现象时有发生。因此，2021 年修改《安全生产法》特设本款。“直接关系生产安全”是指该设备、设施直接检测安全环境数据，关闭、破坏后可能直接导致事故发生，具有重大危险。如果生产经营单位故意关闭、破坏监控、报警设备或者修改设备阈值，破坏检测设备正常工作条件，使有关监控、检测设备不能正常工作，而继续冒险作业，逃避监管，涉嫌危险作业罪。

四、可燃气体报警装置

燃气属于易燃易爆危险品，一旦它“发火”爆炸，造成的损害非常大。针对实践中餐饮等行业的生产经营单位使用燃气发生爆炸造成巨大人民群众生命财产损失这一现象，2021 年修改的《安全生产法》规定，餐饮等行业的生产经营单位使用燃气的，应当安装可燃气体报警装置，并保障其正常使用。

典型案例

淄博盛槐化工厂与淄博市周村区安全生产监督管理局质量监督行政管理案[1]

裁判要旨：安全设备的设计、制造、安装、使用、检测、维修、改造和报

---

〔1〕 参见山东省淄博市中级人民法院（2018）鲁 03 行终 63 号案例。

废，应当符合国家标准或者行业标准。生产经营单位必须对安全设备进行经常性维护、保养，并定期检测，保证正常运转。维护、保养、检测应当作好记录，并由有关人员签字。本案被上诉人周村区安监局提交的现场检查记录、询问笔录、责令限期整改指令书、专家安全隐患排查治理报告、隐患排查表等证据，能够证明上诉人淄博盛槐化工厂存在下列违法行为和安全隐患：安全设备安装、使用、检测、改造和报废不符合国家标准或行业标准，未对安全设备进行经常性维护、保养和定期检测以及未在有较大危险因素的生产经营场所和有关设施、设备上设置明显的安全警示标志。被上诉人周村区安监局据此作出（周）安监管罚［2017］WHB001号行政处罚决定，对上诉人合并罚款3万元，认定事实清楚，证据确凿，处罚幅度与违法行为的事实、性质、情节以及社会危害程度相当，适用法律正确。同时，被上诉人周村区安监局履行了立案、调查询问、责令整改、集体讨论、处罚告知及送达等基本程序，符合法律规定。

实用小贴士

危险作业罪

《刑法》第134条之一规定：“在生产、作业中违反有关安全管理的规定，有下列情形之一，具有发生重大伤亡事故或者其他严重后果的现实危险的，处一年以下有期徒刑、拘役或者管制：（一）关闭、破坏直接关系生产安全的监控、报警、防护、救生设备、设施，或者篡改、隐瞒、销毁其相关数据、信息的；（二）因存在重大事故隐患被依法责令停产停业、停止施工、停止使用有关设备、设施、场所或者立即采取排除危险的整改措施，而拒不执行的；（三）涉及安全生产的事项未经依法批准或者许可，擅自从事矿山开采、金属冶炼、建筑施工，以及危险物品生产、经营、储存等高度危险的生产作业活动的。”

第三十七条 【特种设备安全管理】生产经营单位使用的危险物品的容器、运输工具，以及涉及人身安全、危险性较大的海洋石油开采特种设备和矿山井下特种设备，必须按照国家有关规定，由专业生产单位生产，并经具有专业资质的检测、检验机构检测、检验合格，取得安全使用证或者安全标志，方可投入使用。检测、检验机构对检测、检验结果负责。

适用要点

本条是关于危险物品的容器、运输工具以及部分特种设备的生产、检测、检验的安全管理要求的规定。

一、本条适用对象

本条适用对象是生产经营单位使用的危险物品的容器、运输工具，以及涉及人身安全、危险性较大的海洋石油开采特种设备和矿山井下特种设备。

根据《特种设备安全法》第100条第2款的规定，铁路机车、海上设施和船舶、矿山井下使用的特种设备的监督管理可以适用其他有关法律。从实际情况看，铁路机车的生产、检测、检验管理已经比较成熟、定型，而海上设施，尤其是海洋石油开采特种设备和矿山井下特种设备的安全监督管理制度还不够完善。因此，《安全生产法》仅将海洋石油开采特种设备和矿山井下特种设备纳入其中。

二、危险物品的容器、运输工具以及部分特种设备的生产、检测、检验的安全管理

一是由专业生产单位生产，其他任何单位和个人不得生产。生产经营单位使用的危险物品的容器、运输工具，以及涉及人身安全、危险性较

大的海洋石油开采特种设备和矿山井下特种设备,必须按照国家有关规定,由专业生产单位生产。

二是在投入使用前,还必须经具有专业资质的检测、检验机构检测、检验合格,取得安全使用证或者安全标志,方可投入使用。

三、检测、检验机构对检测、检验结果负责

为了确保检测、检验机构依法履行职责,公正、客观地进行检测、检验,本条还规定,检测、检验机构对检测、检验结果负责。检测、检验机构必须认真负责,按照规定的技术标准和要求进行检测、检验,提出科学、客观的结论。检测、检验应当出具专业检测、检验证明(报告)。检测、检验合格的,发给安全使用证或者安全标志。因检测、检验机构的原因,致使不合格的特种设备和危险物品的容器、运输工具投入使用,并造成严重后果的,检测、检验机构及其有关人员应当承担相应的法律责任。

实用小贴士

申请安全生产检测检验机构资质的条件

申请安全生产检测检验机构资质应当具备下列条件:(1)独立法人资格,固定资产不少于1000万元;(2)工作场所建筑面积不少于1000平方米,有与从事安全生产检测检验相适应的设施、设备和环境,检测检验设施、设备原值不少于800万元;(3)承担单一业务范围的安全生产检测检验机构,其专业技术人员不少于25人;每增加一个行业(领域),至少增加5名专业技术人员;专业技术人员中,中级及以上注册安全工程师比例不低于30%,中级及以上技术职称比例不低于50%,且高级技术职称人员比例不低于25%;(4)专业技术人员具有与承担安全生产检测检验相适应的专业技能,以及在本行业领域工作2年以上;(5)法定代表人出具知悉并承担安全生产检测检验的法律责任、义务、权利和风险的承诺书;(6)主持安全生产检测检验工作的负责人、技术负责人、质量负责人具有高级技术职称,在本行业领域工作8年以上;(7)符合安全生产检测检验机构能力通用要求等相关标准和规范性文件规定的文件化管理体系;(8)正常运行并可以供公众查询机构信息的网站;(9)截至申请

之日3年内无重大违法失信记录;(10)法律、行政法规规定的其他条件。

第三十八条　【工艺、设备淘汰制度】国家对严重危及生产安全的工艺、设备实行淘汰制度,具体目录由国务院应急管理部门会同国务院有关部门制定并公布。法律、行政法规对目录的制定另有规定的,适用其规定。

省、自治区、直辖市人民政府可以根据本地区实际情况制定并公布具体目录,对前款规定以外的危及生产安全的工艺、设备予以淘汰。

生产经营单位不得使用应当淘汰的危及生产安全的工艺、设备。

条文对照

2014年《安全生产法》	2021年《安全生产法》
第三十五条　国家对严重危及生产安全的工艺、设备实行淘汰制度,具体目录由国务院~~安全生产监督~~管理部门会同国务院有关部门制定并公布。法律、行政法规对目录的制定另有规定的,适用其规定。 省、自治区、直辖市人民政府可以根据本地区实际情况制定并公布具体目录,对前款规定以外的危及生产安全的工艺、设备予以淘汰。 生产经营单位不得使用应当淘汰的危及生产安全的工艺、设备。	**第三十八条**　国家对严重危及生产安全的工艺、设备实行淘汰制度,具体目录由国务院**应急**管理部门会同国务院有关部门制定并公布。法律、行政法规对目录的制定另有规定的,适用其规定。 省、自治区、直辖市人民政府可以根据本地区实际情况制定并公布具体目录,对前款规定以外的危及生产安全的工艺、设备予以淘汰。 生产经营单位不得使用应当淘汰的危及生产安全的工艺、设备。

适用要点

第38条是关于生产安全的工艺、设备实行淘汰目录制度的规定。

一、危及生产安全工艺、设备淘汰制度

"严重危及生产安全的工艺、设备"是指不符合生产安全要求,极有可能导致生产安全事故发生,致使人民群众生命和财产遭受重大损失的工艺、设备。2010年国务院下发《关于进一步加强企业安全生产工作的通知》,要求"强制淘汰落后技术产品"。对于应当淘汰的工艺、设备实行目录管理,有利于生产经营单位对照执行,也方便负有安全生产监督管理职责的部门进行执法检查和监督检查。考虑到实践中有的行业主管部门对本行业、领域的工艺、设备有特殊的管理要求,例如,《固体废物污染环境防治法》第28条规定:"国务院经济综合宏观调控部门应当会同国务院有关部门组织研究、开发和推广减少工业固体废物产生量和危害性的生产工艺和设备,公布限期淘汰产生严重污染环境的工业固体废物的落后生产工艺、落后设备的名录。"所以,本条第1款还规定"法律、行政法规对目录的制定另有规定的,适用其规定"。《特种设备安全法》也规定,禁止销售和使用国家明令淘汰的特种设备。

二、其他危及生产安全的工艺、设备的淘汰制度

"其他危及生产安全的工艺、设备"是指与严重危及生产安全的工艺、设备相比,危险性较低的工艺、设备。考虑到各地经济发展程度和技术装备水平的差异,2010年国务院下发《关于进一步加强企业安全生产工作的通知》,进一步要求"各省级人民政府也要制订本地区相应的目录和措施,支持有效消除重大安全隐患的技术改造和搬迁项目,遏制安全水平低、保障能力差的项目建设和延续"。国家对于这些工艺、设备不一概予以淘汰,由各省、自治区、直辖市人民政府可以根据本地区实际情况制定并公布具体目录。

生产经营单位不得使用应当淘汰的危及生产安全的工艺、设备，这是禁止性的规定，生产经营单位必须执行，不但自己不得使用应当淘汰的危及生产安全的工艺、设备，也不得转让给他人使用，否则要承担相应的法律责任。

第三十九条　【危险物品的监管】生产、经营、运输、储存、使用危险物品或者处置废弃危险物品的，由有关主管部门依照有关法律、法规的规定和国家标准或者行业标准审批并实施监督管理。

生产经营单位生产、经营、运输、储存、使用危险物品或者处置废弃危险物品，必须执行有关法律、法规和国家标准或者行业标准，建立专门的安全管理制度，采取可靠的安全措施，接受有关主管部门依法实施的监督管理。

适用要点

本条是关于生产、经营、运输、储存、使用危险物品或者处置废弃危险物品的监督管理的规定。

危险物品的生产、经营、运输、储存、使用、处置废弃具有很大的危险性，一旦发生事故，将会对国家和人民群众的生命财产造成重大伤害。所以，要对危险物品从开始生产一直到最终处置废弃，都实行规范管理，制定相应的法律、法规和标准，采取必要的监管措施，这样可以有效降低危险物品发生事故的概率。

一、生产、经营、运输、储存、使用危险物品或者处置废弃危险物品的，由有关主管部门依法审批并实施监管

行政审批是从源头上管理危险物品相关生产、经营、运输等活动的有效方式。生产经营单位必须按照相关法律法规的规定取得相应的行政许

可后，方可从事危险物品有关的活动。危险化学品生产企业进行生产前，应当依照《安全生产许可证条例》的规定，取得危险化学品安全生产许可证。使用危险化学品从事生产并且使用量达到规定数量的化工企业，应当依法取得危险化学品安全使用许可证。国家对危险化学品经营（包括仓储经营）实行许可制度。未经许可，任何单位和个人不得经营危险化学品。从事危险化学品道路运输、水路运输的，应当分别依照有关道路运输、水路运输的法律、行政法规的规定，取得危险货物道路运输许可、危险货物水路运输许可，并向市场监督管理部门办理登记手续。有关主管部门对危险物品生产、经营、运输、储存、使用或者处置废弃进行审批时，必须严格按照法律、法规、标准规定的条件和程序进行审批，对不符合条件的，不得批准，不能降低条件，放松要求。对经过审批从事与危险物品有关活动的单位和个人要加强监督管理，及时进行严格的监督检查。

由于危险物品的种类比较多，许多法律、法规和标准对危险物品相关活动的监管均有规定，按照这些规定，除应急管理部门外，对应的主管部门要根据危险物品相关活动的特点，进行审批并实施监督管理。危险物品的审批和监管主要涉及应急管理、公安、交通运输、市场监管、生态环境保护等部门。

二、生产经营单位生产、经营、运输、储存、使用或处置废弃危险物品的义务

生产经营单位生产、经营、运输、储存、使用或处置废弃危险物品的义务主要有四项：(1)必须严格执行有关法律、法规和国家标准或者行业标准。(2)建立专门的安全管理制度。安全管理制度是法律、法规和标准在生产经营单位安全管理方面的具体体现，是法律、法规和标准在生产经营单位的具体化。(3)采取可靠的安全措施。生产经营单位应当根据危险物品的种类、危险特性等采取有针对性的安全措施。例如，托运放射性物品的，托运人应当持有生产、销售、使用或者处置放射性物品的有效证明，使用与所托运的放射性物品类别相适应的运输容器进行包装，配备必要

的辐射监测设备、防护用品和防盗、防破坏设备，并编制运输说明书、核与辐射事故应急响应指南、装卸作业方法、安全防护指南。运输说明书应当包括放射性物品的品名、数量、物理化学形态、危害风险等内容。(4)接受有关部门依法实施的监督管理。有关主管部门依法对危险物品的生产经营单位实施监督检查，生产经营单位应当积极配合，不得拒绝或阻挠。

典型案例

上海盈汇飞新能源科技有限公司与上海市宝山区安全生产监督管理局行政处罚案[1]

裁判要旨：关于被上诉人对上诉人擅自生产危险物品行为的认定。2014年《安全生产法》第36条规定，生产、经营、运输、储存、使用危险物品或者处置废弃危险物品的，由有关主管部门依照有关法律、法规的规定和国家标准或者行业标准审批并实施监督管理。《安全生产许可证条例》第2条规定，国家对矿山企业、建筑施工企业和危险化学品、烟花爆竹、民用爆破器材生产企业实行安全生产许可制度。被上诉人认为上诉人未取得安全生产许可证，生产危险物品中的危险化学品，故违反《安全生产法》的规定，认定事实清楚。

实用小贴士

我国关于危险物品的法律制度

关于危险物品的法律，主要有《固体废物污染环境防治法》《环境保护法》《放射性污染防治法》等。此外，还有《危险化学品安全管理条例》《易制毒化学品管理条例》《烟花爆竹安全管理条例》《民用爆炸物品安全管理条例》《监控化学品管理条

[1] 参见上海市第二中级人民法院(2011)沪二中行终字第343号案例。

例》《农药管理条例》《城镇燃气管理条例》《放射性物品运输安全管理条例》《民用核设施安全监督管理条例》《核电厂核事故应急管理条例》《核材料管制条例》《民用核安全设备监督管理条例》《放射性同位素与射线装置安全和防护条例》《放射性物品运输安全管理条例》《放射性废物安全管理条例》等行政法规，以及有关的部门规章、地方性法规和地方政府规章等。

第四十条 【重大危险源安全管理】生产经营单位对重大危险源应当登记建档，进行定期检测、评估、监控，并制定应急预案，告知从业人员和相关人员在紧急情况下应当采取的应急措施。

生产经营单位应当按照国家有关规定将本单位重大危险源及有关安全措施、应急措施报有关地方人民政府应急管理部门和有关部门备案。有关地方人民政府应急管理部门和有关部门应当通过相关信息系统实现信息共享。

条文对照

2014 年《安全生产法》	2021 年《安全生产法》
第三十七条 生产经营单位对重大危险源应当登记建档，进行定期检测、评估、监控，并制定应急预案，告知从业人员和相关人员在紧急情况下应当采取的应急措施。 生产经营单位应当按照国家有关规定将本单位重大危险源及有关安全措施、应急措施报有关地方人民政府~~安全生产监督~~管理部门和有关部门备案。	**第四十条** 生产经营单位对重大危险源应当登记建档，进行定期检测、评估、监控，并制定应急预案，告知从业人员和相关人员在紧急情况下应当采取的应急措施。 生产经营单位应当按照国家有关规定将本单位重大危险源及有关安全措施、应急措施报有关地方人民政府**应急**管理部门和有关部门备案。**有关地方人民政府应急管理部门和有关部门应当通过相关信息系统实现信息共享。**

适用要点

第40条是关于重大危险源安全管理的规定。

重大危险源是由危险物品组成的集合体。构成重大危险源必须是危险物品的数量等于或者超过临界量。所谓临界量是指一个数值，当某种危险物品的数量达到或者超过这个数值时，就有可能发生危险。重大危险源中很大一部分是由危险化学品构成的。目前，我国已经颁布了《危险化学品重大危险源辨识》（GB 18218－2009），是国家强制性标准。该标准规定了辨识危险化学品重大危险源的依据和方法，其中对各种危险化学品的临界量作了明确规定，依据这些临界量，可以辨识某一危险物品的聚集场所或设施是否构成重大危险源。根据本条规定，重大危险源的管理措施主要包括：

一、生产经营单位对重大危险源的内部管理

1. 登记建档。登记建档的目的在于对重大危险源的情况有一个总体把握，便于采取进一步的管理措施。重大危险源登记的内容包括重大危险源的名称、地点、性质、可能造成的危害等。重大危险源登记建档应当注意保证完整性、连贯性。危险化学品单位应当对辨识确认的重大危险源及时、逐项进行登记建档。

2. 定期检测、评估、监控。检测是指通过一定的技术手段，利用仪器工具对重大危险源的一些具体指标、参数进行测量；评估是指对重大危险源的各种情况进行综合的分析、判断，掌握其危险程度；监控则是对重大危险源进行观察和控制，防止其引发危险。检测、评估、监控的目的都是更好地了解和掌握重大危险源的基本情况，及时发现事故隐患，采取相应措施，防止生产安全事故的发生。生产经营单位应当将对重大危险源的检测、评估、监控作为一项经常性的工作，定期进行。

检测、评估、监控都应当符合有关技术标准的要求，详细记录有关情况，并出具检测、评估或者监控报告，报告应当客观公正、数据准确、内容

完整、结论明确、措施可行，由有关人员签字并对其结果负责。

3. 制定应急预案。应急预案是关于发生紧急情况或者生产安全事故时的应对措施、处理办法、程序等的事先安排和计划。生产经营单位应当根据重大危险源的实际情况，依法制定重大危险源事故应急预案。根据《生产安全事故应急预案管理办法》的规定，生产经营单位应针对重大危险源防止生产安全事故而制定的专项性工作方案，即专项应急预案。应急预案的编制应当遵循以人为本、依法依规、符合实际、注重实效的原则，以应急处置为核心，明确应急职责、规范应急程序、细化保障措施。生产经营单位应当组织开展本单位的应急预案、应急知识、自救互救和避险逃生技能的培训活动，使有关人员了解应急预案内容，熟悉应急职责、应急处置程序和措施。应急培训的时间、地点、内容、师资、参加人员和考核结果等情况应当如实记入本单位的安全生产教育和培训档案。

生产经营单位应当按照应急预案的规定，落实应急指挥体系、应急救援队伍、应急物资及装备，建立应急物资、装备配备及其使用档案，并对应急物资、装备进行定期检测和维护，使其处于适用状态。

4. 告知应急措施的义务。生产经营单位应当告知从业人员和相关人员在紧急情况下应当采取的应急措施，这是生产经营单位的一项法定义务。这里的“相关人员”主要是指重大危险源发生事故时，可能受到损害的生产经营单位以外的人员，如工厂周围的居民等。告知从业人员和其他可能受到影响的相关人员在紧急情况下应当采取的应急措施，既有利于从业人员和相关人员对自身安全的保护，也有利于他们在紧急情况下采取正确的应急措施，防止事故或者减少事故损失。

二、重大危险源的外部管理

1. 重大危险源备案制度。生产经营单位应当按照国家有关规定将本单位重大危险源及有关安全措施、应急措施报有关地方人民政府应急管理部门和有关部门备案。备案的对象为重大危险源、有关安全措施、应急措施。备案义务主体是生产经营单位。备案管理部门为“有关地方人民政府应急管理部门和有关部门”。应急管理部门和有关部门应当建立、完善有关备案的工作制度和程序，方便生产经营单位进行备案。

2. 重大危险源信息共享。重大危险源具有较高危险性，需要多部门之间配合监管。因此，有关地方人民政府应急管理部门和有关部门对生产经营单位的重大危险源进行备案后，应当通过相关信息系统实现信息共享，实现重大危险源信息的互联互通，共同监督生产经营单位落实对重大危险源的监管职责。

实用小贴士

重大危险源备案的材料报送

生产经营单位在完成重大危险源安全评估报告或者安全评价报告后15日内，应当填写重大危险源备案申请表，连同重大危险源档案材料，报送所在地县级人民政府应急管理部门备案。县级人民政府应急管理部门应当每季度将辖区内的一级、二级重大危险源备案材料报送至设区的市级人民政府应急管理部门。设区的市级人民政府应急管理部门应当每半年将辖区内的一级重大危险源备案材料报送至省级人民政府应急管理部门。重大危险源出现重新辨识、评估和定级后，应当及时更新档案，并向所在地县级人民政府应急管理部门重新备案。生产经营单位新建、改建和扩建危险物品建设项目，应当在建设项目竣工验收前完成重大危险源的辨识、安全评估和分级、登记建档工作，并向所在地县级人民政府应急管理部门备案。根据《危险化学品安全管理条例》，对剧毒化学品以及储存数量构成重大危险源的其他危险化学品，储存单位还应当将其储存数量、储存地点以及管理人员的情况，向公安机关备案。

第四十一条　【风险管控和隐患排查治理】生产经营单位应当建立安全风险分级管控制度，按照安全风险分级采取相应的管控措施。

生产经营单位应当建立健全并落实生产安全事故隐患排查治理制度，采取技术、管理措施，及时发现并消除事故隐患。事故隐患排查治理情况应当如实记录，并通过职工大会或者职工代表大会、信息公示栏等方式向从业人员通报。其中，重大事故隐患排查治理情况应当及时向负有安全生产监督管理职责的部门和职工大会或者职工代表大会报告。

县级以上地方各级人民政府负有安全生产监督管理职责的部门应当将重大事故隐患纳入相关信息系统，建立健全重大事故隐患治理督办制度，督促生产经营单位消除重大事故隐患。

条文对照

2014 年《安全生产法》	2021 年《安全生产法》
第三十八条　生产经营单位应当建立健全生产安全事故隐患排查治理制度，采取技术、管理措施，及时发现并消除事故隐患。事故隐患排查治理情况应当如实记录，并向从业人员通报。 县级以上地方各级人民政府负有安全生产监督管理职责的部门应当建立健全重大事故隐患治理督办制度，督促生产经营单位消除重大事故隐患。	**第四十一条**　**生产经营单位应当建立安全风险分级管控制度，按照安全风险分级采取相应的管控措施。** 生产经营单位应当建立健全**并落实**生产安全事故隐患排查治理制度，采取技术、管理措施，及时发现并消除事故隐患。事故隐患排查治理情况应当如实记录，并**通过职工大会或者职工代表大会、信息公示栏等方式**向从业人员通报。**其中，重大事故隐患排查治理情况应当及时向负有安全生产监督管理职责的部门和职工大会或者职工代表大会报告。**

续表

2014 年《安全生产法》	2021 年《安全生产法》
	县级以上地方各级人民政府负有安全生产监督管理职责的部门应当**将重大事故隐患纳入相关信息系统**，建立健全重大事故隐患治理督办制度，督促生产经营单位消除重大事故隐患。

适用要点

第 41 条是关于生产经营单位风险管控和隐患排查治理职责的规定。

一、生产经营单位风险分级管控制度

风险是事故的诱因，事故是风险的结果。并非所有的风险都能引起事故的发生，只有当风险释放所造成的危害达到一定程度、对周围的人身、财产、环境构成威胁时，风险才转化为事故。风险分级管控是生产经营单位安全管理的核心，风险分级管控过程中确定的典型控制措施是隐患排查治理的重要内容。

2016 年 12 月，《中共中央、国务院关于推进安全生产领域改革发展的意见》中将“风险管控”和“事故隐患排查治理”作为生产经营单位安全生产的双重预防机制。此后，各省市、自治区等出台了风险分级管控相关制度，煤矿、非煤矿山、危化企业等也纷纷建立风险分级管控制度。在实践推动的基础上，本条第 1 款规定“生产经营单位应当建立安全风险分级管控制度”。主要负责人负责建立并落实本单位风险分级管控制度。安全风险管控法律制度的核心内容包括风险识别（排查）、风险评价、风险监控、响应应急预案、预警信息发布等内容。生产经营单位应建立由主要负责人牵头的风险分级管控组织机构，组织各部门分岗位、分工种全面开展风险辨识,并在企业内部建立风险分级管控工作体系。

二、生产经营单位事故隐患排查治理制度

(一)生产安全事故隐患的界定

安全生产事故隐患,是指生产经营单位违反安全生产法律、法规、规章、标准、规程和安全生产管理制度的规定,或者因其他因素在生产经营活动中存在可能导致事故发生的物的危险状态、人的不安全行为和管理上的缺陷。事故隐患分为一般事故隐患和重大事故隐患。

(二)生产经营单位的生产安全事故隐患排查治理制度

生产经营单位应当建立健全事故隐患排查治理和建档监控等制度,逐级建立并落实从主要负责人到每个从业人员的隐患排查治理和监控责任制。对于一般事故隐患,由生产经营单位(车间、分厂、区队等)负责人或者有关人员立即组织整改。对于重大事故隐患,由生产经营单位主要负责人组织制定并实施事故隐患治理方案。重大事故隐患治理方案应当包括以下内容:(1)治理的目标和任务;(2)采取的方法和措施;(3)经费和物资的落实;(4)负责治理的机构和人员;(5)治理的时限和要求;(6)安全措施和应急预案。

生产经营单位在事故隐患治理过程中,应当采取相应的安全防范措施,防止事故发生。事故隐患排除前或者排除过程中无法保证安全的,应当从危险区域内撤出作业人员,并疏散可能危及的其他人员,设置警戒标志,暂时停产停业或者停止使用;对暂时难以停产或者停止使用的,应该采取合理措施,防止生产安全事故发生。

生产经营单位将生产经营项目、场所、设备发包、出租的,应当与承包、承租单位签订安全生产管理协议,并在协议中明确各方对事故隐患排查、治理和防控的管理职责。生产经营单位对承包、承租单位的事故隐患排查治理负有统一协调和监督管理的职责。

(三)事故隐患排查治理情况通报制度

生产经营单位应当如实记录事故隐患排查治理情况,并通过职工大会或者职工代表大会、信息公示栏等方式向从业人员通报。

重大事故隐患排查治理情况应当及时向负有安全生产监督管理职责的部门和职工大会或者职工代表大会报告。重大事故隐患报告内容应当包括:(1)隐患的现状及其产生原因;(2)隐患的危害程度和整改难易程度分析;(3)隐患的治理方案。

(四)重大事故隐患治理督办制度

事故隐患排查治理首先要强调生产经营单位的主体责任,同时也离不开政府部门的监管。因此,本条第3款规定,县级以上地方各级人民政府负有安全生产监督管理职责的部门应当将重大事故隐患纳入相关信息系统,建立健全重大事故隐患治理督办制度,督促生产经营单位消除重大事故隐患。这里所说的“督办”,是指监管部门要对发现的或者有关单位和个人报告的重大事故隐患登记建档,督促生产经营单位及时采取措施消除隐患。要对重大事故隐患治理全程督办,从过程到结果都要负责,确保消除重大事故隐患。

负有安全生产监督管理职责的部门对检查过程中发现的重大事故隐患,应当下达整改指令书,并建立信息管理台账。必要时,报告同级人民政府并对重大事故隐患实行挂牌督办。已经取得安全生产许可证的生产经营单位,在其被挂牌督办的重大事故隐患治理结束前,负有安全生产监督管理职责的部门应当加强监督检查。必要时,可以提请原许可证颁发机关依法暂扣其安全生产许可证。负有安全生产监督管理职责的部门应当会同有关部门把重大事故隐患整改纳入重点行业领域的安全专项整治中加以治理,落实相应责任。对挂牌督办并采取全部或者局部停产停业治理的重大事故隐患,负有安全生产监督管理职责的部门收到生产经营单位恢复生产的申请报告后,应当进行现场审查。审查合格的,对事故隐患进行核销，同意恢复生产经营；审查不合格的，依法责令改正或者下达停产整改指令。对整改无望或者生产经营单位拒不执行整改指令的，依法实施行政处罚；不具备安全生产条件的，依法提请县级以上人民政府按照国务院规定的权限予以关闭。

第四十二条　【生产经营场所和员工宿舍安全管理】生产、经营、储存、使用危险物品的车间、商店、仓库不得与员工宿舍在同一座建筑物内，并应当与员工宿舍保持安全距离。

生产经营场所和员工宿舍应当设有符合紧急疏散要求、标志明显、保持畅通的出口、疏散通道。禁止占用、锁闭、封堵生产经营场所或者员工宿舍的出口、疏散通道。

条文对照

2014 年《安全生产法》	2021 年《安全生产法》
第三十九条　生产、经营、储存、使用危险物品的车间、商店、仓库不得与员工宿舍在同一座建筑物内，并应当与员工宿舍保持安全距离。 生产经营场所和员工宿舍应当设有符合紧急疏散要求、标志明显保持畅通的出口。禁止锁闭、封堵生产经营场所或者员工宿舍的出口。	**第四十二条**　生产、经营、储存、使用危险物品的车间、商店、仓库不得与员工宿舍在同一座建筑物内，并应当与员工宿舍保持安全距离。 生产经营场所和员工宿舍应当设有符合紧急疏散要求、标志明显、保持畅通的出口**、疏散通道**。禁止**占用、**锁闭、封堵生产经营场所或者员工宿舍的出口**、疏散通道**。

适用要点

第42条是关于生产经营场所和员工宿舍的出口和疏散通道安全管理的规定。

现实中，一些生产经营单位为了节省开支，不顾员工的生命安全，将危险物品的生产车间、仓库和员工宿舍混设在同一座建筑物内，导致群死群伤的恶性事故。此外，因危险物品的车间、商店、仓库与员工宿舍距离过近而导致的伤亡事故也时有发生，在总结大量事故教训的基础上，本条第1款明确规定，生产、经营、储存、使用危险物品的车间、商店、仓库不得与员工宿舍在同一座建筑物内，并应当与员工宿舍保持安全距离。所谓"安全距离"，是指在这个距离之外，即使发生事故，也不致损害宿舍内员工的人身安全，具体标准需要根据危险物品的性质以及生产、储存的规模确定。生产经营单位不得以任何理由违反上述规定，员工也应当提高自我保护意识，拒绝使用生产经营单位提供的违反安全要求的宿舍，并有权向有关部门检举和控告。

生产经营单位防止生产安全事故造成人员伤亡的措施之一是确保畅通的出口，在发生生产安全事故时，给员工保留逃生路线。所以，本条第2款规定，生产经营场所和员工宿舍应当设有符合紧急疏散要求、标志明显、保持畅通的出口、疏散通道。禁止占用、锁闭、封堵生产经营场所或者员工宿舍的出口、疏散通道。这也是根据实践中血的教训作出的规定。实践中，一些生产经营单位的生产经营场所或者员工宿舍的建设不符合安全要求，不设紧急出口；有的虽然设了紧急出口，但标志不明显或者长期被占有不能保持畅通，发生事故时员工无法紧急疏散。也有一些生产经营单位出于各种目的，锁闭、封堵生产经营场所或者员工宿舍的出口和疏散通道，致使发生事故时员工不能及时疏散，逃生无门，造成大量人员伤亡。所以，生产经营场所和员工宿舍在建设时就要考虑好疏散通道、安全出口，出口应当有明显标志，即标志应在容易看到的地方，并保证标志清晰、规范、易于识别。出口应随时保持畅通，不得堆放有碍通行的物品，更不能以任何理由、任何方式，占用、锁闭、封堵生产经营场所或者员工宿舍的出口和疏散通道。

典型案例

青岛九鼎立钢结构工程有限公司与胶州市安全生产监督管理局质量监督行政管理案[1]

裁判要旨：生产经营场所和员工宿舍应当设有符合紧急疏散要求、标志明显、保持畅通的出口、疏散通道。禁止占用、锁闭、封堵生产经营场所或者员工宿舍的出口、疏散通道。生产经营单位违反上述规定的，责令限期改正，可以处5万元以下的罚款，对其直接负责的主管人员和其他直接责任人员可以处1万元以下的罚款；逾期未改正的，责令停产停业整顿；构成犯罪的，依照刑法有关规定追究刑事责任。本案中，根据被上诉人现场执法检查视频记录及《现场检查记录》显示，上诉人生产车间存在未在有较大危险因素的行车、开式双柱固定台压力机上设置明显的安全警示标志和生产场所未设有符合紧急疏散需要、标志明显、保持畅通的出口的违法情形。

第四十三条　【危险作业现场安全管理】生产经营单位进行爆破、吊装、动火、临时用电以及国务院应急管理部门会同国务院有关部门规定的其他危险作业，应当安排专门人员进行现场安全管理，确保操作规程的遵守和安全措施的落实。

[1] 参见山东省青岛市中级人民法院(2018)鲁02行终296号案例。

条文对照

2014 年《安全生产法》	2021 年《安全生产法》
第四十条 生产经营单位进行爆破、吊装以及国务院~~安全生产监督~~管理部门会同国务院有关部门规定的其他危险作业，应当安排专门人员进行现场安全管理，确保操作规程的遵守和安全措施的落实。	**第四十三条** 生产经营单位进行爆破、吊装**、动火、临时用电**以及国务院**应急**管理部门会同国务院有关部门规定的其他危险作业，应当安排专门人员进行现场安全管理，确保操作规程的遵守和安全措施的落实。

适用要点

第 43 条是关于危险作业现场安全管理的规定。

爆破、吊装、动火、临时用电以及国务院应急管理部门会同国务院有关部门规定的其他危险作业，具有较大危险性，容易发生事故，而且一旦发生事故，将会对作业人员和有关人员造成伤亡。因此，进行爆破、吊装、动火、临时用电等危险作业时，“应当安排专门人员进行现场安全管理，确保操作规程的遵守和安全措施的落实”。“专门人员”不限于安全管理人员，但应当具有现场管理能力，具备确保爆破、吊装、动火、临时用电等作业按照操作规程进行操作，并落实安全措施的能力。应当安排专门人员进行现场安全管理却没有安排的，要承担相应的法律责任。

典型案例

解三清、王川纳生命权、健康权、身体权纠纷再审审查与审判监督案[1]

裁判要旨：生产经营单位进行爆破、吊装、动火、临时用电以及国务院应急管理部门会同国务院有关部门规定的其他危险作业，应当安排专门人员进行现场安全管理，确保操作规程的遵守和安全措施的落实。本案中，吊车司机到达场地后，未安排专门人员进行现场安全管理，石块放置车辆内，站立人员接近被吊装石块，违反吊装物下严禁站人的操作规范，对场地不平整、运输车辆停放倾斜的作业环境，未及时发现也未立即报告，其主观上存在过失，违规作业行为直接导致闻浩峰被石块挤压致死的事故发生。在石块滑动挤压事故发生后，吊车司机既未积极施救，也未报告，却自行撤离现场，解三清承揽焦俊奇吊装石块业务，作为雇主以及吊车所有人、管理人负有不可推卸的民事责任。

第四十四条 【从业人员安全管理】生产经营单位应当教育和督促从业人员严格执行本单位的安全生产规章制度和安全操作规程；并向从业人员如实告知作业场所和工作岗位存在的危险因素、防范措施以及事故应急措施。

生产经营单位应当关注从业人员的身体、心理状况和行为习惯，加强对从业人员的心理疏导、精神慰藉，严格落实岗位安全生产责任，防范从业人员行为异常导致事故发生。

---

〔1〕 参见河南省平顶山市中级人民法院(2020)豫04民申39号案例。

条文对照

2014 年《安全生产法》	2021 年《安全生产法》
第四十一条 生产经营单位应当教育和督促从业人员严格执行本单位的安全生产规章制度和安全操作规程；并向从业人员如实告知作业场所和工作岗位存在的危险因素、防范措施以及事故应急措施。	**第四十四条** 生产经营单位应当教育和督促从业人员严格执行本单位的安全生产规章制度和安全操作规程；并向从业人员如实告知作业场所和工作岗位存在的危险因素、防范措施以及事故应急措施。 **生产经营单位应当关注从业人员的身体、心理状况和行为习惯，加强对从业人员的心理疏导、精神慰藉，严格落实岗位安全生产责任，防范从业人员行为异常导致事故发生。**

适用要点

第 44 条是关于从业人员安全管理的规定。

从业人员的行为是影响生产安全的重要因素之一。所以，生产经营单位应采取多种措施提高从业人员的安全意识，使每一名员工都行动起来，确保安全管理制度落到实处。

一、教育和督促从业人员严格执行本单位的安全生产规章制度和安全操作规程

安全生产规章制度是生产经营单位根据有关安全生产的法律、法规以及有关国家标准或者行业标准，结合本单位实际情况制定的安全生产方面的具体制度。安全操作规程是指为消除导致人身伤亡或者造成设备、财产破坏以及危害环境的因素而制定的对岗位操作的具体技术要求和实施程序。生产经营单位应当教育和督促从业人员严格执行本单位的

安全生产规章制度和安全操作规程。对不遵守安全生产规章制度和安全操作规程的从业人员，要采取适当的措施，促使其改正。

二、保障从业人员的安全知情权

安全知情权有利于使从业人员做到心中有数，提高安全生产意识和事故防范能力，减少事故发生，降低事故损失。生产经营单位应当向从业人员如实告知作业场所和工作岗位存在的危险因素、防范措施以及事故应急措施，“如实告知”，是指按实际情况告知，不得隐瞒、保留，更不能欺骗从业人员。

三、防范从业人员行为异常导致事故

随着安全技术的发展，机械化换人、自动化减人、信息化管人、智能化无人取得巨大进步。因技术、设备等因素导致生产安全事故的情况逐步减少。但现代社会，从业人员的身体、心理压力越来越大，因从业人员身体、心理和行为习惯导致的零星事故时有发生。甚至，有些从业人员心理异常，故意制造生产安全事故，造成群死群伤。因此，2021 年修改《安全生产法》特设第 2 款规定，生产经营单位应当关注从业人员的身体、心理状况和行为习惯，加强对从业人员的心理疏导、精神慰藉，严格落实岗位安全生产责任，防范从业人员行为异常导致事故发生。

典型案例

济南市槐荫区人民政府与济南市槐荫区应急管理局质量监督行政管理案[1]

裁判要旨：生产经营单位应当对从业人员进行安全生产教育和培训，

[1] 参见山东省高级人民法院(2019)鲁行再66号案例。

保证从业人员具备必要的安全生产知识，熟悉有关的安全生产规章制度和安全操作规程，掌握本岗位的安全操作技能，了解事故应急处理措施，知悉自身在安全生产方面的权利和义务。未经安全生产教育和培训合格的从业人员，不得上岗作业。生产经营单位应当教育和督促从业人员严格执行本单位的安全生产规章制度和安全操作规程；并向从业人员如实告知作业场所和工作岗位存在的危险因素、防范措施以及事故应急措施。本案中，联华恒基公司发生的案涉生产事故，部分原因是该公司未按法规要求对从业人员进行培训教育，安全管理混乱。槐荫安监局在其行政处罚决定书中认定联华恒基公司违反2014年《安全生产法》第25条和第41条规定，符合上述法律的规定。该生产事故已经由槐荫区人民法院(2017)鲁0104刑初328号刑事附带民事判决认定造成的直接经济损失为394798元，联华恒基公司应当接受罚款的行政处罚。

实用小贴士

安全事故犯罪向故意杀人罪、故意伤害罪的转化

在安全事故发生后，直接负责的主管人员和其他直接责任人员故意阻挠开展抢救，导致人员死亡或者重伤，或者为了逃避法律追究，对被害人进行隐藏、遗弃，致使被害人因无法得到救助而死亡或者重度残疾的，分别以故意杀人罪或者故意伤害罪定罪处罚。例如，某采砂厂司机甲在工地内醉酒驾车将值班人员乙撞伤，急忙将乙拉到偏僻角落掩埋，致使乙死亡，甲构成故意杀人罪。

第四十五条　【生产经营单位提供劳动防护用品】生产经营单位必须为从业人员提供符合国家标准或者行业标准的劳动防护用品，并监督、教育从业人员按照使用规则佩戴、使用。

适用要点

本条是关于生产经营单位提供劳动防护用品的规定。

劳动防护用品是为了保护工人在生产过程中的安全和健康而发放给劳动者个人使用的防护用品。国家对劳动防护用品的产品质量指标和技术条件制定了一系列技术标准。例如,安全帽、防冲击眼护具等均制定了国家标准,并根据情况适时修订。生产经营单位必须为从业人员提供符合国家标准或者行业标准的劳动防护用品,而不得以货币或者其他物品替代应当配备的劳动防护用品。生产经营单位应当安排用于配备劳动防护用品的经费,不得让从业人员承担劳动防护用品的费用,也不得以这些费用为名克扣从业人员的工资等。

劳动防护用品具有保护从业人员人身安全的功能,但防护用品的佩戴、使用等较为繁琐。所以有的从业人员由于缺乏相关操作知识、安全意识不强、图省事等原因,不按照规定佩戴或者使用相关的劳动防护用品,这容易造成很大的事故隐患。所以,生产经营单位应监督、教育从业人员按照使用规则佩戴、使用劳动防护用品。

典型案例

靖江市双鑫紧固件制造有限公司与靖江市安全生产监督管理局、靖江市人民政府行政监督案[1]

裁判要旨:生产经营单位应当履行提供安全防护用品的义务,并指导监督使用。本案中,双鑫公司未对屋面施工人员进行安全教育和安全技术交底,未配发劳动防护用品并督促作业人员正确穿戴;屋面施工现场安全管理不到位,

[1] 参见江苏省泰州医药高新技术产业开发区人民法院(2017)苏1291行初291号案例。

对高处作业未落实相关防坠落安全措施，对施工作业中的安全隐患未及时责令改正并消除，对“11·6”一般高处坠落事故负有责任，靖江市安全生产监督管理局处罚并无不当。判决驳回双鑫公司的诉讼请求。

实用小贴士

劳动防护用品的分类

根据具体操作过程中的不同需要，应提供给工人的防护用品主要有工作服、工作帽、围裙、口罩、手套护腿、防毒面具、防护眼镜、防护药膏、防寒用品、防晒防雨的用品等。按照防护部位，劳动防护用品分为九类：(1)头部护具类。主要用于保护头部，防撞击、挤压伤害、防物料喷溅、防粉尘等的护具。(2)呼吸护具类。主要是预防尘肺和职业病的重要护品。(3)眼防护具。主要用来保护作业人员的眼睛、面部，防止外来伤害，如焊接用眼防护具。(4)听力护具。长期在90dB(A)以上或短时在115dB(A)以上环境中工作时，应使用听力护具保护听力。(5)防护鞋。主要用于防止足部伤害。(6)防护手套。主要用于手部保护。(7)防护服。主要用于保护从业人员免受劳动环境中的物理、化学因素的伤害。(8)防坠落护具。主要用于防止坠落事故发生，主要有安全带、安全绳和安全网。(9)护肤用品。主要用于外露皮肤的保护。

第四十六条　【检查职责及重大事故隐患报告】生产经营单位的安全生产管理人员应当根据本单位的生产经营特点，对安全生产状况进行经常性检查；对检查中发现的安全问题，应当立即处理；不能处理的，应当及时报告本单位有关负责人，有关负责人应当及时处理。检查及处理情况应当如实记录在案。

生产经营单位的安全生产管理人员在检查中发现重大事故隐患，依照前款规定向本单位有关负责人报告，有关负责人不及时处理的，安全生产管理人员可以向主管的负有安全生产监督管理职责的部门报告，接到报告的部门应当依法及时处理。

适用要点

本条是关于生产经营单位的安全生产管理人员的检查职责及重大事故隐患报告义务的规定。

一、安全生产管理人员的检查职责

1. 要对本单位进行经常性检查。为了加强安全生产管理,防止发生生产安全事故,安全生产管理人员必须认真履行职责,依法对本单位的安全生产状况进行经常性的检查,安全生产管理人员要根据本单位生产经营的实际特点,有针对性地进行检查,而不能流于形式。检查的事项要全面,一般情况下,安全生产管理人员重点检查以下内容:(1)查制度。即检查本单位的安全生产规章制度的完整性、有效性和合法性等。(2)查知识。检查从主要负责人到现场作业人员是否具备必要的安全知识、安全操作技能等。(3)查纪律。检查本单位其他机构和从业人员对本单位安全生产规章制度、操作规程的执行情况。(4)查设备。检查本单位的安全设备的设计、制造、安装、使用、检测等是否符合国家标准、行业标准,是否处于正常运行状态等。(5)查环境。检查本单位的安全出口、疏散通道等是否符合规定,通风、照明、温度、湿度等是否符合有关法律、法规和标准的规定。(6)查个体防护。检查本单位从业人员劳动防护用品配备、穿戴情况。

2. 对检查中发现的安全问题要立即处理或及时报告。安全生产管理人员对检查中发现的事故隐患和安全生产违法行为等,应立即处理。对于安全生产违法行为,安全生产管理人员能够立即纠正的,要立即纠正;不能立即纠正的,应当要求限期改正。对发现的事故隐患,能够立即排除的,要立即采取措施加以排除,不能拖延;不能立即排除的,要提出限期解决的方案,并采取相应措施确保安全。对不能立即处理的,安全生产管理人员应当及时将有关情况报告给有关负责人。有关负责人可以是本单位主要负责人或者主管安全生产工作的其他负责人。报告应当包括安全问题发现的时间、具体情况、危险程度等,并提出如何解决的建议。接到报告后，有关负责人应当及时处理。

3. 检查及处理情况应当如实记录在案。安全生产管理人员对每次安全检查及处理情况，包括检查的时间、范围、内容、发现的问题、处理情况等都应当记录在案。

二、安全生产管理人员向有关部门报告重大事故隐患的职责

生产经营单位的安全生产管理人员在检查中发现重大事故隐患，向本单位有关负责人报告，有关负责人有及时处理的义务。有关负责人不及时处理的，安全生产管理人员可以向主管的负有安全生产监督管理职责的部门报告，接到报告的部门应当依法及时处理。

第四十七条 【经费保障】生产经营单位应当安排用于配备劳动防护用品、进行安全生产培训的经费。

适用要点

本条是关于劳动防护用品、安全生产培训经费保障义务的规定。

为从业人员配备劳动防护用品是保护其安全健康的重要物质保障；安全生产教育培训则是使从业人员了解本单位危险因素、防范措施和应急措施，熟悉有关的安全生产规章制度和操作规程，掌握必要的安全生产知识和安全生产技能，做好安全生产工作的重要基础。因此，本条规定生产经营单位应当安排用于配备劳动防护用品、进行安全生产培训的经费。生产经营单位所安排的经费应当充足：既要保证生产经营单位能够为从业人员提供劳动防护用品，并且这些劳动防护用品必须符合国家标准或者行业标准，也要能够保证生产经营单位对从业人员进行安全生产培训的正常需要。值得注意的是，生产经营单位安排从业人员进行安全培训期间，应当支付从业人员的工资和必要的费用。

典型案例

保定市恒通石油设备工程有限公司与保定市满城区安全生产监督管理局、保定市安全生产监督管理局行政监督纠纷案[1]

裁判要旨：保定市恒通石油设备工程有限公司雇用清洗工给保定市尹固加油站清洗汽油罐时发生闪燃事故，造成5人重度烧伤，直接经济损失280万元。事故调查组认定该起事故因保定市恒通石油设备工程有限公司在保定市尹固加油站进行地下油罐防渗改造清洗油罐过程中，未按《安全生产法》要求制定施工作业安全操作规程，未安排专人进行现场安全管理，未对清罐工进行培训教育，安全管理不到位，工人违章作业引发的且存在企业迟报行为的一般生产安全责任事故。违反了2014年《安全生产法》第44条规定，予以30万元的行政处罚。该行政行为认定事实清楚，法律适用正确，予以维持。

第四十八条　【交叉作业的安全管理】两个以上生产经营单位在同一作业区域内进行生产经营活动，可能危及对方生产安全的，应当签订安全生产管理协议，明确各自的安全生产管理职责和应当采取的安全措施，并指定专职安全生产管理人员进行安全检查与协调。

适用要点

本条是关于两个以上生产经营单位在同一作业区域进行生产经营活动时安全管理的规定。

实践中，同一作业区域有两个以上生产经营单位进行生产经营活动的现象比较多，如果其中一个单位发生生产安全事故，会直接威胁到其他

[1] 参见保定市竞秀区人民法院（2018）冀0602行初92号案例。

单位的安全生产，在同一工作区域的多家生产经营单位协调做好安全生产工作具有重要意义。本条虽然是一个强制性规定，但其适用有一个前提条件，即"可能危及对方生产安全的"，才适用本条的规定。安全管理的手段包括两个方面：其一，签订安全生产管理协议；其二，指定专职安全生产管理人员进行安全检查与协调。

一、安全生产管理协议

安全生产管理协议是同一作业区域内两个以上生产经营单位为了处理和协调安全生产方面的关系而签订的协议。其主要内容不但包括各生产经营单位生产的特点、作业场所存在的危险因素、防范措施以及事故应急措施，还包括各自的安全生产管理职责和应该采取的安全措施，做到职责清楚，分工明确。安全生产管理协议既是各生产经营单位履行安全生产职责的依据，也是判定生产安全事故责任的重要依据。

二、指定专职的安全生产管理人员

为了使安全生产管理协议真正得到贯彻，保证作业区域内的生产安全，各生产经营单位还应当指定专职的安全生产管理人员，对作业区域内的安全生产状况进行检查，对检查中发现的安全生产问题及时进行协调、解决。

典型案例

梅林海、梅亮亮等与彭胜伍、江苏盛源运输有限公司生命权、健康权、身体权民事纠纷案[1]

裁判要旨：两个以上生产经营单位在同一作业区域内进行生产经营活动，可能危及对方生产安全的，应当签订安全生产管理协议，明确各自

〔1〕 参见湖北省高级人民法院(2015)鄂民四终字第00049号案例。

的安全生产管理职责和应当采取的安全措施，并指定专职安全生产管理人员进行安全检查与协调。本案中，在其他船舶靠泊“盛源吊8”过驳货物时，虽然过驳货物系短时临时作业，相关责任方不一定必须签署安全生产管理协议，但作为吊机操作一方，彭胜伍仍应当尽到安全事故防范义务，采取有效措施防止吊机操作过程中可能对他人人身和财产造成危险。本院认为，彭胜伍在吊机作业区域的安全事故防范措施存在欠缺。首先，“盛源吊8”轮未在吊机作业区域采取必要的隔离措施。彭胜伍作为雇主，盛源公司作为“盛源吊8”轮的登记所有权人和登记经营人，应承担事故的主要责任。且作为受害人而言，无法准确区分彭胜伍和盛源公司各自的过错比例和责任份额，两者应负连带责任。

第四十九条　【发包与出租的安全生产责任】生产经营单位不得将生产经营项目、场所、设备发包或者出租给不具备安全生产条件或者相应资质的单位或者个人。

生产经营项目、场所发包或者出租给其他单位的，生产经营单位应当与承包单位、承租单位签订专门的安全生产管理协议，或者在承包合同、租赁合同中约定各自的安全生产管理职责；生产经营单位对承包单位、承租单位的安全生产工作统一协调、管理，定期进行安全检查，发现安全问题的，应当及时督促整改。

矿山、金属冶炼建设项目和用于生产、储存、装卸危险物品的建设项目的施工单位应当加强对施工项目的安全管理，不得倒卖、出租、出借、挂靠或者以其他形式非法转让施工资质，不得将其承包的全部建设工程转包给第三人或者将其承包的全部建设工程支解以后以分包的名义分别转包给第三人，不得将工程分包给不具备相应资质条件的单位。

条文对照

2014 年《安全生产法》	2021 年《安全生产法》
第四十六条 生产经营单位不得将生产经营项目、场所、设备发包或者出租给不具备安全生产条件或者相应资质的单位或者个人。 生产经营项目、场所发包或者出租给其他单位的,生产经营单位应当与承包单位、承租单位签订专门的安全生产管理协议,或者在承包合同、租赁合同中约定各自的安全生产管理职责;生产经营单位对承包单位、承租单位的安全生产工作统一协调、管理,定期进行安全检查,发现安全问题的,应当及时督促整改。	**第四十九条** 生产经营单位不得将生产经营项目、场所、设备发包或者出租给不具备安全生产条件或者相应资质的单位或者个人。 生产经营项目、场所发包或者出租给其他单位的,生产经营单位应当与承包单位、承租单位签订专门的安全生产管理协议,或者在承包合同、租赁合同中约定各自的安全生产管理职责;生产经营单位对承包单位、承租单位的安全生产工作统一协调、管理,定期进行安全检查,发现安全问题的,应当及时督促整改。 **矿山、金属冶炼建设项目和用于生产、储存、装卸危险物品的建设项目的施工单位应当加强对施工项目的安全管理,不得倒卖、出租、出借、挂靠或者以其他形式非法转让施工资质,不得将其承包的全部建设工程转包给第三人或者将其承包的全部建设工程支解以后以分包的名义分别转包给第三人,不得将工程分包给不具备相应资质条件的单位。**

适用要点

第 49 条是关于生产经营项目、场所、设备发包或者出租以及建设项目安全管理的规定。

一、生产经营项目、场所、设备发包或者出租中承包人或者承租人应具有相应资质

生产经营活动的种类很多,不同的生产经营活动其规模、复杂程度、危险程度也不同。因此,在我国很多法律中对从事某些生产经营活动的单位需要相关资质,甚至对同类生产经营活动根据其复杂性、危险性也划定了不同的资质等级。生产经营单位将生产经营项目、场所、设备发包或者出租的,承包人或者承租人必须具备安全生产条件或者相应资质,不得将其发包、出租给不具备安全生产条件或者相应资质的单位或者个人。

二、签订专门的安全生产管理协议

生产经营单位将生产经营项目、场所、设备发包或者出租给具备安全生产条件或者相应资质的单位或者个人的,生产经营单位的安全生产管理义务并没有免除。为了保障生产安全,生产经营项目、场所发包或者出租的,发包单位或出租单位应与承包单位或承租单位签订确定双方安全生产管理职责的协议,即安全生产管理协议。安全生产管理协议有两种存在形式:其一,专门的书面的安全生产管理协议;其二,以承包合同、租赁合同中安全生产管理职责条款的形式存在,即承包合同、租赁合同中关于各自的安全生产管理职责的约定。但不论以何种形式存在,安全生产管理协议必须包括三部分内容:发包单位、出租单位的安全生产管理职责;承包单位、承租单位的安全生产管理职责;发包单位、出租单位对承包单位、承租单位的安全生产工作管理要求。

安全生产管理协议属于合同,具备合同效力的相对性,只对协议当事人发生效力。生产经营单位不能以与承包单位、承租单位签订的安全生产管理协议为由,拒绝履行安全生产职责。因此,生产经营单位对外包或者出租的项目、场所的安全生产全面负责。生产经营单位对承包单位、承租单位的安全生产工作统一协调、管理,定期进行安全检查,发现安全问题的,应当及时督促整改。

三、建设项目安全管理

《建筑法》第 26 条规定，承包建筑工程的单位应当持有依法取得的资质证书，并在其资质等级许可的业务范围内承揽工程。禁止建筑施工企业超越本企业资质等级许可的业务范围或者以任何形式用其他建筑施工企业的名义承揽工程。禁止建筑施工企业以任何形式允许其他单位或者个人使用本企业的资质证书、营业执照，以本企业的名义承揽工程。第 29 条第 3 款还规定，禁止总承包单位将工程分包给不具备相应资质条件的单位。禁止分包单位将其承包的工程再分包。所以，矿山、金属冶炼建设项目和用于生产、储存、装卸危险物品的建设项目施工单位应当加强对施工项目的安全管理，不得倒卖、出租、出借、挂靠或者以其他形式非法转让施工资质，不得将其承包的全部建设工程转包给第三人或者将其承包的全部建设工程支解以后以分包的名义分别转包给第三人，不得将工程分包给不具备相应资质条件的单位。

典型案例

上海明旌机械制造有限公司与上海市嘉定区应急管理局、上海市嘉定区人民政府行政监督案〔1〕

裁判要旨：嘉定应急局经调查认定明旌机械将公司厂房、场地、设备租赁给案外人萱显公司使用期间，未履行对承租单位的安全生产工作统一协调、管理，定期进行安全检查的义务，案外人萱显公司发生了安全生产事故，该行为违反了 2014 年《安全生产法》第 46 条的规定，嘉定应急局依据 2014 年《安全生产法》第 109 条第 1 项之规定，对明旌机械作出罚款 20 万元的行政

〔1〕 参见上海市第二中级人民法院（2020）沪 02 行终 194 号案例。

处罚决定,认定事实清楚,证据充分,适用法律正确。

实用小贴士

建设项目转包、分包的区别

转包是指建设工程的承包人将其承包的建设工程倒手转让给第三人,使该第三人实际上成为该建设工程新的承包人的行为。分包是指从事工程总承包的单位将所承包的建设工程的一部分依法发包给具有相应资质的承包单位的行为,该总承包人并不退出承包关系,其与第三人就第三人完成的工作成果向发包人承担连带责任。我国法律严禁建设工程转包和将建设工程肢解后以分包的名义分别转包给第三人,只允许部分非主体工程分包,但分包人要具备相应资质。

第五十条 【事故发生时主要负责人职责】生产经营单位发生生产安全事故时,单位的主要负责人应当立即组织抢救,并不得在事故调查处理期间擅离职守。

适用要点

本条是关于事故发生时主要负责人职责的规定。

一、事故报告义务

生产安全事故发生后,事故现场有关人员应当立即向本单位负责人报告;单位负责人接到报告后,应当于1小时内向事故发生地县级以上人民政府应急管理部门和负有安全生产监督管理职责的有关部门报告。情况紧急时,事故现场有关人员可以直接向事故发生地县级以上人民政府应急管理部门和负有安全生产监督管理职责的有关部门报告。

二、立即组织抢救义务

生产经营单位的主要负责人是生产经营活动的决策者和指挥者,是生产经营单位的最高领导者和管理者，对本单位的安全生产工作全面负责。“全面负责”是指对本单位安全生产工作的各个方面、各个环节都要负责，而不是仅仅负责某些方面或者部分环节。从建立健全安全生产责任制、组织制定安全生产规章制度和操作规程、组织制定并实施安全生产教育和培训计划、保证安全生产投入的有效实施，到督促、检查本单位安全生产工作，及时消除生产安全事故隐患、组织制定并实施本单位的生产安全事故应急救援预案以及事故抢救等，都要负起责任。“立即”说明主要负责人组织事故抢救的时效性，不得拖延事故抢救。

生产经营单位主要负责人作为本生产经营单位安全生产的第一责任人，对本单位的场地、布局、设备、人员通讯、生产经营状况比较熟悉，由其在现场参加、组织救援，可以比较顺利地进行事故抢救，防止事故扩大，减少人员伤亡和财产损失。

三、不得在事故调查处理期间擅离职守

主要负责人配合事故调查，对于查清事故原因、落实整改措施，确定事故性质和责任具有重要意义。且主要负责人作为生产经营单位安全生产的第一责任人，应当对单位发生的生产安全事故负责，特别是如果发生重特大生产安全责任事故，其行为涉嫌构成重大责任事故罪、重大劳动安全事故罪等。因此，事故发生后，生产经营单位的主要负责人不得擅离职守，而应坚守岗位，并积极配合有关部门的事故调查处理。《生产安全事故报告和调查处理条例》规定，主要负责人应当配合事故调查，不得擅离职，随时接受事故调查组的询问，如实提供有关情况。“不得擅离职守”主要有三个方面的要求：一是要坚守岗位，继续统筹安排好本单位生产经营活动；二是要组织做好事故善后、灾后恢复工作；三是未经事故调查组同意，不得离开单位前往其他地方。

典型案例

陈福勤与绍兴市柯桥区安全生产监督管理局质量监督行政管理案[1]

裁判要旨：生产经营单位发生生产安全事故时，单位的主要负责人应当立即组织抢救，并不得在事故调查处理期间擅离职守。本案中，被告答辩认为其与原告约定于2017年8月16日上午9时在永通公司集中配合事故联合调查组调查事故，原告没有准时到，违反上述规定。另外，被告在作出涉案处罚决定前向原告依法履行了处罚前告知和听证程序，且经原告申请，及时组织了听证等，处罚程序符合法律规定。综上，被告作出的处罚决定基本事实清楚，程序合法，法律适用正确且裁量适当，原告要求撤销处罚决定的诉请不予支持。

第五十一条　【工伤保险和安全生产责任保险】生产经营单位必须依法参加工伤保险，为从业人员缴纳保险费。

国家鼓励生产经营单位投保安全生产责任保险；属于国家规定的高危行业、领域的生产经营单位，应当投保安全生产责任保险。具体范围和实施办法由国务院应急管理部门会同国务院财政部门、国务院保险监督管理机构和相关行业主管部门制定。

[1] 参见浙江省绍兴市中级人民法院(2018)浙06行终457号案例。

条文对照

2014 年《安全生产法》	2021 年《安全生产法》
第四十八条 生产经营单位必须依法参加工伤保险，为从业人员缴纳保险费。 国家鼓励生产经营单位投保安全生产责任保险。	**第五十一条** 生产经营单位必须依法参加工伤保险，为从业人员缴纳保险费。 国家鼓励生产经营单位投保安全生产责任保险；**属于国家规定的高危行业、领域的生产经营单位，应当投保安全生产责任保险。具体范围和实施办法由国务院应急管理部门会同国务院财政部门、国务院保险监督管理机构和相关行业主管部门制定。**

适用要点

第 51 条是关于生产经营单位生产安全事故赔偿能力保障的规定。

一旦发生生产安全事故，不但会造成从业人员人身伤亡，还有可能造成生产经营单位周围群众的生命财产损失。而事故同时会造成生产经营单位巨额财产损失，导致生产经营单位丧失赔付能力。因此，本条分两款分别对工伤保险和安全生产责任保险进行了规定。

一、生产经营单位必须依法参加工伤保险，为从业人员缴纳保险费

工伤保险，是指劳动者在工作中或在规定的特殊情况下，遭受意外伤害或患职业病导致暂时或永久丧失劳动能力以及死亡时，劳动者或其遗属从国家和社会获得物质帮助的一种社会保险制度。为了保障因工作遭受事故伤害或者患职业病的职工获得医疗救治和经济补偿，促进工伤预防和职业康复，分散用人单位的工伤风险，2004 年 1 月 1 日，国务院制定了《工伤保险条例》，该条例于 2010 年进行了修改。

中华人民共和国境内的企业、事业单位、社会团体、民办非企业单位、基金会、律师事务所、会计师事务所等组织和有雇工的个体工商户应当依照《工伤保险条例》的规定参加工伤保险，为本单位全部职工或者雇工缴纳工伤保险费。中华人民共和国境内的企业、事业单位、社会团体、民办非企业单位、基金会、律师事务所、会计师事务所等组织的职工和个体工商户的雇工，均有依照《工伤保险条例》的规定享受工伤保险待遇的权利。工伤保险费的征缴按照《社会保险费征缴暂行条例》关于基本养老保险费、基本医疗保险费、失业保险费的征缴规定执行。

为更好地保障职工的生命安全和健康，促进用人单位做好工伤预防工作，降低工伤事故伤害和职业病的发生率，规范工伤预防费的使用和管理，2017 年 9 月，人社部、财政部、卫计委、安监总局联合印发《工伤预防费使用管理暂行办法》，就工伤预防费使用管理工作作出部署。

二、安全生产责任保险

安全生产责任保险，是指保险机构对投保的生产经营单位发生的生产安全事故造成的人员伤亡和有关经济损失等予以赔偿，并且为投保的生产经营单位提供生产安全事故预防服务的商业保险。

2018 年 1 月 1 日，由国家安全监督管理总局、中国保险监督管理委员会、财政部联合制定的《安全生产责任保险实施办法》开始施行。该办法共 6 章 30 条。其规定：煤矿、非煤矿山、危险化学品、烟花爆竹、交通运输、建筑施工、民用爆炸物品、金属冶炼、渔业生产等高危行业领域的生产经营单位应当投保安全生产责任保险。鼓励其他行业领域生产经营单位投保安全生产责任保险。各地区可针对本地区安全生产特点，明确应当投保的生产经营单位。

对于上述行业之外的其他生产经营单位，国家鼓励其投保安全生产责任保险。

实用小贴士

安全生产责任保险的保险责任范围

安全生产责任保险的保险责任包括投保的生产经营单位的从业人员人身伤亡赔偿,第三者人身伤亡和财产损失赔偿,事故抢险救援、医疗救护、事故鉴定、法律诉讼等费用。且按照《安全生产责任保险实施办法》请求的经济赔偿,不影响参保的生产经营单位从业人员(含劳务派遣人员)依法请求工伤保险赔偿的权利。保险机构应当严格按照合同约定及时赔偿保险金;建立快速理赔机制,在事故发生后按照法律规定或者合同约定先行支付确定的赔偿保险金。生产经营单位应当及时将赔偿保险金支付给受伤人员或者死亡人员的受益人,或者请求保险机构直接向受害人赔付。生产经营单位怠于请求的,受害人有权就其应获赔偿部分直接向保险机构请求赔付。

第三章　从业人员的安全生产权利义务

第五十二条　【劳动合同应载明的安全事项】生产经营单位与从业人员订立的劳动合同，应当载明有关保障从业人员劳动安全、防止职业危害的事项，以及依法为从业人员办理工伤保险的事项。

生产经营单位不得以任何形式与从业人员订立协议，免除或者减轻其对从业人员因生产安全事故伤亡依法应承担的责任。

适用要点

本条是关于劳动合同中安全必备事项以及禁止性约定的规定。

一、劳动合同中必备的安全事项

根据《劳动合同法》的规定，劳动合同是劳动者与用人单位确立劳动关系、明确双方权利和义务的协议。建立劳动关系应当订立劳动合同。用人单位招用劳动者时，应当如实告知劳动者工作内容、工作条件、工作地点、职业危害、安全生产状况、劳动报酬，以及劳动者要求了解的其他情况；用人单位有权了解劳动者与劳动合同直接相关的基本情况，劳动者应当如实说明。劳动合同应当具备以下条款：(1)用人单位的名称、住所和法定代表人或者主要负责人；(2)劳动者的姓名、住址和居民身份证或者其他有效身份证件号码；(3)劳动合同期限；(4)工作内容和工作地点；(5)工作时间和休息休假；(6)劳动报酬；(7)社会保险；(8)劳动保护、劳动条件和职业危害防护;(9)法律、法规规定应当纳入劳动合同的其他事项。劳动合同除上述必备条款外,用人单位与劳动者可以约定试用期、培训、保守秘密、补充保险和福利待遇等其他事项。劳动合同应当具备劳动保护、劳动条件和职业危害防护、社会保险等条款。《劳动法》第 19 条也规定,劳动合同应该以书面形式订立,并具备劳动保护和劳动条件条款。本条第 1 款的规定,是对《劳动法》《劳动合同法》相关规定的进一步深化,明确要求"生产经营单位与从业人员订立的劳动合同,应当载明有关保障从业人员劳动安全、防止职业危害的事项,以及依法为从业人员办理工伤保险的事项"。本款规定属于强制性规定,用人单位不能违反。

二、禁止性约定的事项

实践中,有大量高危行业的用人单位与劳动者订立劳动合同时,约定"工伤概不负责"或者"生死合同"。早在 1988 年 10 月《最高人民法院关于雇工合同"工伤概不负责"是否有效的批复》中就明确"对劳动者实行劳动保护,在我国宪法中已有明文规定,这是劳动者所享有的权利。张学珍、徐广秋身为雇主,对雇员理应依法给予劳动保护,但他们却在招工登记表中注明'工伤概不负责'。这种行为既不符合宪法和有关法律的规定,也严重违反了社会主义公德,应属于无效的民事行为。"《劳动合同法》第 26 条规定,用人单位免除自己的法定责任、排除劳动者权利的约定无效。关于用人单位违反禁止性约定法律责任的规定是对上述规定的进一步明确。本条第 2 款规定的含义如下:其一,订立这种合同违法,属于法律禁止的合同或者合同条款。其二,无论生产经营单位采取单独订立协议还是在劳动合同中用条款特别约定等何种形式,"免除或者减轻其对从业人员因生产安全事故伤亡依法应承担的责任"都在禁止的行列。其三,订立了这种合同的或者合同条款的,合同或者合同条款无效,不免除生产经营单位的赔偿责任。

典型案例

张连起、张国莉诉张学珍损害赔偿纠纷案[1]

裁判要旨：被告张学珍的经营活动全权代理人徐广秋在组织、指挥施工中，不仅不按操作规程办事，带领工人违章作业，而且在发现事故隐患后，不采取预防措施，具有知道或者应当知道可能发生事故而忽视或者轻信能够避免发生事故的心理特征。因此，这起事故是过失责任事故。经鉴定，张国胜死亡是工伤后引起的死亡，与其他因素无关。我国《宪法》明文规定，对劳动者实行劳动保护。这是劳动者所享有的权利，受国家法律保护，任何个人和组织都不得任意侵犯。被告张学珍身为雇主，对雇员理应依法给予劳动保护。但她却在招工登记表中注明："工伤概不负责。"这是违反《宪法》和有关劳动法规的，也严重违反了社会公德，属无效民事行为。

第五十三条　【知情权和建议权】生产经营单位的从业人员有权了解其作业场所和工作岗位存在的危险因素、防范措施及事故应急措施，有权对本单位的安全生产工作提出建议。

适用要点

本条是关于从业人员知情权和建议权的规定。

一、从业人员的知情权

从业人员的知情权是指生产经营单位应当通过教育培训以及相应的告

[1] 参见《最高人民法院公报》1989年第1期。

知措施等,使从业人员了解作业场所和工作岗位存在的危险因素、防范措施及事故应急措施。由于生产经营活动的特点,不同的生产经营场所具有不同的危险因素。例如,有的作业场所易燃易爆,有的则有毒有害或者具有辐射性。防范措施,是指为了防止、避免危险因素对从业人员人身安全造成危害而应当采取的技术上、操作上的措施。事故应急措施是指生产经营单位根据本单位实际情况,针对可能发生的事故的类别、性质、特点和范围制定的事故发生时应当采取的组织、技术措施和其他应急措施。生产经营单位应当使从业人员了解其作业场所和工作岗位存在的危险因素,从业人员只有了解自己的作业场所和工作岗位的危险因素、防范措施和事故应急措施,才能有针对性地采取防范措施和应急措施,防止发生伤亡事故或者罹患职业病。

生产经营单位应通过教育培训等方式主动告知以保障从业人员的知情权;从业人员也有权主动了解危险因素、防范措施和事故应急措施。生产经营单位应当如实告知,不得隐瞒,更不得欺骗从业人员。

二、从业人员的建议权

从业人员是本单位生产经营活动的直接参与者,对本单位安全生产状况等感同身受,其对本单位安全生产工作提出的建议或意见更具有针对性和合理性。因此,从业人员有权就本单位安全生产工作提出建议。生产经营单位对从业人员提出的建议,应当认真研究,合理的应当采纳;不合理的应当说明理由。

第五十四条　【批评、检举、控告、拒绝权】从业人员有权对本单位安全生产工作中存在的问题提出批评、检举、控告;有权拒绝违章指挥和强令冒险作业。

生产经营单位不得因从业人员对本单位安全生产工作提出批评、检举、控告或者拒绝违章指挥、强令冒险作业而降低其工资、福利等待遇或者解除与其订立的劳动合同。

适用要点

本条是关于从业人员批评、检举、控告以及拒绝违章指挥和强令冒险作业的权利的规定。

一、从业人员有权对本单位安全生产工作中存在的问题提出批评、检举、控告

从业人员直接从事生产经营活动，对生产经营单位安全生产工作中存在的问题有最直观的感受。所以，赋予从业人员对本单位安全生产工作中存在的问题提出批评的权利，有利于从业人员对安全生产工作进行监督，使生产经营单位主管人员能经常倾听群众意见，不断改进安全生产工作。如果生产经营单位拒绝批评，不改正问题的，从业人员还有权向负有安全生产监督管理职责的部门等检举和控告。对于从业人员的检举、控告，有关部门应当查清事实，认真处理，任何人不得压制和打击报复。检举、控告人不愿公开自己姓名的，有关部门应当采取切实可行的措施，为其保密。

二、从业人员有权拒绝违章指挥和强令冒险作业

生产经营单位违章指挥、强令冒险作业，违背了“预防为主、安全第一”的方针，侵犯了从业人员的合法权益，是严重的违法行为，从业人员有权拒绝违章指挥和强令冒险作业。违章指挥，是指生产经营单位有关管理人员违反有关安全生产的法律、法规和有关规章制度、安全操作规程的规定，指挥生产经营活动；强令冒险作业，是指生产经营单位有关管理人员明知开始或者继续作业会有重大危险的，仍然强迫从业人员进行作业的行为。

三、生产经营单位不得对从业人员进行打击报复

生产经营单位不得对从业人员行使批评、检举、控告以及拒绝违章指

挥和强令冒险作业权利的行为进行打击报复。具体包括：一是不得降低从业人员的工资、福利等待遇。二是不得解除劳动合同。生产经营单位因从业人员行使上述权利而对其进行打击报复的，应依法承担相应的法律责任。

典型案例

唐珍菊、时长秀等与南阳市卧龙区谢庄乡人民政府等提供劳务者受害责任纠纷案[1]

裁判要旨：根据南阳市卧龙区安全生产监督管理局的调查报告认定，本案事故的发生是飞起的巨石落在避炮室并将避炮室楼板砸塌，致刘某、武同全二人死亡。而导致巨石落在避炮室上的原因是刘某、武同全未受到培训，安装炸药不专业，造成巨石飞起，而不是炸成碎块，最终出现安全生产事故。吴春生作为雇主应依照《安全生产法》的规定，对提供劳务的人员刘某、武同全进行专业技术培训，并在刘某、武同全取得相关爆破技术资格后，由其进行相关爆破工作，然而，吴春生明知刘某、武同全二人未得相关爆破技术资格，且疏于技术指导，放任刘某、武同全的爆破操作，造成重大后果，吴春生存在重大的过错，应负主要责任。刘某作为从事危险操作的人，应根据2014年《安全生产法》第51条、第52条、第54条、第55条规定，接受安全生产教育和培训，掌握本职工作所需的安全生产知识，提高安全生产技能，增强事故预防和应急处理能力，在作业过程中，还应当严格遵守本单位的安全生产规章制度和操作规程，在发现直接危及人身安全的紧急情况时，有权停止作业撤离作业场所，然而，其在明知自己没有获得相关爆破技术资格的情况下，仍进行矿山爆破，放任可能的危险后果的发生，

〔1〕 参见河南省南阳市卧龙区人民法院(2016)豫1303民初2898号案例。

自己也应承担一定的责任。考虑死者是冒着生命危险为吴春生从事劳动，且死者也应预见自己的行为的危险性的具体情况，本院酌情确定，吴春生承担70%的责任，刘某承担30%的责任为宜。

实用小贴士

用人单位可以解除劳动合同的情形

劳动者有下列情形之一的，用人单位可以解除劳动合同：(1)在试用期间被证明不符合录用条件的；(2)严重违反用人单位的规章制度的；(3)严重失职，营私舞弊，给用人单位造成重大损害的；(4)劳动者同时与其他用人单位建立劳动关系，对完成本单位的工作任务造成严重影响，或者经用人单位提出，拒不改正的；(5)因《劳动合同法》第26条第1款第1项规定的情形致使劳动合同无效的；(6)被依法追究刑事责任的。

第五十五条 【紧急撤离权】从业人员发现直接危及人身安全的紧急情况时，有权停止作业或者在采取可能的应急措施后撤离作业场所。

生产经营单位不得因从业人员在前款紧急情况下停止作业或者采取紧急撤离措施而降低其工资、福利等待遇或者解除与其订立的劳动合同。

适用要点

本条是关于从业人员紧急撤离权的规定。

一、从业人员的紧急撤离权

紧急撤离权是指从业人员发现直接危及人身安全的紧急情况时，有权停止作业或者在采取可能的应急措施后撤离作业场所的权利。法律规定从业人员紧急撤离权的目的是保护从业人员的人身安全。紧急撤离权必须在“紧急”情形下行使，紧急是指“发现直接危及人身安全的紧急情况”，即从业人员发现直接危及人身安全的紧急情况，如果不撤离会对其生命安全和健康造成直接的威胁。实践中，如何判断“紧急”，需要根据具体情况来判断。紧急撤离权有两种方式：一是停止作业马上撤离作业场所；二是在采取可能的应急措施后撤离作业场所。实践中，什么是“可能的应急措施”应综合具体情况来作出判断。紧急撤离权的权利主体是从业人员，其无须征得有关负责人同意。

二、对从业人员紧急撤离权的保护

生产经营单位不得因从业人员在第1款规定的紧急情况下停止作业或者采取紧急撤离措施而降低其工资、福利等待遇或者解除与其订立的劳动合同。生产经营单位如果降低从业人员的工资、福利等待遇或者解除与其订立的劳动合同，则该类行为归于无效，对降低的工资要给从业人员补发、对福利予以恢复。解除合同的行为无效，原劳动合同依然具有法律效力。

第五十六条　【及时救治义务及损害赔偿请求权】生产经营单位发生生产安全事故后，应当及时采取措施救治有关人员。

因生产安全事故受到损害的从业人员，除依法享有工伤保险外，依照有关民事法律尚有获得赔偿的权利的，有权提出赔偿要求。

条文对照

2014 年《安全生产法》	2021 年《安全生产法》
第五十三条　因生产安全事故受到损害的从业人员，除依法享有工伤保险外，依照有关民事法律尚有获得赔偿的权利的，有权~~向本单位~~提出赔偿要求。	**第五十六条　生产经营单位发生生产安全事故后，应当及时采取措施救治有关人员。** 因生产安全事故受到损害的从业人员，除依法享有工伤保险外，依照有关民事法律尚有获得赔偿的权利的，有权提出赔偿要求。

适用要点

第 56 条是关于生产经营单位及时救治义务及从业人员损害赔偿请求权的规定。

一、生产经营单位的救治义务

事故发生后，生产经营单位立即启动并实施应急预案。在救援过程中，有伤者从矿山井下等事故现场被救出后，应当立即采取措施救助伤员，这对减少生产安全事故伤亡具有重要意义。实践中，有些生产经营单位主要负责人怕被追究责任，私自藏匿受害者，使受害者得不到及时抢救而死亡或伤残。因此，2021 年修改《安全生产法》特设本条第 1 款，明确"生产经营单位发生生产安全事故后，应当及时采取措施救治有关人员。"生产经营单位没有采取措施救治有关人员的，应承担民事责任、行政责任甚至刑事责任。

二、从业人员的人身损害赔偿请求权

因生产安全事故造成损害的，除了享有工伤损害赔偿之外，如果符合其他民事法律规定的情形的，也有权按其规定提出损害赔偿请求。一旦

发生工伤事故或者第三人侵权致害，受害人依据上述法律、法规获得社会保险金赔付之后，再基于侵权而对用人单位或第三人主张损害赔偿请求权时，在确定用人单位或侵权人赔偿数额时是否需要扣除社会保险金，是我国目前实务界普遍关注的问题。一般认为，在第三人侵权时，从业人员要求第三人赔偿的，一般不扣除工伤赔偿金。但在从业人员要求用人单位赔偿时，法院判决不同。本书认为，从工伤保险制度目的来看，工伤保险具有责任保险的性质，保险金一旦被给付，用人单位即在此补偿额度内被免除，当民法上的损害赔偿额超过工伤补偿额时，用人单位必须对超过部分进行赔偿。工伤保险之费用，多由用人单位承担，其当然享有支付工伤保险费所获得之利益，就工伤保险赔付金予以抵扣，也符合民法上的公平原则。所以，在要求用人单位赔偿时，应扣除工伤保险金。

典型案例

王红梅与巴里坤县劳动和社会保障局、国网新疆电力公司巴里坤县分公司不服社会保障行为案[1]

裁判要旨：根据“因用人单位以外的第三人侵权造成劳动者人身损害，赔偿权利人请求第三人承担民事赔偿责任的，人民法院应予支持”之规定，原告王红梅因第三方侵权造成伤害，有权向第三方主张人身损害赔偿请求权，同时本案中原告因受到意外伤害的情形，已被认定为工伤，第三人巴里坤县供电公司为原告王红梅缴纳了工伤保险费用。依据2009年《安全生产法》第48条“因生产安全事故受到损害的从业人员，除依法享有工伤社会保险外，依照有关民事法律尚有获得赔偿的权利的，有权向本单位提出赔偿要求”之规定，因第三人侵权行为导致工伤的情形，职工或其近亲属从第

〔1〕 参见巴里坤哈萨克自治县人民法院(2014)巴行初字第2号案例。

三人处获得民事赔偿后仍可享受工伤保险待遇。因工伤保险待遇与民事侵权赔偿属两个不同的法律关系调整的范围，在法律性质、责任承担、法律适用等方面均有明显区别，我国《民法典》和《劳动法》各自从人身损害和社会保险的角度对工伤事故赔偿加以规范，从而使工伤事故具有民事侵权赔偿和社会保险赔偿的双重性质，因此，在特定情形下，受害职工及其近亲属获得双重赔偿符合相关法律规定的立法目的和原则。

实用小贴士

生产安全事故的认定并非适用《安全生产法》第56条的前提条件

我国《安全生产法》第56条适用的范围限于“生产安全事故”，即在被认定为生产安全事故之后，受害者才可以在要求工伤保险赔付之后，再依据其他民事法律的规定，向用人单位主张赔偿。然而，按照《生产安全事故报告和调查处理条例》第3条的规定来看，因生产安全事故造成轻伤的，则不需要进行事故调查，也就不存在生产安全事故的认定问题。这时，如果将生产安全事故认定作为适用《安全生产法》第56条的前提，实际上是对该条进行了限缩解释，缩小了本条的适用范围，限制了轻伤受害人基于《安全生产法》第56条要求赔偿的权利。生产安全事故致人轻伤的，也属于生产安全事故，这属于事实问题，不能因没有生产安全事故认定就否定了受害人根据第56条要求赔偿的权利，受害人在工伤赔付之后仍可以根据第56条之规定要求用人单位对受害者尚未获得赔偿的部分加以赔偿。

第五十七条 【从业人员安全生产义务】从业人员在作业过程中，应当严格落实岗位安全责任，遵守本单位的安全生产规章制度和操作规程，服从管理，正确佩戴和使用劳动防护用品。

条文对照

2014 年《安全生产法》	2021 年《安全生产法》
第五十四条　从业人员在作业过程中,应当严格遵守本单位的安全生产规章制度和操作规程,服从管理,正确佩戴和使用劳动防护用品。	**第五十七条**　从业人员在作业过程中,应当严格**落实岗位安全责任,**遵守本单位的安全生产规章制度和操作规程,服从管理,正确佩戴和使用劳动防护用品。

适用要点

第 57 条是关于从业人员安全生产义务的规定。

从业人员在作业过程中的安全生产义务主要包括:

一是严格落实岗位安全责任。生产经营单位建立健全全员安全生产责任制,"全员"包括从主要负责人到普通作业人员的一切从业人员,从业人员要严格落实自己的岗位安全责任,否则要承担相应的法律责任。

二是从业人员在作业过程中应当遵守本单位的安全生产规章制度和操作规程,服从管理。生产经营单位的安全生产规章制度和操作规程是保证劳动者的安全和健康,保证生产活动顺利进行的手段,没有健全和严格执行的安全生产规章制度和操作规程,生产经营单位的安全生产就没有保障。所以,生产经营单位的从业人员在作业过程中应当遵守本单位的安全生产规章制度和操作规程,服从管理。这样才能保证生产经营单位的活动安全、有序地进行。

三是从业人员在作业过程中,应当正确佩戴和使用劳动防护用品。劳动防护用品在劳动过程中是必不可少的装备,应该佩戴但不佩戴或者佩戴错误的,劳动防护用品就起不到保护作用。实践中,因从业人员不佩戴或不正确佩戴和使用劳动防护用品而导致受到伤害的现象普遍存在。因此,本条明确将从业人员在作业过程中正确佩戴和使用劳动防护用品作为一项义务。从业人员未按规定佩戴和使用劳动防护用品的，不得上岗作业。

典型案例

袁爱军与新余市勇辉新型建材有限公司、易发珠提供劳务者受害责任纠纷案[1]

裁判要旨：从业人员在作业过程中，应当严格遵守本单位的安全生产规章制度和操作规程，服从管理，正确佩戴和使用劳动防护用品。本案中，原告袁爱军系从事工棚维修，在安装作业中忽视自身安全，存在过失，应减轻赔偿义务人责任，故原告袁爱军亦应承担相应的损失。

实用小贴士

从业人员未尽义务的过错相抵

从业人员在作业过程中，正确佩戴和使用劳动防护用品是其一项重要的义务。如果从业人员不按照要求佩戴和使用劳动防护用品造成损害的，对损害的发生也有过错，依据《民法典》第1173条，从业人员对同一损害的发生或者扩大有过错的，可以减轻用人单位或者第三人的赔偿责任。

第五十八条　【从业人员接受安全生产教育培训】从业人员应当接受安全生产教育和培训，掌握本职工作所需的安全生产知识，提高安全生产技能，增强事故预防和应急处理能力。

[1] 参见江西省分宜县人民法院(2020)赣0521民初1969号案例。

适用要点

本条是关于从业人员应当接受安全生产教育培训的规定。

安全教育培训是指以提高生产经营单位从业人员的安全素质为目的的教育培训活动。生产经营单位从业人员是指生产经营单位主要负责人、安全生产管理人员、特种作业人员及其他从业人员。根据本条的规定,从业人员要有主动接受教育培训的安全意识。安全教育培训包括安全意识、安全知识和安全技能教育。安全意识教育包括思想认识教育和劳动纪律教育两个方面内容。安全知识教育主要包括生产经营单位的基本生产概况、生产过程、作业方法或者工艺流程、专业安全技术操作规程、安全防护基本知识和注意事项等。安全技能教育的内容包括设备的性能、作用和一般结构原理、事故预防和处置、设备的使用、维护和维修等。

从业人员的安全教育培训不局限于特定的形式,主要实行“三级”安全教育培训。“三级”培训是指厂(矿)级安全生产教育,车间(工段、区、队)级安全教育,班组级安全教育。通过教育培训,增强从业人员事故预防和应急处理能力。从业人员的不安全行为不但影响到自身的安全,也会影响生产经营单位以及其他从业人员的生产安全。因此,本条属于强制性规定,从业人员应当接受教育培训。

典型案例

梁照垣、佛山市新华陶瓷业有限公司劳动合同纠纷再审审查与审判监督案[1]

裁判要旨:生产经营单位应当对从业人员进行安全生产教育和培训,保证从业人员具备必要的安全生产知识,熟悉有关的安全生产规章制度和安全操作规程,掌握本岗位的安全操作技能,了解事故应急处理措施,

[1] 参见广东省高级人民法院(2018)粤民申 2431 号案例。

知悉自身在安全生产方面的权利和义务。未经安全生产教育和培训合格的从业人员，不得上岗作业；从业人员应当接受安全生产教育和培训，掌握本职工作所需的安全生产知识，提高安全生产技能，增强事故预防和应急处理能力。因此，根据上述法律规定，用人单位负有对从业人员进行安全生产教育和培训的法定义务，劳动者负有接受安全生产教育和培训，掌握本职工作所需的安全生产知识的法定义务。本案中，新华陶瓷业公司在2015年至2016年年初因安全生产事故、安全生产规章制度不完善、安全生产培训工作不落实、安全生产设备维护保养检测不符合规定等多次被相关职能部门责令限期改正并受到处罚。因此，新华陶瓷业公司利用部分生产线停产的时机，组织劳动者进行安全生产培训，是其履行法律规定的安全生产职责的具体措施，确有必要。作为劳动者，应当服从培训安排，掌握本职工作所需的安全生产知识，提高安全生产水平。

实用小贴士

从业人员应当掌握的知识和技能

一般来说，从业人员应当掌握的知识和技能主要包括：有关安全生产的法律、法规以及本单位安全生产规章制度和安全操作规程；本单位厂区布置、特殊危险作业场所的位置、有毒有害因素及必须遵守的安全事项；劳动防护用品的性能及正确使用方法；通用安全技术知识；事故预防和应急知识；事故发生时的逃生避险路线等。

第五十九条　【对事故隐患及不安全因素的报告义务】从业人员发现事故隐患或者其他不安全因素，应当立即向现场安全生产管理人员或者本单位负责人报告；接到报告的人员应当及时予以处理。

适用要点

本条是关于从业人员对事故隐患或者其他不安全因素报告义务的规定。

从业人员直接承担具体的作业活动，更容易发现事故隐患或者其他不安全因素。为确保事故隐患和不安全因素得到及时处理，防止和减少生产安全事故，本条特别规定从业人员对事故隐患或者其他不安全因素负有报告义务。作为一项义务，从业人员对发现的事故隐患应当立即向现场安全生产管理人员或者本单位负责人报告，不得隐瞒不报。“立即”说明从业人员报告事故隐患或者其他不安全因素的实效性，必须在发现时立即报告，不得拖延报告。

接到报告的安全生产管理人员或者负责人，应当“及时”予以处理：对于能够立即消除的事故隐患或者其他不安全危险，立即消除；对于不能立即消除的，采取措施限期消除，采取限期消除的，必须确保安全；情况紧急需要暂时停产停业的，要及时作出决定。

典型案例

江家兵、林文苏重大责任事故案[1]

裁判要旨：从业人员发现事故隐患或者其他不安全因素，应当立即向现场安全生产管理人员或者本单位负责人报告。从业人员发现直接危及人身安全的紧急情况时，有权停止作业或者在采取可能的应急措施后撤离作业场所。被告人江家兵、林文苏作为实施拆除肥东县丽水云天基站铁塔作业的从业人员，违反上述规定，疏忽大意，在没有专业技术人员在场，相关安全措施不到位的情况下，自行施工，造成两人死亡、两人受伤的重大伤亡事故。

[1] 参见安徽省肥东县人民法院(2016)皖0122刑初352号案例。

两被告人对事故发生负有直接责任，其行为均构成重大责任事故罪。两被告人的辩护人认为施工单位未做好施工方案，未对施工现场进行合理安排，对此事故的发生负有责任，两被告人可据此向有关部门控诉。

第六十条　【工会监督】工会有权对建设项目的安全设施与主体工程同时设计、同时施工、同时投入生产和使用进行监督，提出意见。

工会对生产经营单位违反安全生产法律、法规，侵犯从业人员合法权益的行为，有权要求纠正；发现生产经营单位违章指挥、强令冒险作业或者发现事故隐患时，有权提出解决的建议，生产经营单位应当及时研究答复；发现危及从业人员生命安全的情况时，有权向生产经营单位建议组织从业人员撤离危险场所，生产经营单位必须立即作出处理。

工会有权依法参加事故调查，向有关部门提出处理意见，并要求追究有关人员的责任。

适用要点

本条是关于工会在安全生产工作中监督职责的规定。

根据本条的规定，工会对安全生产工作的主要监督职责包括：

1. 工会对建设项目安全设施“三同时”的监督权。为了保证安全设施能与主体工程配套，真正发挥作用，我国《安全生产法》第31条规定，“生产经营单位新建、改建、扩建工程项目的安全设施，必须与主体工程同时设计、同时施工、同时投入生产和使用”，这就是安全生产法上的“三同时”制度。为确保生产经营单位贯彻“三同时”制度，本条第1款规定：“工会有权对建设项目的安全设施与主体工程同时设计、同时施工、同时投入生产和使用进行监督，提出意见。”有关单位对工会提出的意见，应当认真研究处理,并将处理结果书面通知工会。

2. 工会对侵犯从业人员合法权益的行为,有权要求纠正。有些生产经营单位为赶工期、完任务,无视有关安全生产法律、法规,存在较为严重的侵犯从业人员合法权益的行为。这些行为对从业人员造成侵害的同时,也给生产安全埋下祸端。为保护从业人员合法权益,防止生产安全事故发生,本条第2款中规定,“工会对生产经营单位违反安全生产法律、法规,侵犯从业人员合法权益的行为,有权要求纠正”。生产经营单位接到工会的要求后,应当依法予以纠正。当然,生产经营单位认为不存在侵犯从业人员权益的违法行为的,应当予以书面说明。

3. 发现生产经营单位违章指挥、强令冒险作业或者发现事故隐患时,有权提出解决的建议,生产经营单位应当及时研究答复。违章指挥、强令冒险作业置事故隐患和从业人员生命安全于不顾,是非常严重的违法行为,所以我国《刑法》规定了强令、组织他人违章冒险作业罪。事故隐患对生产经营单位的安全生产构成严重威胁。工会作为工人的组织,负有保护工人合法权益的职责,发现生产经营单位违章指挥、强令冒险作业或者发现事故隐患时,有权提出解决的建议,生产经营单位应当及时研究答复,不得推诿。

4. 工会享有建议紧急撤离的权利。发现危及从业人员生命安全的情况时,有权向生产经营单位建议组织从业人员撤离危险场所,生产经营单位必须立即作出处理。

5. 工会参与事故调查的权利。根据事故的具体情况,事故调查组由有关人民政府、应急管理部门、负有安全生产监督管理职责的有关部门、公安机关以及工会等单位派人组成。所以,工会是事故调查的组成单位之一。工会依法参加事故调查,向有关部门提出对事故处理的意见,并可以在查明事故原因、分清事故责任的基础上,要求追究有关人员的责任。

实用小贴士

“立即作出处理”的方式

生产经营单位对工会的建议撤离权应当“立即作出处理”，这里的“立即”是指处理的实效性强，不能拖延。“处理”则区分情况：如果危险现实存在，不撤离将导致从业人员伤亡的，立即组织撤离；对于尚不需要撤离的，应立即采取必要的安全措施，确保安全。

第六十一条　【被派遣劳动者的权利义务】生产经营单位使用被派遣劳动者的，被派遣劳动者享有本法规定的从业人员的权利，并应当履行本法规定的从业人员的义务。

适用要点

本条是关于被派遣劳动者安全生产权利和义务的规定。

劳务派遣是指由劳务派遣单位与派遣劳工订立劳动合同，把劳动者派向其他用工单位，再由其用工单位向派遣单位支付一笔服务费用的一种用工形式。劳务派遣中，用工单位应当履行下列义务：(1)执行国家劳动标准，提供相应的劳动条件和劳动保护；(2)告知被派遣劳动者的工作要求和劳动报酬；(3)支付加班费、绩效奖金，提供与工作岗位相关的福利待遇；(4)对在岗被派遣劳动者进行工作岗位所必需的培训；(5)连续用工的，实行正常的工资调整机制。用工单位不得将被派遣劳动者再派遣到其他用人单位。

本条是在我国《劳动合同法》关于劳务派遣规定的基础上对劳务派遣人员安全生产权利和义务作了专门规定，凸显对劳务派遣人员的生命权利的重视和保障。被派遣劳动者享有本法规定的从业人员的权利，具体是指：(1)生产经营单位与从业人员订立的劳动合同，应当载明有关保障从业人员劳动安全、防止职业危害的事项，以及依法为从业人员办理工伤保险的事项。生产经营单位不得以任何形式与从业人员订立协议,免除或者减轻其对从业人员因生产安全事故伤亡依法应承担的责任。(2)生产经营单位的从业人员有权了解其作业场所和工作岗位存在的危险因素、防范措施及事故应急措施,有权对本单位的安全生产工作提出建议。(3)从业人员有权对本单位安全生产工作中存在的问题提出批评、检举、控告;有权拒绝违章指挥和强令冒险作业。生产经营单位不得因从业人员对本单位安全生产工作提出批评、检举、控告或者拒绝违章指挥、强令冒险作业而降低其工资、福利等待遇或者解除与其订立的劳动合同。(4)从业人员发现直接危及人身安全的紧急情况时,有权停止作业或者在采取可能的应急措施后撤离作业场所。生产经营单位不得因从业人员在前款紧急情况下停止作业或者采取紧急撤离措施而降低其工资、福利等待遇或者解除与其订立的劳动合同。(5)因生产安全事故受到损害的从业人员,除依法享有工伤保险外,依照有关民事法律尚有获得赔偿的权利的,有权提出赔偿要求。

被派遣劳动者承担的职责主要有:(1)在作业过程中,应当严格落实岗位安全责任,遵守本单位的安全生产规章制度和操作规程,服从管理,正确佩戴和使用劳动防护用品。(2)应当接受安全生产教育和培训,掌握本职工作所需的安全生产知识,提高安全生产技能,增强事故预防和应急处理能力。(3)发现事故隐患或者其他不安全因素,应当立即向现场安全生产管理人员或者本单位负责人报告。

典型案例

兰州宏建商品混凝土有限责任公司与兰州市城关区安全生产监督管理局行政处罚案〔1〕

裁判要旨:关于上诉人认为事故受害人并非上诉人单位从业人员,行

〔1〕 参见兰州铁路运输中级法院(2017)甘71行终182号案例。

政处罚适用法律错误的理由。2014年《安全生产法》第2条规定："在中华人民共和国领域内从事生产经营活动的单位(以下统称生产经营单位)的安全生产，适用本法；有关法律、行政法规对消防安全和道路交通安全、铁路交通安全、水上交通安全、民用航空安全以及核与辐射安全、特种设备安全另有规定的，适用其规定。"第49条第1款规定："生产经营单位与从业人员订立的劳动合同，应当载明有关保障从业人员劳动安全、防止职业危害的事项，以及依法为从业人员办理工伤保险的事项。"第58条规定："生产经营单位使用被派遣劳动者的，被派遣劳动者享有本法规定的从业人员的权利，并应当履行本法规定的从业人员的义务。"该法第49条和第58条是对生产经营单位从业人员的安全生产权利义务的特别规定，2014年《安全生产法》并未将安全事故的受害人限定为生产经营单位的从业人员。尽管本案事故中受害人并非上诉人单位的从业人员，但对于上诉人在生产经营过程中发生致他人死亡事故，被上诉人依据该法规定进行处罚并无不当。

实用小贴士

劳务派遣的用工范围

用工单位只能在临时性、辅助性或者替代性的工作岗位上使用被派遣劳动者。临时性工作岗位是指存续时间不超过6个月的岗位；辅助性工作岗位是指为主营业务岗位提供服务的非主营业务岗位；替代性工作岗位是指用工单位的劳动者因脱产学习、休假等原因无法工作的一定期间内，可以由其他劳动者替代工作的岗位。所以，矿山企业以从事矿产资源的开采活动为主业，矿山井下不得使用劳务派遣工。

第四章　安全生产的监督管理

第六十二条　【政府和应急管理部门职责】县级以上地方各级人民政府应当根据本行政区域内的安全生产状况，组织有关部门按照职责分工，对本行政区域内容易发生重大生产安全事故的生产经营单位进行严格检查。

应急管理部门应当按照分类分级监督管理的要求，制定安全生产年度监督检查计划，并按照年度监督检查计划进行监督检查，发现事故隐患，应当及时处理。

条文对照

2014 年《安全生产法》	2021 年《安全生产法》
第五十九条　县级以上地方各级人民政府应当根据本行政区域内的安全生产状况，组织有关部门按照职责分工，对本行政区域内容易发生重大生产安全事故的生产经营单位进行严格检查。 ~~安全生产监督~~管理部门应当按照分类分级监督管理的要求，制定安全生产年度监督检查计划，并按照年度监督	**第六十二条**　县级以上地方各级人民政府应当根据本行政区域内的安全生产状况，组织有关部门按照职责分工，对本行政区域内容易发生重大生产安全事故的生产经营单位进行严格检查。 **应急**管理部门应当按照分类分级监督管理的要求，制定安全生产年度监督检查计划，并按照年度监督检查计划

续表

2014 年《安全生产法》	2021 年《安全生产法》
检查计划进行监督检查,发现事故隐患,应当及时处理。	进行监督检查,发现事故隐患,应当及时处理。

适用要点

第 62 条是关于县级以上地方各级人民政府以及应急管理部门对生产经营单位进行监督检查的规定。

一、县级以上地方各级人民政府的检查

对于生产经营单位安全生产的监督检查,通常由各级人民政府负有安全生产监督管理职责的部门依据法律、法规、规章的规定,在各自的职责范围内进行。但是,为切实保障安全生产,还必须发挥县级以上地方各级人民政府的领导作用,赋予其相应的职责:县级以上地方各级人民政府应当根据本行政区域内的安全生产状况,组织有关部门按照职责分工,对本行政区域内容易发生重大生产安全事故的生产经营单位进行严格检查。

一是组织检查的主体是县级以上地方各级人民政府,包括省、自治区、直辖市人民政府,市(地、州)人民政府和县(市、区)人民政府。国务院和乡镇人民政府虽然没有被本条包括在内,但这并不意味着它们在安全生产监督管理中就没有责任,也不意味着它们不可以组织有关安全生产检查。

二是县级以上地方各级人民政府组织进行的检查,和有关部门在各自职责范围内进行的经常性监督检查不完全相同。主要体现在以下三点:其一,县级以上地方各级人民政府组织的检查并非一种日常性检查,该类检查“应当根据本行政区域内的安全生产状况”而定。判断安全生产状况,通常考虑本地区生产经营单位的性质等客观情况,本地区生产经营

单位的安全生产实际情况，近期内生产安全事故发生情况，时间如国庆节、春节等关键时间节点等因素。其二，检查的对象是“本行政区域内容易发生重大生产安全事故的生产经营单位”，而不是所有的生产经营单位。其三，县级以上地方各级人民政府负责组织有关部门按照职责分工进行检查，具体检查工作仍由各有关部门按照职责分工进行。

三是检查必须严格。县级以上地方各级人民政府组织有关部门按照职责分工对本行政区域内容易发生重大生产安全事故的生产经营单位进行检查时，不能走过场、讲排场，而是必须严格按照有关安全生产的法律、法规和有关国家标准或者行业标准以及相关安全规程的规定，认真检查。

二、应急管理部门的监督检查

一是应急管理部门应当按照分类分级监督管理的要求实施监督检查。不同类型的生产经营单位，危险性不同；同一类型的生产经营单位，不同岗位其危险程度也各有差异。应急管理部门安全生产执法力量有限，所以不能“眉毛胡子一把抓”，而应分类分级进行监督检查。

分类监管通常以安全风险等级为基本依据，根据生产经营单位行业类别、生产规模及产权权属等，将省、市、县各级行政区域内的生产经营单位，分为重点和一般两个类别。原则上纳入安全许可的生产经营单位均为重点单位，未纳入许可的涉氨制冷、粉尘制爆，以及含有危险化学品使用或储存的工贸领域单位也将列入重点单位；对发现存在重大安全生产隐患和近三年发生死亡事故的单位，也纳入市、县重点监管执法范围。

分级监管通常根据生产经营单位分类情况及安全生产工作实际，合理划分省、市、县三级应急管理部门的执法事权。其中，省级应急管理部门主要抓好中央企业的一级分支机构总部和省属企业总部这两个“关键少数”，并通过随机抽查或交叉执法方式监督指导市、县级执法；市级应急管理部门主要负责辖区内中央企业的二级以下（含二级）分支机构，省属企业一级以下（含一级）分支机构和市属企业的监督执法检查；县级应急管理部门主要负责辖区内除纳入省、市范畴外的所有单位的安全生产监管执法。对重点单位实行重点执法为主,“双随机”为辅,一般单位实行“双随机”执法,各级要对辖区内重点单位实现执法全覆盖。

二是制订安全生产年度监督检查计划,并按照年度监督检查计划进行监督检查。监督检查计划,是指应急管理部门依照《安全生产法》等法律、法规、规章和本级人民政府规定的安全生产监管职责,根据各自的监管权限、行政执法人员数量、监管的生产经营单位状况、技术装备和经费保障等实际情况,为实施安全生产监督检查工作而预先拟定的工作计划。制订安全生产年度监督检查计划,并按照年度监督检查计划进行监督检查,是《安全生产法》对应急管理部门的法定要求。地方各级应急管理部门应当按照分类分级监督管理的要求,制订年度监督检查计划,报本级人民政府批准,并报上一级应急管理部门备案。根据授权或者委托开展行政执法的组织或者机构编制的监督检查计划,应当按照相关规定报有关人民政府批准,并报上级应急管理部门备案。各级应急管理部门编制的年度监督检查计划应当相互衔接,并明确相互衔接可操作的实施细则,避免在监督检查对象、内容和时间上出现重复或者脱节。

三是发现事故隐患,应当及时处理。安全生产监督检查的重要目的之一是发现生产经营单位的事故隐患并及时处理,防患于未然。处理事故隐患的方式主要是立即消除或者限期消除:能够立即消除的事故隐患,应立即责令立即消除;不能够立即消除的事故隐患,要责令限期消除,并根据具体情况,责令暂时停产停业、停止使用有关设施、设备或器材;情况紧急的,还可以责令从危险区域撤出作业人员。

实用小贴士

编制年度监督检查计划考虑的因素

应急管理部门编制监督检查计划,应当综合考虑下列因素:(1)行政执法人员的数量和能力;(2)本部门监督检查职责范围内生产经营单位的数量、分布、生产规模及其安全生产状况;(3)重点检查的行业领域及生产经营单位状况;(4)道路交通状况以及执法车辆、技术装备配备和执法经费情况;(5)年度用于监督检查的日期;(6)其他影响执法计划制定和执行的因素。

第六十三条 【安全生产事项的审批、验收】负有安全生产监督管理职责的部门依照有关法律、法规的规定,对涉及安全生产的事项需要审查批准(包括批准、核准、许可、注册、认证、颁发证照等,下同)或者验收的,必须严格依照有关法律、法规和国家标准或者行业标准规定的安全生产条件和程序进行审查;不符合有关法律、法规和国家标准或者行业标准规定的安全生产条件的,不得批准或者验收通过。对未依法取得批准或者验收合格的单位擅自从事有关活动的,负责行政审批的部门发现或者接到举报后应当立即予以取缔,并依法予以处理。对已经依法取得批准的单位,负责行政审批的部门发现其不再具备安全生产条件的,应当撤销原批准。

适用要点

本条是关于负有安全生产监督管理职责的部门审批、验收应当履行的监督管理职责的规定。负有安全生产监督管理职责的部门在审批和验收监督管理中必须依法履行以下职责:

一、依法审批或验收

为了防止生产安全事故的发生、保障人民群众生命和财产安全,有关法律、法规规定,对于一些涉及安全生产的事项,应该由政府负有安全生产监督管理职责的部门依法进行事前审查批准,包括批准、核准、许可、注册、认证、颁发证照等;对于建设项目的安全设施,要由有关监督管理部门检查验收。无论是对涉及安全生产事项的批准、核准、许可、注册、认证、颁发证照,还是对建设项目的安全设施设计由有关监督管理部门进行审查，都要依据法律规定的程序进行，不能超越职权。

同时，本条还规定，不符合有关法律、法规和国家标准或者行业标准规定的安全生产条件的，不得批准或者验收通过。擅自批准或者验收的，根据法律、行政法规的规定，承担相应的法律责任。

二、对于未依法审批或者验收而从事有关活动的，必须依法予以取缔、处理

对未依法取得批准或者验收合格的单位擅自从事有关活动的，负责行政审批的部门发现或者接到举报后应当立即予以取缔，并依法予以处理。违反不同的审批或者验收规定，承担的法律责任不同。例如，根据《安全生产许可证条例》第 19 条的规定，未取得安全生产许可证擅自进行生产的，责令停止生产，没收违法所得，并处 10 万元以上 50 万元以下的罚款；造成重大事故或者其他严重后果，构成犯罪的，依法追究刑事责任。又如，根据《安全生产法》第 98 条的规定，矿山建设项目竣工投入生产或使用前，安全设施未经验收合格的，责令停止建设或者停产停业整顿，限期改正，并处 10 万元以上 50 万元以下的罚款，对其直接负责的主管人员和其他直接责任人员处 2 万元以上 5 万元以下的罚款；逾期未改正的，处 50 万元以上 100 万元以下的罚款，对其直接负责的主管人员和其他直接责任人员处 5 万元以上 10 万元以下的罚款；构成犯罪的，依照《刑法》有关规定追究刑事责任。

三、对已经依法取得批准的单位，负责行政审批的部门发现其不再具备安全生产条件的，应当撤销原批准

安全生产条件是生产经营单位保证安全生产的必备条件，也是行政审批部门审批的依据。生产经营单位如果不重视安全生产，在生产过程中不注意保持其安全生产条件，不进行必要的安全生产投入，致使其在生产经营过程中不再符合安全生产的条件的，也就失去了保障安全生产的基础。依照本条的规定，负责行政审批的部门发现生产经营单位不再具

备安全生产条件的，应当撤销原批准。被依法撤销的批准，自撤销之日失去效力，被撤销批准的单位不得再从事相关的生产经营活动，否则将被依法追究其法律责任。

典型案例

汤尊与灵璧县人民政府行政确认案[1]

裁判要旨：本院认为，根据《安徽省安全生产条例》第28条第7项之规定，县级以上人民政府安全生产工作的主要职责包括组织实施对不具备安全生产条件的生产经营单位的关闭工作和非法生产经营活动的取缔工作。本案中，灵璧县人民政府具有作出关闭市场决定的法定职权。根据2014年《安全生产法》第60条之规定，负有安全生产监督管理职责的部门依照有关法律、法规的规定，对涉及安全生产的事项需要审查批准或者验收的，必须严格依照有关法律、法规和国家标准或者行业标准规定的安全生产条件和程序进行审查；不符合有关法律、法规和国家标准或者行业标准规定的安全生产条件的，不得批准或者验收通过。对未依法取得批准或者验收合格的单位擅自从事有关活动的，负责行政审批的部门发现或者接到举报后应当立即予以取缔，并依法予以处理。对已经依法取得批准的单位，负责行政审批的部门发现其不再具备安全生产条件的，应当撤销原批准。本案中，灵璧凤仪市场投入使用多年，属人员密集场所和易燃易爆场所，安徽省人民政府发出的《安徽省人民政府关于督办整改全省50处重大火灾隐患的通知》已认定凤仪市场存在市场内用火用电管理混乱、占道经营现象严重、疏救通道数量不足等重大火灾隐患，且未经公安消防部门审核和验收，不具备安全生产条件，灵璧县人民政府为保障人民群众生命财产

[1] 参见安徽省宿州市中级人民法院(2015)宿中行初字第00093号案例。

安全,作出关闭凤仪市场的决定,并已告知凤仪市场各业主有权按照补偿安置方案办理相关搬迁安置手续,灵璧县人民政府作出的关闭凤仪市场的行政行为证据确凿,适用法律、法规正确,符合法定程序。

第六十四条 【审批、验收的禁止性规定】负有安全生产监督管理职责的部门对涉及安全生产的事项进行审查、验收,不得收取费用;不得要求接受审查、验收的单位购买其指定品牌或者指定生产、销售单位的安全设备、器材或者其他产品。

适用要点

本条是关于负有安全生产监督管理职责的部门对涉及安全生产的事项进行审查、验收时应当遵守的禁止性规范的规定。

一、对涉及安全生产的事项进行审查、验收,不得收取费用

为保障生产经营单位的安全生产,保障从业人员以及其他社会公众的生命和财产安全,法律规定对生产经营单位涉及安全生产的事项进行需要进行审查、验收。对涉及安全生产的事项进行审查、验收属于监督管理行为,是公务人员履行法定职责的公务行为,不应当收费,审查、验收所需经费应当由财政资金予以保证。负有安全生产监督管理职责的部门在对涉及安全生产的事项进行审查、验收时,不得收取或者变相收取所谓的“审查费”或者“验收费”等费用。违反这一规定的,生产经营单位可以拒绝交纳,并有权向有关方面检举、控告。当然,如果审查、验收后需要颁发有关证照的,可以收取工本费,但收费标准必须按照国家有关规定执行,不得擅自提高。

二、不得要求生产经营单位购买指定的产品

采购设备、器材以及其他产品是生产经营单位一项重要的经营自主

权,应当由生产经营单位自主决定购买哪种品牌、购买哪家的产品等。自主决定权并非意味着生产经营单位可以随意购买,而是要求生产经营单位要确保其购买的产品能够符合安全生产法律、法规、国家标准或者行业标准的要求。这样规定的目的主要有二:一是防止不正当竞争。负有安全生产监督管理职责的部门要求接受审查、验收的单位购买其指定品牌或者指定生产、销售单位的安全设备、器材或者其他产品的行为严重侵犯生产经营单位的生产经营自主权,干扰其正常的生产经营活动,也妨碍公平竞争,损害同类产品的其他生产者、销售者的合法利益,不利于建立公平竞争、统一有序的市场秩序。二是防止"权钱交易"。如果允许负有安全生产监督管理职责的部门指定购买何种产品,易为腐败的滋生提供土壤,既损害政府部门的形象,也影响安全生产监督管理的权威性和严肃性。如果负有安全生产监督管理职责的部门要求购买指定产品的,生产经营单位有权拒绝购买并向有关方面检举、控告。

第六十五条　【现场检查权】应急管理部门和其他负有安全生产监督管理职责的部门依法开展安全生产行政执法工作,对生产经营单位执行有关安全生产的法律、法规和国家标准或者行业标准的情况进行监督检查,行使以下职权:

(一)进入生产经营单位进行检查,调阅有关资料,向有关单位和人员了解情况;

(二)对检查中发现的安全生产违法行为,当场予以纠正或者要求限期改正;对依法应当给予行政处罚的行为,依照本法和其他有关法律、行政法规的规定作出行政处罚决定;

(三)对检查中发现的事故隐患,应当责令立即排除;重大事故隐患排除前或者排除过程中无法保证安全的,应当责令从危险区域内撤出作业人员,责令暂时停产停业或者停止使用相关设施、设备;重大事故隐患排除后,经审查同意,方可恢复生产经营和使用;

（四）对有根据认为不符合保障安全生产的国家标准或者行业标准的设施、设备、器材以及违法生产、储存、使用、经营、运输的危险物品予以查封或者扣押，对违法生产、储存、使用、经营危险物品的作业场所予以查封，并依法作出处理决定。

监督检查不得影响被检查单位的正常生产经营活动。

条文对照

2014 年《安全生产法》	2021 年《安全生产法》
第六十二条　~~安全生产监督~~管理部门和其他负有安全生产监督管理职责的部门依法开展安全生产行政执法工作，对生产经营单位执行有关安全生产的法律、法规和国家标准或者行业标准的情况进行监督检查，行使以下职权： （一）进入生产经营单位进行检查，调阅有关资料，向有关单位和人员了解情况； （二）对检查中发现的安全生产违法行为，当场予以纠正或者要求限期改正；对依法应当给予行政处罚的行为，依照本法和其他有关法律、行政法规的规定作出行政处罚决定； （三）对检查中发现的事故隐患，应当责令立即排除；重大事故隐患排除前或者排除过程中无法保证安全的，应当责令从危险区域内撤出作业人员，责令暂时停产停业或者停止使用相关设	**第六十五条**　**应急**管理部门和其他负有安全生产监督管理职责的部门依法开展安全生产行政执法工作，对生产经营单位执行有关安全生产的法律、法规和国家标准或者行业标准的情况进行监督检查，行使以下职权： （一）进入生产经营单位进行检查，调阅有关资料，向有关单位和人员了解情况； （二）对检查中发现的安全生产违法行为，当场予以纠正或者要求限期改正；对依法应当给予行政处罚的行为，依照本法和其他有关法律、行政法规的规定作出行政处罚决定； （三）对检查中发现的事故隐患，应当责令立即排除；重大事故隐患排除前或者排除过程中无法保证安全的，应当责令从危险区域内撤出作业人员，责令暂时停产停业或者停止使用相关设施、设备；重大事故隐患排除后，经审查

续表

2014年《安全生产法》	2021年《安全生产法》
施、设备;重大事故隐患排除后,经审查同意,方可恢复生产经营和使用; (四)对有根据认为不符合保障安全生产的国家标准或者行业标准的设施、设备、器材以及违法生产、储存、使用、经营、运输的危险物品予以查封或者扣押,对违法生产、储存、使用、经营危险物品的作业场所予以查封,并依法作出处理决定。 监督检查不得影响被检查单位的正常生产经营活动。	同意,方可恢复生产经营和使用; (四)对有根据认为不符合保障安全生产的国家标准或者行业标准的设施、设备、器材以及违法生产、储存、使用、经营、运输的危险物品予以查封或者扣押,对违法生产、储存、使用、经营危险物品的作业场所予以查封,并依法作出处理决定。 监督检查不得影响被检查单位的正常生产经营活动。

适用要点

第65条是关于负有安全生产监督管理职责的部门现场检查权的规定。

应急管理部门和其他负有安全生产监督管理职责的部门依法开展安全生产行政执法工作,对生产经营单位执行有关安全生产的法律、法规和国家标准或者行业标准的情况进行监督检查,目的在于督促企业落实安全生产主体责任。

一、进入生产经营单位进行检查,调阅有关资料,向有关单位和人员了解情况

负有安全生产监督管理职责的部门的现场检查方式主要包括:一是进入生产经营单位进行检查,包括进入其行政办公地点和有关的生产、作业场所或者营业场所进行检查。二是调阅有关资料,包括安全生产规章制度、全员安全生产责任制、安全操作规程、安全生产教育培训计划以及

教育培训记录和档案、内部安全生产检查记录、隐患排查治理情况记录、事故应急预案和演练情况等。三是有权向有关单位和人员了解情况，既包括向被检查单位及其有关负责人和安全管理人员、技术人员和现场作业人员等其他有关人员了解情况，也包括向其他有关单位和人员了解情况。

二、对安全生产违法行为的处理权

对违法行为的处理权包括现场处理权和立案调查权。对于执法检查中发现的安全生产违法行为，当场予以纠正或者要求限期改正。当场予以纠正或者要求限期改正，属于执法检查中的现场处理权。能够当场予以纠正的违法行为，当场纠正，不能当场纠正的违法行为，要求限期改正。限期改正的，需要明确整改的期限、整改的内容和具体要求，整改完之后，负有安全生产监督管理职责的部门应对整改情况进行复查。要求限期改正的违法行为，由执法人员根据违法行为是否构成事故隐患等，确定是否需要责令暂时停产停业或者停止使用相关设施、设备。对依法应当给予行政处罚的行为，依照本法和其他有关法律、行政法规的规定作出行政处罚决定。这里的“其他法律、行政法规”既包括其他关于安全生产的法律、行政法规，也包括专门规范行政处罚程序的《行政处罚法》等。除“法律、行政法规”之外，负有安全生产监督管理职责的部门还可以依据部门规章、地方政府规章的规定对安全生产违法行为实施行政处罚。

三、对事故隐患的现场处理权

负有安全生产监督管理职责的部门，对监督检查中发现的事故隐患，有权采取的措施有：(1)责令排除事故隐患。对现场监督检查中发现的事故隐患，负有安全生产监督管理职责的部门有权责令被检查单位采取有效措施，立即予以排除。(2)责令采取紧急避险措施。如果检查中发现的事故隐患属于重大隐患，在隐患排除前或者排除过程中不能保证人员安全的，负有安全生产监督管理职责的部门有权要求从危险区域撤出作业人员，同时要求暂时停止存在重大事故隐患的作业，或者暂停存在重大事故隐患的设施、设备的使用。只有在重大事故隐患被排除后，经过负有安全生产监督管理职责的部门审查同意，生产经营单位才能恢复有关的生产经营活动或者恢复有关设施、设备的使用。

四、采取查封或扣押行政强制措施权

负有安全生产监督管理职责的部门对有根据认为不符合保障安全生产的国家标准或者行业标准的设施、设备、器材，有予以查封或者扣押的权力。这里的“有根据”应根据具体情况而定：对于“三无产品”当然属于“有根据”；对于不能确定是否属于“危险物品”的，应以检验、检测的结果来确定是否属于“有根据”。这里所讲的“查封”，是指负有安全生产监督管理职责的部门对于不符合保障安全生产的国家标准或者行业标准的设施、设备、器材以张贴封条或者其他必要措施封存起来，未经查封部门许可，任何单位或者个人不得启封、动用。这里所讲的“扣押”，是指负有安全生产监督管理职责的部门将不符合保障安全生产的国家标准或者行业标准的设施、设备、器材运到另外的场所予以扣留。本法赋予负有安全生产监督管理职责的部门有权采取查封、扣押的行政强制措施的目的有二：一是防止这些不符合保障安全生产的国家标准或者行业标准的设施、设备、器材的继续使用造成安全事故；二是可以为进一步查处该违法行为保留必要的证据。但是，负有安全生产监督管理职责的部门在采取查封或扣押行政强制措施后，应当在作出采取有关行政强制措施之日起 15 日内依法作出处理决定。

监督检查既是执法部门的职责，也是权力。但对于被检查单位的正常生产经营活动，则不能影响，这是负有安全生产监督管理职责的部门的一项法定义务。

典型案例

龙华奎、东乡县安全生产监督管理局质量监督行政管理再审审查与审判监督案[1]

裁判要旨:2014年《安全生产法》第62条规定,“安全生产监督管理部门和其他负有安全生产监督管理职责的部门依法开展安全生产行政执法工作,对生产经营单位执行有关安全生产的法律、法规和国家标准或者行业标准的情况进行监督检查,行使以下职权:(一)进入生产经营单位进行检查,调阅有关资料,向有关单位和人员了解情况;(二)对检查中发现的安全生产违法行为,当场予以纠正或者要求限期改正;对依法应当给予行政处罚的行为,依照本法和其他有关法律、行政法规的规定作出行政处罚决定;(三)对检查中发现的事故隐患,应当责令立即排除;重大事故隐患排除前或者排除过程中无法保证安全的,应当责令从危险区域内撤出作业人员,责令暂时停产停业或者停止使用相关设施、设备……”因此,安全生产监督管理部门依法负有安全监督检查的法定职责。从现有证据看,东乡县安监局的检查对象为营业执照的主体东乡县先锋百货,其作出的行政文书亦均是针对东乡县先锋百货,而东乡县先锋百货早已停止经营,且现有证据不能确认先锋百货与义乌小商品(直销)超市的实际经营场所为同一场所,即东乡县安监局对义乌小商品(直销)超市进行消防监督检查的职责仍然存在,二审法院判决东乡县安监局在一定期限内对东乡县义乌小商品(直销)超市履行安全监督检查的职责,是否责令该超市停业应由其检查后依法作出并无不当,本案无再审必要。至于再审申请人提出二审规定的15天履行期限已过,被申请人仍未采取措施排除重大隐患的理由,属于生效判决的执行问题,不属于再审审查范围。

[1] 参见江西省高级人民法院(2017)赣行申218号案例。

实用小贴士

现场执法检查的基本方式

(1)听取情况介绍。进行执法检查,可以听取被检查单位关于本次执法检查开展相关的安全生产工作情况介绍,可以视具体情况在启动会中一并进行。(2)实施现场执法检查。执法人员进行现场执法检查时,应当依照现场检查方案,对生产经营单位的有关安全生产文件资料和生产经营场所进行检查,对检查中发现的问题,应当及时询问核实,并作好相应记录。(3)专家协助执法。在进行执法检查时,聘请专家与执法人员一同对企业进行现场检查,推行"说理式"执法,注重适用法律答疑解惑,提供安全咨询和整改援助,将服务寓于执法之中。

责令暂时停产停业与停产停业整顿的区别

《安全生产法》第65条规定的"责令暂时停产停业"属于现场处理措施;而《安全生产法》第94条规定的"停产停业整顿"属于行政处罚,二者在性质上是不同的。

查封、扣押等可以作为现场处理措施的辅助手段

因存在事故隐患,负有安全生产监督管理职责的部门责令暂时停产停业或者停止使用相关设施、设备的,为防止生产经营单位继续使用该设施、设备,可以依据《行政强制法》的规定,采取查封、扣押等行政强制措施。

第六十六条 【配合监督检查】生产经营单位对负有安全生产监督管理职责的部门的监督检查人员(以下统称安全生产监督检查人员)依法履行监督检查职责,应当予以配合,不得拒绝、阻挠。

适用要点

本条是关于生产经营单位依法配合安全执法检查义务的规定。

安全生产监督检查人员对生产经营单位进行安全生产执法检查,属于执行公务的行为,具有强制性。所以,生产经营单位应当依法接受执法检查。执法检查过程时,需要生产经营单位配合提供相关档案材料、单位安全生产规章制度、设置安全生产机构的资料,协助进入生产经营场所实地检查,根据需要安排有关人员接受安全生产监督检查人员询问等。如果生产经营单位不予配合,执法活动将受影响。因此,本条规定,生产经营单位对负有安全生产监督管理职责的部门的监督检查人员依法履行监督检查职责,应当予以配合,不得拒绝、阻挠。生产经营单位配合执法监督检查是其法定义务,不配合的,将产生不利后果或承担法律责任。例如,如果生产经营单位拒绝提供安全生产教育培训计划、记录或档案的,则推定为没有相关的材料,安全生产监督检查人员可依法对其进行行政处罚。

生产经营单位对安全生产监督检查人员"依法履行检查职责"的执法检查,要予以配合。对于不合法甚至违法的安全生产监督检查有权拒绝。例如,安全生产监督检查人员仅有一人或者没有出示执法证件等,生产经营单位不仅有权拒绝、抵制,还有权向有关部门检举和控告。

典型案例

重庆矿源起重机有限公司与邻水县公安局、邻水经济开发区管理委员会、邻水县安全生产监督管理局、高勇、何云华安监行政证明案[1]

裁判要旨:对于生产经营单位是否应当配合调查,本案具体阐明了生产经营单位的配合义务。2014 年 11 月 10 日上午,邻水县城南镇南亚村倒角预制厂旁空地上发生行车架子倒塌事故,第三人高勇、何云华在事故中身受重伤。原告认为,在无任何事实根据和法律依据的情况下出具行政证明,导致相关部门错误地将高勇、何云华认定为与原告具有劳动关系,并将二人所受伤认定为工伤,导致原告面临巨额赔偿风险,遂请求人民法院依法撤销三被告就高勇、何云华二人系给原告拆卸行车时受伤这一事实的行政证明行

[1] 参见四川省广安市中级人民法院(2016)川 16 行终 31 号案例。

为。本案生产经营单位在发生生产安全事故后，依法应当接受安全生产监督行政机关的调查，以查清事故原因和事故责任，但本案上诉人既不接受调查，也不提供与本次事故无关的证据，违反了2014年《安全生产法》第63条“生产经营单位对负有安全生产监督管理职责的部门的监督检查人员（以下统称安全生产监督检查人员）依法履行监督检查职责，应当予以配合，不得拒绝、阻挠”的规定，应当承担相应的法律风险。

第六十七条　【安全生产监督检查人员的工作原则】安全生产监督检查人员应当忠于职守，坚持原则，秉公执法。

安全生产监督检查人员执行监督检查任务时，必须出示有效的行政执法证件；对涉及被检查单位的技术秘密和业务秘密，应当为其保密。

条文对照

2014年《安全生产法》	2021年《安全生产法》
第六十四条　安全生产监督检查人员应当忠于职守，坚持原则，秉公执法。 安全生产监督检查人员执行监督检查任务时，必须出示有效的**监督**执法证件；对涉及被检查单位的技术秘密和业务秘密，应当为其保密。	**第六十七条**　安全生产监督检查人员应当忠于职守，坚持原则，秉公执法。 安全生产监督检查人员执行监督检查任务时，必须出示有效的**行政**执法证件；对涉及被检查单位的技术秘密和业务秘密，应当为其保密。

适用要点

第67条是关于安全生产监督检查人员的工作原则的规定。

一、安全生产监督检查人员应当忠于职守，坚持原则，秉公执法

对于这一要求，具体分为以下三点：一是忠于职守。忠于职守，是指安全生产监督检查人员应当充分认识自己肩负的重大职责，对工作尽职尽责，严格地按照法律规定，积极、主动、认真、谨慎地履行各项安全生产监督检查职责，完成各项工作任务。安全生产监督检查人员因失职、渎职而造成生产安全事故的，应当依法承担相应的法律责任；构成犯罪的，还要依法追究其刑事责任。二是坚持原则。坚持原则，是指安全生产监督检查人员依法履行监督检查职责时，在是与非、对与错、合法与违法等原则问题上必须旗帜鲜明，不能含糊，不能动摇，不能让步。三是秉公执法。秉公执法，是指安全生产监督检查人员履行监督检查职责时，对一切生产经营单位都应当一视同仁，不折不扣、不偏不倚地执行有关安全生产的法律、法规，公正无私，不徇私情。

二、安全生产监督检查人员执行监督检查任务时，必须出示有效的行政执法证件

出示"有效的行政执法证件"，不仅是安全生产监督检查人员行使监督检查职责时不可缺少的程序，也是证明其合法监督检查主体资格的唯一合法、有效的方式，更是安全生产监督检查人员的一项法定义务，必须予以遵守。

三、保密义务

安全生产监督检查人员对在执法检查中获得技术秘密、业务秘密等商业秘密，应当为其保密。商业秘密，是指不为公众所知悉、具有商业价值并经权利人采取相应保密措施的技术信息、经营信息等商业信息。因故意或者过失泄露生产经营单位的技术秘密和业务秘密，给生产经营单位造成损失的，应当依法承担相应的赔偿责任。构成犯罪的，还要依法追究刑事责任。除此之外，安全生产监督检查人员对在执法检查中获知的个人隐私等也应予以保密。

典型案例

卢华辉与佛山市顺德区市场监督管理局行政监察案[1]

裁判要旨：依据2014年《安全生产法》第64条的规定，安全生产监督检查人员应当秉公执法。本案检查人员了解到卢华辉在搬运过程中水槽被卡在铁架上，因需要将水槽从铁架上分离出来，卢华辉用力去顶水槽时扭伤了腰部，并且同年6月8日《顺德区第一人民医院诊断证明书》证明卢华辉患有“腰肌劳损、腰肌间盘突出症”的事实。于是，2013年10月28日，原佛山市顺德区人力资源和社会保障局作出顺良保工认字(2013)9015号《工伤认定书》，认定卢华辉的受伤事件属工伤。依据2014年《安全生产法》第64条规定，安全生产监督检查人员应当忠于职守，坚持原则，秉公执法。被上诉人顺德市场监管局作为顺德区人民政府安全生产监督管理部门，依法享有对本行政区域内的安全生产工作实施综合监督管理并对上诉人卢华辉提出的原审第三人陇盛机械公司涉嫌安全生产等违法行为的投诉举报进行处理的职责。该局在收到上诉人的投诉举报后，经调查核实，作出本案所诉之《回复》，主体适格，程序合法，予以确认。

第六十八条　【书面记录】安全生产监督检查人员应当将检查的时间、地点、内容、发现的问题及其处理情况，作出书面记录，并由检查人员和被检查单位的负责人签字；被检查单位的负责人拒绝签字的，检查人员应当将情况记录在案，并向负有安全生产监督管理职责的部门报告。

---

[1] 参见广东省佛山市中级人民法院(2016)粤06行终283号案例。

适用要点

本条是关于安全生产监督检查人员在监督检查时，应当对有关检查情况作出记录的规定。

做好监督检查记录具有以下重要意义：其一，安全生产监督检查工作是一项具有连续性的工作，安全生产监督检查人员之间需要对自己的检查工作有一定交接手续，防止监督检查工作断档；其二，安全生产的检查工作情况、工作结果等应便于查询，便于找出安全生产监督检查工作本身存在的有关问题的原因；其三，做好安全生产监督检查的记录，一旦发生生产安全事故，也便于查清责任。

现场检查记录应当为书面形式，具体内容应当包括：(1)检查的时间，即检查时的年、月、日等具体时间。(2)检查的地点。地点的记录应当具体、明确，载明实施检查的具体场所。(3)检查的内容。即指检查的具体事项，如本次检查了哪些设施、设备等。(4)检查中发现的问题。对检查中发现的被检查单位存在的与有关安全生产的法律、法规、国家标准、行业标准等要求不符的情况，如安全生产的规章制度不健全，设施、设备存在的安全隐患问题是一般事故隐患问题还是重大事故隐患等，都应如实加以记录。(5)对检查中发现的问题的处理情况。

检查记录须由检查人员和被检查单位的负责人签字。如果被检查单位的负责人拒绝签字的，检查人员应当将这一情况在检查记录中说明，并向负有安全生产监督管理职责的部门报告。本条要求检查人员签字，目的是便于明确责任，增强检查人员的责任心。

现场检查记录所记录的问题和隐患，是现场处理的基本依据。安全生产行政执法人员在现场检查时，对发现存在的安全生产违法行为或者生产安全事故隐患应当采取下列现场处理措施：(1)当场予以纠正；(2)责令限期改正、责令限期达到要求；(3)责令立即停止作业(施工)、责令立即停止使用、责令立即排除事故隐患；(4)责令从危险区域撤出作业人员；(5)责令暂时停产停业、停止建设、停止施工或者停止使用相关设备、设施;(6)依法应当采取的其他现场处理措施。

典型案例

李伟与淮北市城乡建设委员会城乡建设行政管理案[1]

裁判要旨:本案行政相对人诉称,一审判决认定李伟申请公开的事故调查报告不存在,市建委未作出上述报告没有事实依据。根据《安徽省建设工程安全生产管理办法》的规定,市建委应当进行调查处理,并将处理结果及时告知检举控告的单位和个人。市建委提供的南京十建出具的《淮北市恒基城渠沟安置房一号楼施工工伤事故调查处理报告》时间是 2015 年 12 月 8 日,不符合建质〔2007〕257 号的规定,市建委应就本案进行调查并作出书面记录,但其却拒绝提供。根据 2014 年《安全生产法》第 65 条的规定,安全生产监督检查人员应当将检查的时间、地点、内容、发现的问题及处理情况,作出书面记录,并向负有安全生产监督管理职责的部门报告,市建委应就涉案事故作出调查报告。上述法律规定的是市建委在事故发生后应对事故作出调查报告。本案中,市建委主张该政府信息不存在,对此,李伟应就其申请的政府信息存在承担相应的举证责任,或向法院提供其申请的信息由行政机关制作或者保存的线索。李伟在一审、二审期间均未提供相应证据或相关线索以确定其诉请的信息存在,故李伟的上诉理由不能成立,本院不予支持。至于市建委未就案涉事故作出调查报告的合法性不是本案审查范围。

〔1〕 参见安徽省淮北市中级人民法院(2018)皖 06 行终 50 号案例。

实用小贴士

现场检查记录的制作要求

制作现场检查记录应当符合下列要求:(1)检查场所。注明场所名称,对多个独立场所,应分别作出准确的描述。(2)检查时间。检查时间应具体到检查起止时间的年、月、日、时、分。(3)检查情况。按照检查过程详细记录检查的内容、方法、结果等。检查情况要客观、准确,如实记载行政执法人员在现场观察到的实际情况,反映其客观的原始状态。涉及专业性检查时,应当使用专业性规范用语。对于检查发现的问题,应根据法律、法规、规章或者国家标准、行业标准的规定,进行处理。

第六十九条 【各部门联合检查】负有安全生产监督管理职责的部门在监督检查中,应当互相配合,实行联合检查;确需分别进行检查的,应当互通情况,发现存在的安全问题应当由其他有关部门进行处理的,应当及时移送其他有关部门并形成记录备查,接受移送的部门应当及时进行处理。

适用要点

本条是关于负有安全生产监督管理职责的部门在监督检查中应当互相配合的规定。

一、安全生产联合检查

负有安全生产监督管理职责的部门很多,同一生产经营单位涉及安全生产的事项也非常多。有关部门分别对生产经营单位进行检查,难免会造成多头检查、重复检查,使生产经营单位疲于应付,加重其负担,影响正常的生产经营活动,甚至造成同一违法行为受到两次以上罚款的行政处罚。本条规定,负有安全生产监督管理职责的部门在监督检查中,应当互相配合,实行联合检查。实行联合检查,需要负有安全生产监督管理职责的部门之间互相配合，在检查的时间、地点、内容等方面进行必要的协调。当然，实行联合检查只是一项原则要求，并不是所有的部门都必须一起行动、同时检查。

二、安全生产分别检查

一般情况下，负有安全生产监督管理职责的部门应当实行联合检查。但根据实际情况，在“确需分别进行检查”时，可以分别检查。但在分别检查时，负有安全生产监督管理职责的部门之间应当互相通报检查的有关情况，做到信息共享。在检查中发现存在的安全问题不属于本部门的职责范围，应当由其他有关部门进行处理的，应当及时移送其他有关部门，不能不移送，也不能拖延移送。同时还应当将移送的有关情况形成文字记录，以备查询。接受移送的部门应当及时处理。

典型案例

兴化市正铨烟花爆竹经营部与兴化市安全生产监督管理局质量监督行为纠纷案[1]

裁判要旨：根据2014年《安全生产法》第66条的规定，负有安全生产监督管理职责的部门在监督检查中，应当互相配合，实行联合检查，发现存在的安全问题应当由其他有关部门进行处理的，应当及时移送其他有关部门并形成记录备查，接受移送的部门应当及时进行处理。本案中，兴化市安监局根据查处的情况，结合询问辖区内烟花爆竹批发企业相关负责人的情况，认为正铨经营部的行为涉嫌违反《烟花爆竹安全管理条例》第22条、《治安管理处罚法》第30条的规定，非法运输爆炸性危险物质（烟花爆竹），该行为

[1] 参见江苏省泰州市中级人民法院(2017)苏12行终223号案例。

超出了兴化市安监局管辖范围，遂根据2014年《安全生产法》第36条的规定，将案件移送公安部门进行审理，不违反法律规定。

第七十条 【强制停止生产经营活动】负有安全生产监督管理职责的部门依法对存在重大事故隐患的生产经营单位作出停产停业、停止施工、停止使用相关设施或者设备的决定，生产经营单位应当依法执行，及时消除事故隐患。生产经营单位拒不执行，有发生生产安全事故的现实危险的，在保证安全的前提下，经本部门主要负责人批准，负有安全生产监督管理职责的部门可以采取通知有关单位停止供电、停止供应民用爆炸物品等措施，强制生产经营单位履行决定。通知应当采用书面形式，有关单位应当予以配合。

负有安全生产监督管理职责的部门依照前款规定采取停止供电措施，除有危及生产安全的紧急情形外，应当提前二十四小时通知生产经营单位。生产经营单位依法履行行政决定、采取相应措施消除事故隐患的，负有安全生产监督管理职责的部门应当及时解除前款规定的措施。

适用要点

本条是关于通过停止供电、停止供应民用爆炸物品强制生产经营单位停止生产经营活动的规定。

负有安全生产监督管理职责的部门依法对存在重大事故隐患的生产经营单位作出停产停业、停止施工、停止使用相关设施或者设备的决定，生产经营单位应当依法执行，及时消除事故隐患。如果生产经营单位拒绝执行的，负有安全生产监督管理职责的部门应采取通知有关单位停止供电、停止供应民用爆炸物品等方式强制生产经营单位停止生产经营活动。停止供电、停止供应民爆物品的适用条件如下:(1)生产经营单位必须是因在重大事故隐患而被负有安全生产监督管理职责的部门依法作出停止生产、停止施工、停止使用相关设施、设备的决定;(2)生产经营单位拒不执行相关决定,继续从事生产经营活动,有发生生产安全事故现实危险;(3)停止供电、停止供应民爆物品必须在保证安全的前提下,且经本部门主要负责人批准。

决定停电和停供民用爆炸物品的,执法人员填写审批表,报本单位主要负责人批准。审批表应当载明以下内容:(1)执法的具体时间、被检查生产经营单位的名称;(2)被检查生产经营单位存在的重大事故隐患;(3)作出的现场处理决定及文号;(4)拒不执行现场处理决定情况;(5)办案人建议采取停电(停供民用爆炸物品)措施的具体时间;(6)办案人姓名、日期。

通知供电单位、民用爆炸物品发放单位的,应当制作停供电(停供民用爆炸物品)通知书。采取停止供电措施,除有危及生产安全的紧急情形外,应当提前24小时通知生产经营单位。

生产经营单位依法履行行政决定、采取相应措施消除事故隐患的,应当及时解除停止供电、停止供应民用爆炸物品措施。解除停止供电、停止供应民用爆炸物品措施,应当制作并解除停电(停供民用爆炸物品)通知书。

典型案例

温岭市创兴水产冷冻厂与温岭市石塘镇人民政府电力行政管理案[1]

裁判要旨:负有安全生产监督管理职责的部门依法对存在重大事故

[1] 参见浙江省温岭市人民法院(2018)浙1081行初79号案例。

隐患的生产经营单位作出停产停业、停止施工、停止使用相关设施或者设备的决定,生产经营单位应当依法执行,及时消除事故隐患。生产经营单位拒不执行,有发生生产安全事故的现实危险的,在保证安全的前提下,经本部门主要负责人批准,负有安全生产监督管理职责的部门可以采取通知有关单位停止供电、停止供应民用爆炸物品等措施。本案被告既无原告存在重大事故隐患的事实证据,负有安全生产监督管理职责的部门也没有对原告作出停产停业、停止施工、停止使用相关设施或者设备的决定,被告即通知第三人停止供电显属事实不清,程序违法。综上,被告作出停电的行政行为缺乏职权依据,证据不足,程序违法。

第七十一条　【监察】监察机关依照监察法的规定,对负有安全生产监督管理职责的部门及其工作人员履行安全生产监督管理职责实施监察。

条文对照

2014 年《安全生产法》	2021 年《安全生产法》
第六十八条　监察机关依照行政监察法的规定,对负有安全生产监督管理职责的部门及其工作人员履行安全生产监督管理职责实施监察。	**第七十一条**　监察机关依照监察法的规定,对负有安全生产监督管理职责的部门及其工作人员履行安全生产监督管理职责实施监察。

适用要点

第 71 条是关于监察机关依法对负有安全生产监督管理职责的部门及其工作人员依法实施监察的规定。

一、监察机关的管辖权

《监察法》第15条规定:“监察机关对下列公职人员和有关人员进行监察:(一)中国共产党机关、人民代表大会及其常务委员会机关、人民政府、监察委员会、人民法院、人民检察院、中国人民政治协商会议各级委员会机关、民主党派机关和工商业联合会机关的公务员,以及参照《中华人民共和国公务员法》管理的人员;(二)法律、法规授权或者受国家机关依法委托管理公共事务的组织中从事公务的人员;(三)国有企业管理人员;(四)公办的教育、科研、文化、医疗卫生、体育等单位中从事管理的人员;(五)基层群众性自治组织中从事管理的人员;(六)其他依法履行公职的人员。”负有安全生产监督管理职责的部门属于行政机关,其工作人员是国家公务员,属于监察机关的监察对象。各级监察机关按照管理权限管辖本辖区内负有安全生产监督管理职责的部门及其工作人员所涉监察事项。上级监察机关可以办理下一级监察机关管辖范围内的监察事项,必要时也可以办理所辖各级监察机关管辖范围内的监察事项。监察机关之间对监察事项的管辖有争议的,由其共同的上级监察机关确定。上级监察机关可以将其所管辖的监察事项指定下级监察机关管辖,也可以将下级监察机关有管辖权的监察事项指定给其他监察机关管辖。监察机关认为所管辖的监察事项重大、复杂,需要由上级监察机关管辖的,可以报请上级监察机关管辖。

二、监察机关的监察职责

监察机关依照《监察法》和有关法律规定履行监督、调查、处置职责:

1. 对负有安全生产监督管理职责的部门及其工作人员开展廉政教育,对其依法履职、秉公用权、廉洁从政从业以及道德操守情况进行监督检查。

2. 对负有安全生产监督管理职责的部门及其工作人员涉嫌贪污贿赂、滥用职权、玩忽职守、权力寻租、利益输送、徇私舞弊以及浪费国家资财等职务违法和职务犯罪进行调查。

3. 对负有安全生产监督管理职责的部门及其工作人员依法作出政务处分决定；对履行职责不力、失职失责的领导人员进行问责；对涉嫌职务犯罪的，将调查结果移送人民检察院依法审查、提起公诉；向监察对象所在单位提出监察建议。

三、监察机关的权限

1. 调查取证权。监察机关行使监督、调查职权，有权依法向有关单位和个人了解情况，收集、调取证据。有关单位和个人应当如实提供。在调查过程中，对涉嫌职务违法的被调查人，监察机关可以要求其就涉嫌违法行为作出陈述，必要时向被调查人出具书面通知。对涉嫌贪污贿赂、失职渎职等职务犯罪的被调查人，监察机关可以进行讯问，要求其如实供述涉嫌犯罪的情况。在调查过程中，监察机关可以询问证人等人员。

2. 采取留置措施权。被调查人涉嫌贪污贿赂、失职渎职等严重职务违法或者职务犯罪，监察机关已经掌握其部分违法犯罪事实及证据，仍有重要问题需要进一步调查，并有下列情形之一的，经监察机关依法审批，可以将其留置在特定场所：(1)涉及案情重大、复杂的；(2)可能逃跑、自杀的；(3)可能串供或者伪造、隐匿、毁灭证据的；(4)可能有其他妨碍调查行为的。

3. 搜查权。监察机关可以对涉嫌职务犯罪的被调查人以及可能隐藏被调查人或者犯罪证据的人的身体、物品、住处和其他有关地方进行搜查。在搜查时，应当出示搜查证，并有被搜查人或者其家属等见证人在场。搜查女性身体，应当由女性工作人员进行。监察机关进行搜查时，可以根据工作需要提请公安机关配合。公安机关应当依法予以协助。

4. 调取、查封、扣押有关财物、文件和电子数据等信息。监察机关在调查过程中，可以调取、查封、扣押用以证明被调查人涉嫌违法犯罪的财物、文件和电子数据等信息。采取调取、查封、扣押措施，应当收集原物原件，会同持有人或者保管人、见证人，当面逐一拍照、登记、编号，开列清单,由在场人员当场核对、签名,并将清单副本交财物、文件的持有人或者保管人。对调取、查封、扣押的财物、文件,监察机关应当设立专用账户、专门场所,确定专门人员妥善保管,严格履行交接、调取手续,定期对账核实,不得毁损或者用于其他目的。对价值不明物品应当及时鉴定,专门封存保管。查封、扣押的财物、文件经查明与案件无关的,应当在查明后三日内解除查封、扣押,予以退还。

5. 勘验检查权。监察机关在调查过程中,可以直接或者指派、聘请具有专门知识、资格的人员在调查人员主持下进行勘验检查。勘验检查情况应当制作笔录,由参加勘验检查的人员和见证人签名或者盖章。

6. 组织实施鉴定权。监察机关在调查过程中,对于案件中的专门性问题,可以指派、聘请有专门知识的人进行鉴定。鉴定人进行鉴定后,应当出具鉴定意见,并且签名。

第七十二条　【安全生产服务机构资质与义务】承担安全评价、认证、检测、检验职责的机构应当具备国家规定的资质条件,并对其作出的安全评价、认证、检测、检验结果的合法性、真实性负责。资质条件由国务院应急管理部门会同国务院有关部门制定。

承担安全评价、认证、检测、检验职责的机构应当建立并实施服务公开和报告公开制度,不得租借资质、挂靠、出具虚假报告。

条文对照

2014 年《安全生产法》	2021 年《安全生产法》
第六十九条　承担安全评价、认证、检测、检验的机构应当具备国家规定的资质条件,并对其作出的安全评价、认证、检测、检验的结果负责。	**第七十二条**　承担安全评价、认证、检测、检验**职责**的机构应当具备国家规定的资质条件,并对其作出的安全评价、认证、检测、检验结果**的合法性、**

续表

2014 年《安全生产法》	2021 年《安全生产法》
	真实性负责。资质条件由国务院应急管理部门会同国务院有关部门制定。 **承担安全评价、认证、检测、检验职责的机构应当建立并实施服务公开和报告公开制度，不得租借资质、挂靠、出具虚假报告。**

适用要点

第 72 条是关于安全生产服务机构资质与义务的规定。

一、承担安全评价、认证、检测、检验职责的机构应当具备国家规定的资质条件

承担安全评价、认证、检测、检验职责的机构应当具备国家规定的资质条件，资质条件由国务院应急管理部门会同国务院有关部门制定。《安全评价检测检验机构管理办法》第 2 条第 1 款规定，在中华人民共和国领域内申请安全评价检测检验机构资质，从事法定的安全评价、检测检验服务，以及应急管理部门、煤矿安全生产监督管理部门实施安全评价检测检验机构资质认可和监督管理适用该办法。

根据《安全评价检测检验机构管理办法》第 6 条的规定，申请安全评价机构资质应当具备下列条件：(1)独立法人资格，固定资产不少于 800 万元。(2)工作场所建筑面积不少于 1000 平方米，其中档案室不少于 100 平方米，设施、设备、软件等技术支撑条件满足工作需求。(3)承担矿山、金属冶炼、危险化学品生产和储存、烟花爆竹等业务范围安全评价的机构，其专职安全评价师不低于《安全评价检测检验机构管理办法》规定的配备标准。(4)承担单一业务范围的安全评价机构，其专职安全评价师不少于 25 人；每增加一个行业(领域)，按照专业配备标准至少增加 5 名专

职安全评价师；专职安全评价师中，一级安全评价师比例不低于20%，一级和二级安全评价师的总数比例不低于50%，且中级及以上注册安全工程师比例不低于30%。(5)健全的内部管理制度和安全评价过程控制体系。(6)法定代表人出具知悉并承担安全评价的法律责任、义务、权利和风险的承诺书。(7)配备专职技术负责人和过程控制负责人；专职技术负责人具有一级安全评价师职业资格，并具有与所开展业务相匹配的高级专业技术职称，在本行业领域工作8年以上；专职过程控制负责人具有安全评价师职业资格。(8)正常运行并可以供公众查询机构信息的网站。(9)截至申请之日3年内无重大违法失信记录。(10)法律、行政法规规定的其他条件。

根据《安全评价检测检验机构管理办法》第7条的规定，申请安全生产检测检验机构资质应当具备下列条件：(1)独立法人资格，固定资产不少于1000万元。(2)工作场所建筑面积不少于1000平方米，有与从事安全生产检测检验相适应的设施、设备和环境，检测检验设施、设备原值不少于800万元。(3)承担单一业务范围的安全生产检测检验机构，其专业技术人员不少于25人；每增加一个行业(领域)，至少增加5名专业技术人员；专业技术人员中，中级及以上注册安全工程师比例不低于30%，中级及以上技术职称比例不低于50%，且高级技术职称人员比例不低于25%。(4)专业技术人员具有与承担安全生产检测检验相适应的专业技能，以及在本行业领域工作2年以上。(5)法定代表人出具知悉并承担安全生产检测检验的法律责任、义务、权利和风险的承诺书。(6)主持安全生产检测检验工作的负责人、技术负责人、质量负责人具有高级技术职称，在本行业领域工作8年以上。(7)符合安全生产检测检验机构能力通用要求等相关标准和规范性文件规定的文件化管理体系。(8)正常运行并可以供公众查询机构信息的网站。(9)截至申请之日3年内无重大违法失信记录。(10)法律、行政法规规定的其他条件。

资质认可机关自收到申请材料之日起5个工作日内，对材料齐全、符合规定形式的申请，应当予以受理，并出具书面受理文书；对材料不齐全或者不符合规定形式的，应当当场或者5个工作日内一次性告知申请人需要补正的全部内容；对不予受理的，应当说明理由并出具书面凭证。资质认可机关应当自受理之日起20个工作日内，对审查合格的，在本部门网站予以公告，公开有关信息，颁发资质证书，并将相关信息纳入安全评价检测检验机构信息查询系统；对审查不合格的，不予颁发资质证书，说明理由并出具书面凭证。需要专家评审的，专家评审时间不计入审查期限内，但最长不超过3个月。安全评价检测检验机构资质证书有效期5年。资质证书有效期届满需要延续的，应当在有效期届满3个月前向原资质认可机关提出申请。

二、承担安全评价、认证、检测、检验职责的机构对其作出的安全评价、认证、检测、检验结果的合法性、真实性负责

生产经营单位委托安全评价检测检验机构开展技术服务时，应当签订委托技术服务合同，明确服务对象、范围、权利、义务和责任。生产经营单位委托安全评价检测检验机构为其提供安全生产技术服务的，保证安全生产的责任仍由本单位负责。应急管理部门、煤矿安全生产监督管理部门以安全评价报告、检测检验报告为依据，作出相关行政许可、行政处罚决定的，应当对其决定承担相应法律责任。

安全评价检测检验机构及其从业人员应当依照法律、法规、规章、标准，遵循科学公正、独立客观、安全准确、诚实守信的原则和执业准则，独立开展安全评价和检测检验，并对其作出的安全评价和检测检验结果负责。

三、承担安全评价、认证、检测、检验职责的机构应当建立并实施服务公开和报告公开制度，不得租借资质、挂靠、出具虚假报告

安全评价检测检验机构应当建立并实施服务公开制度和报告公开制度，加强内部管理，严格自我约束。服务公开制度，是指承担安全评价、认证、检测、检验职责的机构应当公开其服务项目、服务内容、服务承诺等，

并按照公开内容进行安全评价、认证、检测、检验。报告公开制度，是指安全评价检测检验机构应当按照有关规定在网上公开安全评价报告、安全生产检测检验报告相关信息及现场勘验图像影像等。我国实行安全评价、认证、检测、检验资质认可制度，有关机构必须有相应资质才能从事这些行为。承担安全评价、认证、检测、检验职责的机构租借资质的，属于严重的违法行为，应该承担相应的法律责任。实践中，有些机构没有相应资质，但通过合同方式内部约定，挂靠在某一具有资质的安全评价机构或者检测检验机构下，并使用被挂靠机构的名义从事安全评价、认证、检测、检验等活动，这种挂靠资质的行为，因挂靠单位没有相应资质，不具备出具相关报告的能力和资质，易导致相关安全评价、认定、检测、检验结果不符合实际，甚至违法。因此，本条严格禁止挂靠行为。虚假报告，是指安全评价报告、安全生产检测检验报告内容与当时实际情况严重不符，报告结论定性严重偏离客观实际。出具虚假报告的，极易为安全生产埋下隐患，也属于法律严厉打击的行为。

依据《安全生产法》第 92 条的规定，承担安全评价、认证、检测、检验职责的机构出具失实报告的，责令停业整顿，并处 3 万元以上 10 万元以下的罚款；给他人造成损害的，依法承担赔偿责任。承担安全评价、认证、检测、检验职责的机构租借资质、挂靠、出具虚假报告的，没收违法所得；违法所得在 10 万元以上的，并处违法所得 2 倍以上 5 倍以下的罚款，没有违法所得或者违法所得不足 10 万元的，单处或者并处 10 万元以上 20 万元以下的罚款；对其直接负责的主管人员和其他直接责任人员处 5 万元以上 10 万元以下的罚款；给他人造成损害的，与生产经营单位承担连带赔偿责任；构成犯罪的，依照《刑法》有关规定追究刑事责任。对有上述违法行为的机构及其直接责任人员，吊销其相应资质和资格，5 年内不得从事安全评价、认证、检测、检验等工作；情节严重的，实行终身行业和职业禁入。

典型案例

大连市应急管理局与大连经济技术开发区汇智建设工程咨询有限公司质量监督行政管理纠纷案[1]

裁判要旨：本案中，应急管理局诉称2014年《安全生产法》第69条规定："承担安全评价、认证、检测、检验的机构应当具备国家规定的资质条件，并对其作出的安全评价、认证、检测、检验的结果负责。"安全评价机构必须具备国家规定的资质条件，安全评价机构应当取得相应的安全评价资质证书，符合申请安全评价机构资质的条件，安全评价机构应当由相关部门向社会公示。汇智公司不属于2014年《安全生产法》规定的安全评价机构。法院审查认为，上诉人作为施工图审查单位，属于提供安全评价的中介服务机构，2014年《安全生产法》及其相关法律规定并未将其纳入生产经营单位之列。同时收取费用不意味着以营利为目的，其与生产经营单位的认定之间没有任何关联。

第七十三条　【举报核查】负有安全生产监督管理职责的部门应当建立举报制度，公开举报电话、信箱或者电子邮件地址等网络举报平台，受理有关安全生产的举报；受理的举报事项经调查核实后，应当形成书面材料；需要落实整改措施的，报经有关负责人签字并督促落实。对不属于本部门职责，需要由其他有关部门进行调查处理的，转交其他有关部门处理。

涉及人员死亡的举报事项，应当由县级以上人民政府组织核查处理。

[1] 参见辽宁省大连市中级人民法院(2019)辽02行再6号案例。

条文对照

2014 年《安全生产法》	2021 年《安全生产法》
第七十条　负有安全生产监督管理职责的部门应当建立举报制度，公开举报电话、信箱或者电子邮件地址，受理有关安全生产的举报；受理的举报事项经调查核实后，应当形成书面材料；需要落实整改措施的，报经有关负责人签字并督促落实。	**第七十三条**　负有安全生产监督管理职责的部门应当建立举报制度，公开举报电话、信箱或者电子邮件地址**等网络举报平台**，受理有关安全生产的举报；受理的举报事项经调查核实后，应当形成书面材料；需要落实整改措施的，报经有关负责人签字并督促落实。**对不属于本部门职责，需要由其他有关部门进行调查处理的，转交其他有关部门处理。** **涉及人员死亡的举报事项，应当由县级以上人民政府组织核查处理。**

适用要点

第 73 条是关于安全生产举报和核查的规定。

一、安全生产举报制度

安全生产工作涉及生产经营的方方面面，仅依靠负有安全生产监督管理职责的部门监督检查，难以做好这一工作，安全生产工作需要打一场“人民战争”，其中建立举报制度是一种非常重要且有效的方法。安全生产举报，是指公民、法人或者其他组织采用书信、电子邮件、传真、电话、走访等形式，向负有安全生产监督管理职责的部门反映情况，提出生产经营单位存在事故隐患、安全生产违法行为及不报、迟报、谎报、瞒报生产安全事故等举报事项，依法由负有安全生产监督管理职责的部门处理的行为。

负有安全生产监督管理职责的部门应当建立举报制度，鼓励从业人员和人民群众积极参与对安全生产违法行为和事故隐患的举报。负有安全生产监督管理职责的部门应该公开举报的方式，举报的方式可以是电话、信箱或者电子邮件地址等网络举报平台，对安全生产违法行为和事故隐患的举报，应当依法予以受理并处理。举报制度的内容应包括举报的受理、核查、处理、协调、移送、答复、统计和报告制度。负有安全生产监督管理的部门应当向社会公开受理举报投诉的通信地址、邮政编码及电子邮箱、传真电话和奖金领取办法等。

二、举报的登记、告知和核查

受理的举报事项经调查核实后，应当形成书面材料，通常包括以下几个步骤：

一是举报的登记和告知。负有安全生产监督管理职责的部门应当准确记录举报投诉方式、内容诉求、时间、举报投诉人联系方式以及办理机构等信息，形成台账备查。举报投诉事项不属于本部门查处职责范围的，接到举报投诉后，负有安全生产监督管理职责的部门应当告知举报投诉人向有处理权的部门举报投诉，或者按规定将举报材料移送有处理权的部门，并采取适当方式告知实名举报投诉人。有关告知书、告知记录等应当留存备查。

二是核查处理。负有安全生产监督管理职责的部门按照分级负责、属地管理的原则，调查核实本行政区域内的举报投诉事项。负有安全生产监督管理职责的部门应当采取突击检查、暗查暗访等方式对举报投诉事项进行调查核实，不得提前告知被举报投诉对象有关举报投诉内容；严格按照行政执法程序的有关要求进行调查和采集证据，核查人员不得少于2名，并向被举报投诉对象出示有效行政执法证件；核查人员与被举报投诉对象或者举报投诉内容有直接利害关系的，须主动申请回避；在调查核实过程中，应当加强与举报投诉人的沟通交流，听取举报投诉人的陈述事实及理由，必要时可以组织专家进行论证。对可能导致事故发生或者造成重大社会影响等紧急情况的举报投诉，负有安全生产监督管理职责的部门应当立即组织有关人员进行调查核实。

三是材料管理。负有安全生产监督管理职责的部门应当安排工作人员专门负责保管举报投诉材料，对举报投诉材料的原件予以封存，需要上报或者批转查处的，应当严格按照有关规定执行，不得泄露举报投诉人的有关信息；需要向举报投诉人核实有关情况的，应当向举报投诉材料原件的封存单位提出申请，由负责保管举报投诉材料的专门人员记录申请人信息后，方可提供举报投诉人的有关信息。

四是经过审查后，需要落实整改措施的，报经有关负责人签字并督促生产经营单位落实。

三、关于涉及人员死亡的举报事项

涉及人员死亡的举报事项，应当由县级以上人民政府组织核查处理。实践中，瞒报或者谎报生产安全事故的情形还存在，但是否存在瞒报或者谎报，就需要进行核查。但是，涉及人员死亡的举报事项，情况通常比较复杂，负有安全生产监督管理职责的部门难以查明，如某人举报煤矿发生致人死亡事故的瞒报，矿山安全监察局或者地方应急管理部门通常难以查明。接报生产安全事故举报信息的部门要及时向当地政府报告，由当地政府组织公安、纪检监察、工会和有关安全监管监察等相关部门进行核查。对核查难度大、本级人民政府难以推进的，要及时向上一级地方人民政府汇报并提请组织核查。核查属实的事故，要认真查明瞒报谎报的决策者、组织者、参与者以及瞒报谎报细节，查明相关人员责任，按照有关规定上限严肃追责、严厉处罚；对涉嫌犯罪的人员，要移交司法机关依法处理。

典型案例

颜学东、谌刚岩等与安化县安全生产监督管理局质量监督检验检疫行政监督管理纠纷案[1]

裁判要旨：本案中，各原告以及部分村民代表向益阳市安监局举报孟秋采石场违法开采及骗取安全许可证。2018年6月11日，原告颜学东等人向被告信访举报孟秋采石场违法开采，涉嫌弄虚作假骗取安全许可证。2018年6月13日，益阳市安监局会同被告到孟秋采石场进行了现场安全检查，并作出了现场处理措施决定书，作出了责令暂时停产的措施，但对原告的举报，被告未予答复。根据2014年《安全生产法》第70条之规定，对报告或者举报的安全生产违法行为，安监部门应当受理，发现不属于自己管辖的，应当及时移送有管辖权的部门。本案中，被告收到原告的举报材料后，会同上级安监部门对涉事采石场进行了安全检查，作出了暂停生产的决定，但对原告举报的违法开采、骗取安全许可证的事项未予处理和答复，其行为违反了上述法律规定，应确认违法。被告应对原告的举报内容进一步查实，属于自己管辖的，应作出处理结论，不属于自己管辖，应移送有管辖权的部门，并将处理结果书面告知原告。

实用小贴士

"12350"安全生产举报投诉电话

"12350"举报投诉电话是全国统一的安全生产举报投诉特服电话号码，接受安全生产事项举报投诉。"12350"举报投诉电话实行属地受理。省级应急管理部门应当设立"12350"举报投诉电话相关工作机构，负责接受和处理本省（自治区、直辖市）应急管理部门职权范围内的举报投诉，指导、协调举报投诉电话"12350"规划和使用

〔1〕参见湖南省桃江县人民法院（2018）湘0922行初76号案例。

管理以及举报信息分类统计等工作。市(地)级以下应急管理部门设立受理机构事宜,由省级应急管理部门根据本地区实际情况确定。尚未开通"12350"举报投诉电话的,应急管理部门应当向社会公开专门的举报投诉电话。

第七十四条 【举报权利和公益诉讼】任何单位或者个人对事故隐患或者安全生产违法行为,均有权向负有安全生产监督管理职责的部门报告或者举报。

因安全生产违法行为造成重大事故隐患或者导致重大事故,致使国家利益或者社会公共利益受到侵害的,人民检察院可以根据民事诉讼法、行政诉讼法的相关规定提起公益诉讼。

条文对照

2014 年《安全生产法》	2021 年《安全生产法》
第七十一条 任何单位或者个人对事故隐患或者安全生产违法行为,均有权向负有安全生产监督管理职责的部门报告或者举报。	**第七十四条** 任何单位或者个人对事故隐患或者安全生产违法行为,均有权向负有安全生产监督管理职责的部门报告或者举报。 **因安全生产违法行为造成重大事故隐患或者导致重大事故,致使国家利益或者社会公共利益受到侵害的,人民检察院可以根据民事诉讼法、行政诉讼法的相关规定提起公益诉讼。**

适用要点

第 74 条是关于举报权利和安全生产公益诉讼的规定。

一、单位或者个人对事故隐患或者安全生产违法行为的举报权

任何单位或者个人对事故隐患或者安全生产违法行为,均有权向负有安全生产监督管理职责的部门报告或者举报。这里的举报是其权利而非义务。举报人应当对其举报内容的真实性负责,不得捏造、歪曲事实,不得诬告、陷害他人和生产经营单位,不得故意诱导生产经营单位实施安全生产违法行为;否则,一经查实,依法追究法律责任。

二、安全生产公益诉讼制度

公益诉讼(Public Interest Litigation),通常被理解为以个人、组织或者机关为原告,以损害国家、社会或不特定多数人利益(公益)的行为为对象,以制止损害公益行为并追究公益加害人相应法律责任为目的,向法院提出的特别诉讼活动。公益诉讼分为民事公益诉讼与行政公益诉讼。安全生产公益诉讼包括安全生产民事公益诉讼和安全生产行政公益诉讼。

(一)提起安全生产公益诉讼的机构

我国公益诉讼制度始于环境公益诉讼。关于提起环境公益诉讼的主体,《民事诉讼法》第55条规定:"对污染环境、侵害众多消费者合法权益等损害社会公共利益的行为,法律规定的机关和有关组织可以向人民法院提起诉讼。人民检察院在履行职责中发现破坏生态环境和资源保护、食品药品安全领域侵害众多消费者合法权益等损害社会公共利益的行为,在没有前款规定的机关和组织或者前款规定的机关和组织不提起诉讼的情况下,可以向人民法院提起诉讼。前款规定的机关或者组织提起诉讼的,人民检察院可以支持起诉。"《行政诉讼法》第25条第4款规定:"人民检察院在履行职责中发现生态环境和资源保护、食品药品安全、国有财产保护、国有土地使用权出让等领域负有监督管理职责的行政机关违法行使职权或者不作为,致使国家利益或者社会公共利益受到侵害的,

应当向行政机关提出检察建议，督促其依法履行职责。行政机关不依法履行职责的，人民检察院依法向人民法院提起诉讼。”人民检察院可以提起民事公益诉讼和行政公益诉讼，但“法律规定的机关和有关组织”只能提起民事公益诉讼。根据本条规定，安全生产公益诉讼的起诉主体只能是人民检察院，而不包括“法律规定的机关和有关组织”。

（二）提起安全生产公益诉讼的条件

人民检察院提起安全生产公益诉讼的条件有两个：一是因安全生产违法行为造成重大事故隐患或者导致重大事故。重大事故隐患或者重大事故须由安全生产违法行为引起，非安全生产违法行为引起的重大事故隐患或者导致重大事故的，不适用。二是只有“公益”受到侵害才可提起，即重大事故隐患或者重大事故造成了国家利益或者社会公共利益受到侵害。

（三）提供安全生产公益诉讼的种类

本条第2款规定：“……人民检察院可以根据民事诉讼法、行政诉讼法的相关规定提起公益诉讼。”所以，人民检察院既可以提起安全生产民事公益诉讼，也可以提起行政公益诉讼。民事公益诉讼的被告是重大事故隐患或者重大事故致使国家利益或者社会公共利益受到侵害的生产经营单位及其有关人员。行政公益诉讼的被告是因未依法履行监督管理职责而致使国家利益或者社会公共利益受到侵害的负有安全生产监督管理职责的部门及其工作人员。

典型案例

肖初明与宁乡县安全生产监督管理局、宁乡县青山桥花园鞭炮厂不履行法定职责案[1]

裁判要旨：任何单位或个人都可对事故隐患或安全生产违法行为进行举报，不要求与其有利害关系。根据2014年《安全生产法》第71条的规定，任何单位或者个人对事故隐患或者安全生产违法行为，均有权向负有安全生产监督管理职责的部门报告或者举报。2014年《安全生产法》第68条规定，监察机关依照行政监察法的规定，对负有安全生产监督管理职责的部门及其工作人员履行安全生产监督管理职责实施监察。肖初明认为花园鞭炮厂2016年6月26日发生的"6·26"爆炸事故构成一般事故，县安监局未对花园鞭炮厂进行行政处罚的行为违法，依法可向相关职能部门反映。本案中，原告肖初明所诉被告县安监局未对第三人花园鞭炮厂"6·26"爆炸事故进行行政处罚的行为与其不具有法律上的利害关系，肖初明不具有适格原告主体。因此驳回其起诉。

第七十五条　【居民委员会、村民委员会对安全隐患的报告义务】居民委员会、村民委员会发现其所在区域内的生产经营单位存在事故隐患或者安全生产违法行为时，应当向当地人民政府或者有关部门报告。

---

[1] 参见湖南省长沙市中级人民法院(2017)湘01行终261号案例。

适用要点

本条是关于居民委员会、村民委员会报告事故隐患或者违法行为义务的规定。

居民委员会、村民委员会发现所在区域内的生产经营单位存在事故隐患或者安全生产违法行为时，有义务向当地人民政府或者有关部门报告。

在理解本条时，需要注意以下几个方面：一是居民委员会、村民委员会报告的对象是已发现的事故隐患或者安全生产违法行为。二是居民委员会、村民委员会只对其所在区域内的生产经营单位存在的事故隐患或者安全生产违法行为，对于区域外的事故隐患和安全生产违法行为，不属于本条规定的举报的范围。三是居民委员会、村民委员会向“当地人民政府或者有关部门”报告。“当地人民政府”包括当地乡镇人民政府和区县（含不设区的市）人民政府；“有关部门”通常是县级人民政府负有安全生产监督管理职责的部门。对于“区域外”的事故隐患和安全生产违法行为的举报，应适用《安全生产法》第74条第1款的规定。

典型案例

徐巧丽与临颍县城关镇人民政府、临颍县安全生产监督管理局乡政府行政纠纷案[1]

裁判要旨：居民委员会、村民委员会发现其所在区域内的生产经营单位存在事故隐患或者安全生产违法行为时，应当向当地人民政府或者有关部门报告。作为乡级人民政府，不仅具有对辖区内经营单位的安全生产状况进行监督

〔1〕 参见河南省漯河市召陵区人民法院（2016）豫1104行初16号案例。

检查的职能,对发现生产经营单位存在安全隐患的,及时进行报告更是应当履行的职责和义务。即使如此,权力的行使也应遵守法定程序,在法定权限内行使。2016 年 11 月 11 日,被告镇政府在未经得原告同意的情况下,私自向临颍县房屋安全鉴定管理中心出具委托书,申请对原告位于颍川商贸城临人民路 4 层临街房房屋安全性进行鉴定,经鉴定,该房屋属于危险房。2016 年 11 月 17 日,被告安监局在涉案房屋处发布公告,公告涉案房屋为危险房,要求全面停止使用上述房屋。被告履行的安全检查职责,按照《城市危险房屋管理规定》,未经房屋产权人同意,委托进行危房鉴定超越职权明显是错误的,是行政违法行为。

实用小贴士

居民委员会和村民委员会

居民委员会是居民自我管理、自我教育、自我服务的基层群众性自治组织。不设区的市、市辖区的人民政府或者它的派出机关对居民委员会的工作给予指导、支持和帮助。居民委员会协助不设区的市、市辖区的人民政府或者它的派出机关开展工作。村民委员会是村民自我管理、自我教育、自我服务的基层群众性自治组织,实行民主选举、民主决策、民主管理、民主监督。

第七十六条　【举报奖励】县级以上各级人民政府及其有关部门对报告重大事故隐患或者举报安全生产违法行为的有功人员,给予奖励。具体奖励办法由国务院应急管理部门会同国务院财政部门制定。

条文对照

2014 年《安全生产法》	2021 年《安全生产法》
第七十三条 县级以上各级人民政府及其有关部门对报告重大事故隐患或者举报安全生产违法行为的有功人员，给予奖励。具体奖励办法由国务院~~安全生产监督~~管理部门会同国务院财政部门制定。	**第七十六条** 县级以上各级人民政府及其有关部门对报告重大事故隐患或者举报安全生产违法行为的有功人员，给予奖励。具体奖励办法由国务院**应急**管理部门会同国务院财政部门制定。

适用要点

第 76 条是关于举报奖励的规定。

为了加强安全生产领域的社会监督，鼓励举报安全生产重大事故隐患和违法行为，及时发现并排除重大事故隐患，制止和惩处违法行为，本条规定“县级以上各级人民政府及其有关部门对报告重大事故隐患或者举报安全生产违法行为的有功人员，给予奖励”。依据《安全生产法》《国务院关于预防煤矿生产安全事故的特别规定》等法律、行政法规以及《国务院关于进一步加强企业安全生产工作的通知》《国务院关于坚持科学发展安全发展促进安全生产形势持续稳定好转的意见》的要求，国家安全生产监督管理总局和财政部联合印发《安全生产领域举报奖励办法》，奖励的对象为对重大事故隐患或者安全生产违法行为的举报。

重大事故隐患，是指危害和整改难度较大，应当全部或者局部停产停业，并经过一定时间整改治理方能排除的隐患，或者因外部因素影响致使生产经营单位自身难以排除的隐患。煤矿重大事故隐患的判定，按照《煤矿重大事故隐患判定标准》的规定认定。其他行业和领域重大事故隐患的判定，按照负有安全监管职责的部门制定并向社会公布的判定标准认定。

安全生产违法行为，按照《安全生产非法违法行为查处办法》规定的原则进行认定，重点包括以下情形和行为：(1)没有获得有关安全生产许可证或证照不全、证照过期、证照未变更从事生产经营、建设活动的；未依法取得批准或者验收合格，擅自从事生产经营活动的；关闭取缔后又擅自从事生产经营、建设活动的；停产整顿、整合技改未经验收擅自组织生产和违反建设项目安全设施“三同时”规定的。(2)未依法对从业人员进行安全生产教育和培训，或者矿山和危险化学品生产、经营、储存单位，金属冶炼、建筑施工、道路交通运输单位的主要负责人和安全生产管理人员未依法经安全生产知识和管理能力考核合格，或者特种作业人员未依法取得特种作业操作资格证书而上岗作业的；与从业人员订立劳动合同，免除或者减轻其对从业人员因生产安全事故伤亡依法应承担的责任的。(3)将生产经营项目、场所、设备发包或者出租给不具备安全生产条件或者相应资质(资格)的单位或者个人，或者未与承包单位、承租单位签订专门的安全生产管理协议，或者未在承包合同、租赁合同中明确各自的安全生产管理职责，或者未对承包、承租单位的安全生产进行统一协调、管理的。(4)未按国家有关规定对危险物品进行管理或者使用国家明令淘汰、禁止的危及生产安全的工艺、设备的。(5)承担安全评价、认证、检测、检验工作和职业卫生技术服务的机构出具虚假证明文件的。(6)生产安全事故瞒报、谎报以及重大事故隐患隐瞒不报，或者不按规定期限予以整治的，或者生产经营单位主要负责人在发生伤亡事故后逃匿的。(7)未依法开展职业病防护设施“三同时”，或者未依法开展职业病危害检测、评价的。(8)法律、行政法规、国家标准或行业标准规定的其他安全生产违法行为。

典型案例

杨俊诉巢湖市安全生产监督管理局不履行法定职责案[1]

裁判要旨:根据2014年《安全生产法》第71条、第73条的规定,任何单位或者个人对事故隐患或者安全生产违法行为,均有权向负有安全生产监督管理职责的部门报告或者举报。县级以上各级人民政府及其有关部门对报告重大事故隐患或者举报安全生产违法行为的有功人员,给予奖励。具体奖励办法由国务院安全生产监督管理部门会同国务院财政部门制定。被告认为根据国家安全生产监督管理总局和财政部制定的《安全生产领域举报奖励办法》第2条、第5条、第6条的规定,原告反映的事项不属于奖励的范围,不符合规定的奖励情形。同时认为,原告与被告对新恒生公司未办理安全设施"三同时"是否进行处罚没有法律上的利害关系,其不具有原告诉讼主体资格。法院主张,巢湖市新恒生纺织有限公司于2012年3月20日,即对其技改项目向巢湖市经济和信息化委员会进行了备案,并于同年5月建成投产使用,巢湖市安监局疏于监督管理,在长时间内没有要求巢湖市新恒生纺织有限公司备案建设项目安全设施"三同时"材料,属未能正确履行法定职责。同时,巢湖市安监局在收到原告的举报后,对巢湖市新恒生纺织有限公司进行了相应的调查,确认该公司进行了生产设施改、扩建建设项目,且没有备案安全设施"三同时"材料,仅作出责令该公司限期报备的行政行为,但在责令报备期限届满后,该公司仍未报备的情况下,被告仍没有依法作出相应的行政处罚,同样属于不履行法定职责,应为违法。原告诉被告行政不作为成立,法院予以支持。

---

〔1〕 参见安徽省巢湖市人民法院(2015)巢行初字第00014号案例。

实用小贴士

安全生产职业举报人

实践中，有以举报安全生产事故隐患或违法行为为职业的人，他们属于职业举报人。对于职业举报人一次举报多个安全生产违法行为或者事故隐患的，应对举报的每一个安全生产违法行为或者事故隐患进行奖励，而不能仅奖励一次。

第七十七条 【舆论监督】新闻、出版、广播、电影、电视等单位有进行安全生产公益宣传教育的义务，有对违反安全生产法律、法规的行为进行舆论监督的权利。

适用要点

本条是关于有关单位安全生产公益宣传教育的义务和监督安全生产违法行为的权利的规定。

新闻、出版、广播、电影、电视等单位的性质和特点，决定了他们在安全生产宣传教育中的独特地位和作用。为了确保安全生产宣传教育工作取得成效，加强对安全生产违法行为的监督，本条明确规定新闻、出版、广播、电影、电视等单位有进行安全生产公益宣传教育的义务，同时有权利对安全生产违法行为进行舆论监督。

一、新闻、出版、广播、电影、电视等单位的安全生产公益宣传教育义务

新闻、出版、广播、电影、电视等单位进行安全生产公益宣传教育，是其应该履行的法定义务，对政府及其有关部门提出的安全生产宣传教育任务，新闻、出版、广播、电影、电视等单位不应拒绝、推托，而应当积极配合完成，且原则上不能收取费用。安全生产公益宣传教育主要包括有关安全生产的法律、法规，有关安全生产知识，典型的安全生产案例等的宣传。当然，对非公益性的安全生产宣传教育，新闻等单位可以收取相应

费用。

二、新闻、出版、广播、电影、电视等单位的舆论监督权

新闻、出版、广播、电影、电视等单位的舆论监督透明度高、传播面广、影响力大，对违反安全生产法律、法规的单位和个人有特殊的威慑作用，是一种有效的监督方式。舆论监督指向的对象是“违反安全生产法律、法规的行为”，既包括生产经营单位及其管理人员、从业人员的安全生产违法行为，也包括负有安全生产监督管理职责的部门及其工作人员滥用职权或者不依法履行安全生产监管职责的行为。

第七十八条 【违法行为信息库】负有安全生产监督管理职责的部门应当建立安全生产违法行为信息库，如实记录生产经营单位及其有关从业人员的安全生产违法行为信息；对违法行为情节严重的生产经营单位及其有关从业人员，应当及时向社会公告，并通报行业主管部门、投资主管部门、自然资源主管部门、生态环境主管部门、证券监督管理机构以及有关金融机构。有关部门和机构应当对存在失信行为的生产经营单位及其有关从业人员采取加大执法检查频次、暂停项目审批、上调有关保险费率、行业或者职业禁入等联合惩戒措施，并向社会公示。

负有安全生产监督管理职责的部门应当加强对生产经营单位行政处罚信息的及时归集、共享、应用和公开，对生产经营单位作出处罚决定后七个工作日内在监督管理部门公示系统予以公开曝光，强化对违法失信生产经营单位及其有关从业人员的社会监督，提高全社会安全生产诚信水平。

条文对照

2014 年《安全生产法》	2021 年《安全生产法》
第七十五条　负有安全生产监督管理职责的部门应当建立安全生产违法行为信息库,如实记录生产经营单位的安全生产违法行为信息;对违法行为情节严重的生产经营单位,应当向社会公告,并通报行业主管部门、投资主管部门、国土资源主管部门、证券监督管理机构以及有关金融机构。	**第七十八条**　负有安全生产监督管理职责的部门应当建立安全生产违法行为信息库,如实记录生产经营单位**及其有关从业人员**的安全生产违法行为信息;对违法行为情节严重的生产经营单位**及其有关从业人员**,应当**及时**向社会公告,并通报行业主管部门、投资主管部门、**自然**资源主管部门、**生态环境主管部门**、证券监督管理机构以及有关金融机构。**有关部门和机构应当对存在失信行为的生产经营单位及其有关从业人员采取加大执法检查频次、暂停项目审批、上调有关保险费率、行业或者职业禁入等联合惩戒措施,并向社会公示。** **负有安全生产监督管理职责的部门应当加强对生产经营单位行政处罚信息的及时归集、共享、应用和公开,对生产经营单位作出处罚决定后七个工作日内在监督管理部门公示系统予以公开曝光,强化对违法失信生产经营单位及其有关从业人员的社会监督,提高全社会安全生产诚信水平。**

适用要点

第 78 条是关于违法行为信息公示和对违法行为联合惩戒的规定。

一、建立安全生产违法行为信息库

负有安全生产监督管理职责的部门应当建立安全生产违法行为信息库，如实记录生产经营单位及其有关从业人员的安全生产违法行为信息。

二、违法行为信息共享

对违法行为情节严重的生产经营单位及其有关从业人员，负有安全生产监督管理职责的部门应当及时向社会公告，并通报行业主管部门、投资主管部门、自然资源主管部门、生态环境主管部门、证券监督管理机构以及有关金融机构。这里的"及时"并非"立即"，应根据实际情况确定向社会公告的时间。

三、对失信行为的联合惩戒

为对失信生产经营单位及其有关人员实施有效惩戒，督促生产经营单位严格履行安全生产主体责任、依法依规开展生产经营活动，国家安全生产监督管理总局2017年通过了《对安全生产领域失信行为开展联合惩戒的实施办法》。"失信行为"主要包括：(1)发生较大及以上生产安全责任事故，或1年内累计发生3起及以上造成人员死亡的一般生产安全责任事故的；(2)未按规定取得安全生产许可，擅自开展生产经营建设活动的；(3)发现重大生产安全事故隐患，或职业病危害严重超标，不及时整改，仍组织从业人员冒险作业的；(4)采取隐蔽、欺骗或阻碍等方式逃避、对抗安全监管监察的；(5)被责令停产停业整顿，仍然从事生产经营建设活动的；(6)瞒报、谎报、迟报生产安全事故的；(7)矿山、危险化学品、金属冶炼等高危行业建设项目安全设施未经验收合格即投入生产和使用的；(8)矿山生产经营单位存在超层越界开采、以探代采行为的；(9)发生事故后，故意破坏事故现场，伪造有关证据资料，妨碍、对抗事故调查，或主要负责人逃逸的；(10)安全生产和职业健康技术服务机构出具虚假报告或证明，违规转让或出借资质的。

联合惩戒措施包括加大执法检查频次、暂停项目审批、上调有关保险费率、行业或者职业禁入等。生产经营单位及其有关人员的失信行为、惩戒措施等应向社会公示。

四、行政处罚信息的归集、共享、应用和公开

《行政处罚法》第48条第1款规定,具有一定社会影响的行政处罚决定应当依法公开。本条规定“负有安全生产监督管理职责的部门应当加强对生产经营单位行政处罚信息的及时归集、共享、应用和公开”。所以,安全生产违法行为行政处罚信息应公开,不限于“具有一定社会影响的行政处罚决定”。公开的方式是“在监督管理部门公示系统予以公开曝光”;公开的时间要求是“对生产经营单位作出处罚决定后七个工作日内”要公开;公开的目的是强化对违法失信生产经营单位及其有关从业人员的社会监督,提高全社会安全生产诚信水平。

第五章　生产安全事故的应急救援与调查处理

第七十九条　【加强生产安全事故应急能力建设】国家加强生产安全事故应急能力建设，在重点行业、领域建立应急救援基地和应急救援队伍，并由国家安全生产应急救援机构统一协调指挥；鼓励生产经营单位和其他社会力量建立应急救援队伍，配备相应的应急救援装备和物资，提高应急救援的专业化水平。

国务院应急管理部门牵头建立全国统一的生产安全事故应急救援信息系统，国务院交通运输、住房和城乡建设、水利、民航等有关部门和县级以上地方人民政府建立健全相关行业、领域、地区的生产安全事故应急救援信息系统，实现互联互通、信息共享，通过推行网上安全信息采集、安全监管和监测预警，提升监管的精准化、智能化水平。

条文对照

2014 年《安全生产法》	2021 年《安全生产法》
第七十六条　国家加强生产安全事故应急能力建设，在重点行业、领域建立应急救援基地和应急救援队伍，鼓	**第七十九条**　国家加强生产安全事故应急能力建设，在重点行业、领域建立应急救援基地和应急救援队伍，**并**

续表

2014 年《安全生产法》	2021 年《安全生产法》
励生产经营单位和其他社会力量建立应急救援队伍，配备相应的应急救援装备和物资，提高应急救援的专业化水平。 国务院~~安全生产监督~~管理部门建立全国统一的生产安全事故应急救援信息系统，国务院有关部门建立健全相关行业、领域的生产安全事故应急救援信息系统。	**由国家安全生产应急救援机构统一协调指挥**；鼓励生产经营单位和其他社会力量建立应急救援队伍，配备相应的应急救援装备和物资，提高应急救援的专业化水平。 国务院**应急**管理部门**牵头**建立全国统一的生产安全事故应急救援信息系统，国务院**交通运输、住房和城乡建设、水利、民航等**有关部门**和县级以上地方人民政府**建立健全相关行业、领域、**地区**的生产安全事故应急救援信息系统，**实现互联互通、信息共享，通过推行网上安全信息采集、安全监管和监测预警，提升监管的精准化、智能化水平**。

适用要点

第 79 条是关于国家加强生产安全事故应急能力建设的规定。

安全生产以“预防为主”，但在今后相当长的一段时期内，事故发生不可能完全避免，事故发生后应急救援工作对防止事故扩大及减少事故损失具有重要意义。因此，我们在预防事故的同时，必须切实提高生产安全事故应急能力，尽可能控制、减少、消除生产安全事故造成的损害。这就需要不断加强国家生产安全事故应急能力建设，提高应急救援的专业化水平。

一、国家在重点行业、领域建立应急救援基地和应急救援队伍

国家加强生产安全事故应急能力建设，在重点行业、领域建立应急救

援基地和应急救援队伍。这里的“重点行业、领域”主要是消防、矿山救护、危险化学品等行业、领域。县级以上人民政府应当加强对生产安全事故应急救援队伍建设的统一规划、组织和指导。县级以上人民政府负有安全生产监督管理职责的部门根据生产安全事故应急工作的实际需要，在重点行业、领域单独建立或者依托有条件的生产经营单位、社会组织共同建立应急救援队伍，并由国家安全生产应急救援机构统一协调指挥。

二、鼓励生产经营单位和其他社会力量建立应急救援队伍

除国家建立应急救援基地和应急救援队伍外，为更好地加强应急能力建设，还需要生产经营单位和其他社会力量的积极参与。因此，国家鼓励和支持生产经营单位和其他社会力量建立提供社会化应急救援服务的应急救援队伍。本法第 82 条以及《生产安全事故应急条例》对生产经营单位应急救援队伍建设作了专门规定，生产经营单位应急救援队伍建设应依据这些规定执行。国家鼓励其他社会力量建立应急救援队伍，如依托共青团组织、中国红十字会、中国青年志愿者协会、基层社区以及其他组织，建立形式多样的应急志愿者队伍等。各级政府应当重视专业应急救援队伍和非专业应急队伍的联合培训、联合演练，提高应急队伍的合作应急、协调应急能力。

应急救援队伍的应急救援人员应当具备必要的专业知识、技能、身体素质和心理素质。应急救援队伍建立单位或者兼职应急救援人员所在单位应当按照国家有关规定对应急救援人员进行培训；应急救援人员经培训合格后，方可参加应急救援工作。应急救援队伍应当配备必要的应急救援装备和物资，并定期组织训练。

三、配备相应的应急救援装备和物资，提高应急救援的专业化水平

县级以上地方人民政府应当根据本行政区域内可能发生的生产安全事故的特点和危害，储备必要的应急救援装备和物资，并及时更新和补充，提高应急救援的专业化水平。

四、国务院应急管理部门和其他有关部门建立生产安全事故应急救援信息系统

安全生产事故往往事出突然，只有及时了解掌握安全生产事故的真实信息，才能正确、及时进行预测、研判，快速处置和救援。国家层面应当充分利用现代信息技术，整合现有信息汇集、传输渠道，建立高效统一、安全可靠、反应迅速的生产安全事故应急救援信息系统：一是国务院应急管理部门牵头建立全国统一的生产安全事故应急救援信息系统；二是国务院交通运输、住房和城乡建设、水利、民航等有关部门建立健全相关地区的生产安全事故应急救援信息系统；三是县级以上地方人民政府建立健全本地区的生产安全事故应急救援信息系统。这些生产安全事故应急救援信息系统之间要实现互联互通、信息共享，通过推行网上安全信息采集、安全监管和监测预警，提升监管的精准化、智能化水平。

典型案例

仪陇县华益天然气有限责任公司与南充市公安局交通警察支队行政纠纷案[1]

裁判要旨：按照2014年《安全生产法》第76条第1款“国家加强生产安全事故应急能力建设，在重点行业、领域建立应急救援基地和应急救援队伍，鼓励生产经营单位和其他社会力量建立应急救援队伍，配备相应的应急救援装备和物资，提高应急救援的专业化水平”和第79条第2款“危险物品的生产、经营、储存、运输单位以及矿山、金属冶炼、城市轨道交通运营、建筑施工单位应当配备必要的应急救援器材、设备和物资，并进行经常性维护、

〔1〕 参见四川省南充市顺庆区人民法院（2015）顺庆行初字第119号案例。

保养,保证正常运转”之规定,原告应当配备必要的应急救援器材、设备和物资,应包含救险车,可在危险到来时,迅速施救,一方面可减少人民的生命、财产损失,另一方面也可减少企业经营损失。车辆使用性质由行业主管部门审查,故根据原告华益天然气公司经营性质、经营范围、经营区域及行业主管部门意见分析,原告应当配备救险车。

本案原告华益天然气公司在使用期限届满前向被告交警支队申请延续工程救险车川 RM2911 使用证的使用期限,被告华益天然气公司以原告系民营企业,没有对公用设施抢险救援的法定职责为由,口头予以拒绝。违背了2014年《安全生产法》第76条规定,确认其行政行为违法。

第八十条 【各级人民政府建立应急救援体系】县级以上地方各级人民政府应当组织有关部门制定本行政区域内生产安全事故应急救援预案,建立应急救援体系。

乡镇人民政府和街道办事处,以及开发区、工业园区、港区、风景区等应当制定相应的生产安全事故应急救援预案,协助人民政府有关部门或者按照授权依法履行生产安全事故应急救援工作职责。

条文对照

2014年《安全生产法》	2021年《安全生产法》
第七十七条 县级以上地方各级人民政府应当组织有关部门制定本行政区域内生产安全事故应急救援预案,建立应急救援体系。	**第八十条** 县级以上地方各级人民政府应当组织有关部门制定本行政区域内生产安全事故应急救援预案,建立应急救援体系。 **乡镇人民政府和街道办事处,以及开发区、工业园区、港区、风景区等应当**

续表

2014 年《安全生产法》	2021 年《安全生产法》
	制定相应的生产安全事故应急救援预案，协助人民政府有关部门或者按照授权依法履行生产安全事故应急救援工作职责。

适用要点

第 80 条是关于地方各级人民政府、街道办事处以及开发区、工业园区、港区、风景区等制定生产安全事故应急救援预案的规定。

一、县级以上地方各级人民政府应当组织有关部门制定本行政区域内生产安全事故应急救援预案，建立应急救援体系

（一）生产安全事故应急工作的领导

国务院统一领导全国的生产安全事故应急工作，县级以上地方人民政府统一领导本行政区域内的生产安全事故应急工作。生产安全事故应急工作涉及两个以上行政区域的，由有关行政区域共同的上一级人民政府负责，或者由各有关行政区域的上一级人民政府共同负责。县级以上人民政府应急管理部门和其他负有安全生产监督管理职责的部门在各自职责范围内，做好有关行业、领域的生产安全事故应急工作。县级以上人民政府应急管理部门指导、协调本级人民政府其他负有安全生产监督管理职责的部门和下级人民政府的生产安全事故应急工作。

（二）县级以上地方各级人民政府应当组织有关部门制定本行政区域内生产安全事故应急救援预案

县级以上地方各级人民政府及其负有安全生产监督管理职责的部门应当针对可能发生的生产安全事故的特点和危害，进行风险辨识和评估，

制定相应的生产安全事故应急救援预案，并依法向社会公布。县级以上地方各级人民政府负有安全生产监督管理职责的部门应当将其制定的生产安全事故应急救援预案报送本级人民政府备案。

（三）县级以上地方各级人民政府应当组织有关部门建立应急救援体系

应急救援体系是指保证应急救援预案的具体落实所需要的组织、人力、物力等各种要素及其调配关系的总和。应急救援体系应当与应急救援预案相协调。同时，应急救援体系应当是一个统一指挥、分工明确、协调配合，在发生生产安全事故时能迅速启动的体系。由于制定应急救援预案和建立应急救援体系涉及多个部门，需要有较大的权威和有力的指挥、协调，单靠任何一个或者几个部门都难以完成。因此，本条规定由县级以上地方各级人民政府组织有关部门来履行这项职责，是符合实际情况的。

二、乡镇人民政府和街道办事处以及开发区、工业园区、港区、风景区等应急职责

1. 应当制定相应的生产安全事故应急救援预案。乡、镇人民政府以及街道办事处等地方人民政府派出机关以及开发区、工业园区、港区、风景区等应当针对可能发生的生产安全事故的特点和危害，进行风险辨识和评估，制定相应的生产安全事故应急救援预案，并依法向社会公布。

2. 乡、镇人民政府以及街道办事处等地方人民政府派出机关以及开发区、工业园区、港区、风景区等应当协助上级人民政府有关部门依法履行生产安全事故应急工作职责。

实用小贴士

生产安全事故应急救援预案制定单位修订相关预案的情形

生产安全事故应急救援预案应当符合有关法律、法规、规章和标准的规定，具有科学性、针对性和可操作性，明确规定应急组织体系、职责分工以及应急救援程序和措施。有下列情形之一的，生产安全事故应急救援预案制定单位应当及时修订相关预案：(1)制定预案依据的法律、法规、规章、标准发生重大变化；(2)应急指挥机构及其职责发生调整；(3)安全生产面临的风险发生重大变化；(4)重要应急资源发生重大变化；(5)在预案演练或者应急救援中发现需要修订预案的重大问题；(6)其他应当修订的情形。

第八十一条　【生产经营单位制定应急救援预案】生产经营单位应当制定本单位生产安全事故应急救援预案，与所在地县级以上地方人民政府组织制定的生产安全事故应急救援预案相衔接，并定期组织演练。

适用要点

本条是关于生产经营单位制定并定期组织演练本单位生产安全事故应急救援预案的规定。

一、生产经营单位应当制定本单位生产安全事故应急救援预案

生产经营单位发生生产安全事故后，从事故应急救援来说，事故发生单位处于最直接的地位，应在第一时间迅速组织事故抢救。为保证事故应急救援紧张有序地展开，客观上需要生产经营单位制定生产安全事故应急救援预案。

生产经营单位应当针对本单位可能发生的生产安全事故的特点和危害，进行风险辨识和评估，制定相应的生产安全事故应急救援预案，并向本单位从业人员公布。易燃易爆物品、危险化学品等危险物品的生产、经营、储存、运输单位，矿山、金属冶炼、城市轨道交通运营、建筑施工单位，以及宾馆、商场、娱乐场所、旅游景区等人员密集场所经营单位，应当将其制定的生产安全事故应急救援预案按照国家有关规定报送县级以上人民

政府负有安全生产监督管理职责的部门备案,并依法向社会公布。

为规范生产安全事故应急预案管理工作,迅速有效处置生产安全事故,依据《突发事件应对法》《安全生产法》《生产安全事故应急条例》等法律、行政法规和《突发事件应急预案管理办法》,应急管理部制定了《生产安全事故应急预案管理办法》。该办法对应急预案的编制,应急预案的评审、公布和备案,应急预案的实施等作了进一步细化规定。

二、生产经营单位制定的预案应当与政府组织制定的预案相衔接

地方各级人民政府应急管理部门和其他负有安全生产监督管理职责的部门应当根据法律、行政法规、部门规章和同级人民政府以及上一级人民政府应急管理部门和其他负有安全生产监督管理职责的部门的应急预案,结合工作实际,组织编制相应的部门应急预案。部门应急预案应当根据本地区、本部门的实际情况,明确信息报告、响应分级、指挥权移交、警戒疏散等内容。县级以上地方人民政府组织制定的生产安全事故应急救援预案是综合性的,适用于本地区所有生产经营单位。生产经营单位制定的本单位事故应急救援预案应与综合性应急救援预案相衔接,确保协调一致,互相配套,一旦启动能够顺畅运行,提高事故应急救援工作的效率。

三、生产经营单位应当对应急救援预案定期组织演练

生产经营单位必须对事故应急救援预案定期组织演练,使本单位主要负责人、有关管理人员和从业人员都能够身临其境积累"实战"经验,熟悉、掌握应急救援预案的各项内容和要求,相互协作、配合。同时,通过组织演练,也能够进一步检验应急救援预案是否科学合理,发现存在的问题,及时调整完善。

生产经营单位应当制定本单位的应急预案演练计划,根据本单位的事故风险特点,每年至少组织一次综合应急预案演练或者专项应急预案演练,每半年至少组织一次现场处置方案演练。易燃易爆物品、危险化学

品等危险物品的生产、经营、储存、运输单位，矿山、金属冶炼、城市轨道交通运营、建筑施工单位，以及宾馆、商场、娱乐场所、旅游景区等人员密集场所经营单位，应当至少每半年组织一次生产安全事故应急预案演练，并将演练情况报送所在地县级以上地方人民政府负有安全生产监督管理职责的部门。县级以上地方人民政府负有安全生产监督管理职责的部门应当对本行政区域内上述重点生产经营单位的生产安全事故应急救援预案演练进行抽查；发现演练不符合要求的，应当责令限期改正。

实用小贴士

生产安全事故应急预案的分类

生产经营单位应急预案分为综合应急预案、专项应急预案和现场处置方案。综合应急预案，是指生产经营单位为应对各种生产安全事故而制定的综合性工作方案，是本单位应对生产安全事故的总体工作程序、措施和应急预案体系的总纲。专项应急预案，是指生产经营单位为应对某一种或者多种类型生产安全事故，或者针对重要生产设施、重大危险源、重大活动防止生产安全事故而制定的专项性工作方案。现场处置方案，是指生产经营单位根据不同的生产安全事故类型，针对具体场所、装置或者设施情况制定的应急处置措施。

第八十二条 【高危行业生产经营单位的应急救援义务】危险物品的生产、经营、储存单位以及矿山、金属冶炼、城市轨道交通运营、建筑施工单位应当建立应急救援组织；生产经营规模较小的，可以不建立应急救援组织，但应当指定兼职的应急救援人员。

危险物品的生产、经营、储存、运输单位以及矿山、金属冶炼、城市轨道交通运营、建筑施工单位应当配备必要的应急救援器材、设备和物资，并进行经常性维护、保养，保证正常运转。

适用要点

本条是关于对高危行业的生产经营单位应急救援义务的规定。

一、生产经营单位应急救援队伍建设

各生产经营单位的危险性和从业人员差别较大，规模小的如个体工商户，大的如国有大型企业，不宜对规模、性质、主营业务等不同的生产经营单位在生产安全事故应急救援队伍方面作出相同要求。所以，本条规定“危险物品的生产、经营、储存单位以及矿山、金属冶炼、城市轨道交通运营、建筑施工单位应当建立应急救援组织；生产经营规模较小的，可以不建立应急救援组织，但应当指定兼职的应急救援人员”。

《生产安全事故应急条例》进一步扩大了这一范围，易燃易爆物品、危险化学品等危险物品的生产、经营、储存、运输单位，矿山、金属冶炼、城市轨道交通运营、建筑施工单位，以及宾馆、商场、娱乐场所、旅游景区等人员密集场所经营单位，应当建立应急救援队伍；其中，小型企业或者微型企业等规模较小的生产经营单位，可以不建立应急救援队伍，但应当指定兼职的应急救援人员，并且可以与邻近的应急救援队伍签订应急救援协议。工业园区、开发区等产业聚集区域内的生产经营单位，可以联合建立应急救援队伍。对于高危行业或者人员密集场所经营单位，应当建立应急救援队伍。

二、生产安全事故应急救援物资的准备

在有关场所配备必要的应急救援器材、设备、物资，可以在发生生产安全事故时，利用预先配备的应急救援器材、设备和物资展开自救和他救工作，以便更有效地应对和处置生产安全事故，避免事故情况进一步恶化。所以，易燃易爆物品、危险化学品等危险物品的生产、经营、储存、运输单位，矿山、金属冶炼、城市轨道交通运营、建筑施工单位，以及宾馆、商场、娱乐场所、旅游景区等人员密集场所经营单位，应当根据本单位可能

发生的生产安全事故的特点和危害，配备必要的灭火、排水、通风以及危险物品稀释、掩埋、收集等应急救援器材、设备和物资，并进行经常性维护、保养，保证正常运转。

典型案例

江苏振阳毯业有限公司与中国人民财产保险股份有限公司盐城市分公司保险纠纷案[1]

裁判要旨：本案中，振阳公司仓库发生火灾，储藏在仓库内的货物燃烧受损，由射阳县公安消防大队射阳中队出警到现场灭火，后发现燃烧物中包含保险粉等危险化学品，消防大队调动了县内某混凝土公司的干水泥将火扑灭。本案涉火灾燃烧的货物包括保险粉等危险化学品，根据2014年《安全生产法》第79条第2款的规定，危险物品的生产、经营、储存、运输单位以及矿山、金属冶炼、城市轨道交通运营、建筑施工单位应当配备必要的应急救援器材、设备和物资，并进行经常性维护、保养，保证正常运转。振阳公司储藏危险品，没有通过调动本单位的应急救援物资灭火，况且，振阳公司作为保险粉的保管使用单位，对保险粉遇水燃烧的后果应是知晓的，在收到射阳安监局出具的火灾原因证明后未提出异议，并作为申请材料向人财保盐城分公司申请理赔，说明振阳公司认可了火灾产生的原因。因此，射阳安监局作出的火灾原因认定是客观和科学的。火灾原因为自燃，不属于保险理赔的范围。不支持原告的诉讼请求。

[1] 参见江苏省盐城市中级人民法院(2018)苏09民终3069号案例。

第八十三条 【安全事故报告和抢救义务】生产经营单位发生生产安全事故后,事故现场有关人员应当立即报告本单位负责人。

单位负责人接到事故报告后,应当迅速采取有效措施,组织抢救,防止事故扩大,减少人员伤亡和财产损失,并按照国家有关规定立即如实报告当地负有安全生产监督管理职责的部门,不得隐瞒不报、谎报或者迟报,不得故意破坏事故现场、毁灭有关证据。

适用要点

本条是关于生产经营单位发生事故后的报告和抢救义务的规定。

一、事故发生后的报告义务

首先,事故发生后,事故现场有关人员应当立即报告本单位负责人。其次,本单位负责人接到事故报告后,按照国家有关规定立即如实报告当地负有安全生产监督管理职责的部门,不得以任何理由隐瞒不报、谎报或者拖延不报。2007 年实施的《生产安全事故报告和调查处理条例》对事故单位的报告义务、报告内容、报告程序、现场保护和组织抢救等作了明确规定。根据该条例的规定,单位负责人在接到报告后应当在 1 个小时内向事故发生地县级以上人民政府应急管理部门和负有安全生产监督管理职责的有关部门报告。情况紧急的,现场有关人员可以直接向事故发生地县级以上人民政府应急管理部门和负有安全生产监督管理职责的有关部门报告。报告的内容包括:(1)事故发生单位概况;(2)事故发生的时间、地点以及事故现场情况;(3)事故的简要经过;(4)事故已经造成或者可能造成的伤亡人数(包括下落不明的人数)和初步估计的直接经济损失;(5)已经采取的措施;(6)其他应当报告的情况。事故出现新情况的,应及时补报。事故报告应当及时、准确、完整,任何单位和个人对事故不得迟报、漏报、谎报或者瞒报。

二、事故发生单位负责人组织抢救义务

生产安全事故发生后，组织抢救是生产经营单位的首要任务，组织抢救包括组织救护组织抢救和从业人员自救。生产经营单位负责人在接到报告后，应当立即启动事故相应应急预案，或者采取有效措施，组织抢救，防止事故扩大，减少人员伤亡和财产损失。在事故发生后，不立即组织抢救或者在事故调查处理期间事故单位负责人擅离职守或者逃匿的，依法追究其法律责任。

三、事故单位负责人保护现场的义务

事故现场和有关证据是调查事故原因、查明事故性质和责任的重要方面，必须保护好事故现场、保存好有关证据，不得故意破坏。所以，本条第2款规定，生产经营单位负责人不得故意破坏事故现场、毁灭有关证据。因抢救人员和国家财产，防止事故扩大而需移动现场部分物件时，必须作出标志，绘制事故现场图，摄影或录像并详细说明。清理事故现场，要经事故调查组同意后方可进行。

典型案例

武汉市武昌区安全生产监督管理局、××喜非诉执行审查案[1]

裁判要旨：本案中，羽毛球馆组顶部灯光安装施工过程中，发生一起高坠伤亡事故，工人在进行球馆顶部灯架焊接安装时，移动作业平台发生倾倒垮塌，造成施工现场一名作业工人死亡，另外一名作业工人受伤。湖北犇拓体育科技有限公司作为事故发生单位，负有安全责任不落实、安全管理不到位的责

〔1〕 参见湖北省武汉市武昌区人民法院(2018)鄂0106行审17号案例。

任。在事故发生后未及时向有关部门报告事故情况,并清理现场,有相关当事人的询问笔录、现场证物照片、现场勘验笔录为证。以上事实违反了2014年《安全生产法》第80条的规定,依据《生产安全事故罚款处罚规定(试行)》第14条第2款的规定,决定给予犇拓公司50万元罚款的行政处罚。犇拓公司应当自收到本处罚决定之日起15日内缴纳罚款,到期不缴每日按罚款数额的3%加处罚款。申请执行人在处罚决定中告知了犇拓公司可申请行政复议或者提起行政诉讼的途径和期限。申请执行人区安监局作出的处罚决定事实清楚、证据充分、适用法律正确、程序合法,符合强制执行条件且已发生法律效力。由于犇拓公司已注销,不具有民事主体资格,犇拓公司注销时,提交了全体投资人承诺书,但未有证据显示已经清算,且处罚决定确未执行。

第八十四条　【行政机关事故报告义务】负有安全生产监督管理职责的部门接到事故报告后,应当立即按照国家有关规定上报事故情况。负有安全生产监督管理职责的部门和有关地方人民政府对事故情况不得隐瞒不报、谎报或者迟报。

适用要点

本条是关于行政机关事故报告的规定。

一、负有安全生产监督管理职责的部门依法报告事故

生产经营单位按照本法第83条和《生产安全事故报告和调查处理条例》的规定,将发生的事故报告给负有安全生产监督管理职责的部门。负有安全生产监督管理职责的部门接到生产经营单位的事故报告后,应当立即按照《生产安全事故报告和调查处理条例》的有关规定上报事故情况。

《生产安全事故报告和调查处理条例》对行政机关事故报告的具体程序、报告内容、报告时限等作了规定。事故报告应当及时、准确、完整,任何单位和个人对事故不得迟报、漏报、谎报或者瞒报。任何单位和个人不得阻挠和干涉对事故的报告。应急管理部门和负有安全生产监督管理职责的有关部门接到事故报告后,应当依照下列规定上报事故情况,并通知公安机关、劳动保障行政部门、工会和人民检察院:(1)特别重大事故、重大事故逐级上报至国务院应急管理部门和负有安全生产监督管理职责的有关部门;(2)较大事故逐级上报至省、自治区、直辖市人民政府应急管理部门和负有安全生产监督管理职责的有关部门;(3)一般事故上报至设区的市级人民政府应急管理部门和负有安全生产监督管理职责的有关部门。应急管理部门和负有安全生产监督管理职责的有关部门依照前款规定上报事故情况,应当同时报告本级人民政府。国务院应急管理部门和负有安全生产监督管理职责的有关部门以及省级人民政府接到发生特别重大事故、重大事故的报告后,应当立即报告国务院。必要时,应急管理部门和负有安全生产监督管理职责的有关部门可以越级上报事故情况。

应急管理部门和负有安全生产监督管理职责的有关部门逐级上报事故情况,每级上报的时间不得超过2小时。

二、负有安全生产监督管理职责的部门和有关地方人民政府对事故情况不得隐瞒不报、谎报或者迟报

负有安全生产监督管理职责的部门和有关地方人民政府对事故情况不得隐瞒不报、谎报或者迟报,有关地方人民政府、负有安全生产监督管理职责的部门,对生产安全事故隐瞒不报、谎报或者迟报的,按照《安全生产法》第111条的规定,对直接负责的主管人员和其他直接责任人员依法给予处分;构成犯罪的,依照刑法有关规定追究刑事责任。

迟报、漏报、谎报和瞒报,依照下列情形认定:(1)报告事故的时间超过规定时限的,属于迟报;(2)因过失对应当上报的事故或者事故发生的时间、地点、类别、伤亡人数、直接经济损失等内容遗漏未报的,属于漏报;

(3)故意不如实报告事故发生的时间、地点、初步原因、性质、伤亡人数和涉险人数、直接经济损失等有关内容的,属于谎报;(4)隐瞒已经发生的事故,超过规定时限未向安全监管监察部门和有关部门报告,经查证属实的,属于瞒报。

典型案例

国维标、夏香女等与象山县东陈乡人民政府行政管理纠纷案[1]

裁判要旨:本案中,被告诉称没有隐瞒不报、谎报或者迟报的行为。2014年《安全生产法》第81条规定:"负有安全生产监督管理职责的部门接到事故报告后,应当立即按照国家有关规定上报事故情况。负有安全生产监督管理职责的部门和有关地方人民政府对事故情况不得隐瞒不报、谎报或者迟报。"此条法律规定有关地方人民政府对事故情况不得隐瞒不报、谎报或者迟报的前提是生产经营单位发生生产安全事故。象山丹南城市建设投资有限公司与天海风(宁波)体育文化发展有限公司虽然签署了投资合作协议,但是项目建设截止日期为2022年4月,建设范围也是分步、分区、逐步推进,直至项目全部建成。到判决前,遇害者所处位置并未开始规划建设。同时,基于海滨沙滩的实际需求,完全没有办法将整片沙滩全封闭。同时,象山县公安局东陈派出所出具的居民死亡医学证明(推断)书死亡原因栏显示:未发现暴力性损伤致死迹象。现有证据从中排除了遇害者属于生产安全事故,地方人民政府没有报告的义务。综上所述,针对原告的诉讼请求,被告依据相关事实和法律认为象山县东陈乡人民政府不是适格被告。法院也据此联系其他证据,依法驳回原告诉讼请求。

---

[1] 参见浙江省宁波市海曙区人民法院(2020)浙0203行初45号案例。

第八十五条 【事故抢救】有关地方人民政府和负有安全生产监督管理职责的部门的负责人接到生产安全事故报告后,应当按照生产安全事故应急救援预案的要求立即赶到事故现场,组织事故抢救。

参与事故抢救的部门和单位应当服从统一指挥,加强协同联动,采取有效的应急救援措施,并根据事故救援的需要采取警戒、疏散等措施,防止事故扩大和次生灾害的发生,减少人员伤亡和财产损失。

事故抢救过程中应当采取必要措施,避免或者减少对环境造成的危害。

任何单位和个人都应当支持、配合事故抢救,并提供一切便利条件。

适用要点

本条是关于生产安全事故抢救的规定。

一、有关地方人民政府和负有安全生产监督管理职责的部门的负责人的责任

接到生产安全事故报告后,有关地方人民政府和负有安全生产监督管理职责的部门的负责人应当立即启动相应的生产安全事故应急救援预案,按照生产安全事故应急救援预案的要求立即赶到事故现场,组织事故抢救。

二、对参与事故抢救的部门和单位的要求

一是统一指挥。生产安全事故现场抢救是事故应对的一个关键环节,涉及控制现场、消除危害、抢救伤员、保护财产等一系列工作,也涉及

多个部门协同作战，工作的紧急性和复杂性强，故在事故抢救过程中参与事故抢救的部门和单位应当服从统一指挥，加强协同联动。二是采取有效的应急救援措施。根据事故救援的需要采取警戒、疏散等措施，防止事故扩大和次生灾害的发生，减少人员伤亡和财产损失。

三、避免或者减少事故对环境造成的危害

发生生产安全事故的，通常伴随毒害、腐蚀甚至放射性物质的泄漏或扩散，直接威胁生态环境。因此，事故抢救过程中应当采取必要措施，避免或者减少对环境造成的危害。

四、任何单位和个人都应当支持、配合事故抢救，并提供一切便利条件

事故的抢救，不仅需要生产经营单位的自我救助，政府和安全生产监管部门的组织抢救，还需要有关单位和个人的支持和配合。每个单位和个人都要从保护人民生命财产安全、维护社会公众利益、国家利益的高度来认识生产事故的抢救问题，对事故抢救要积极支持、配合，提供一切可能的便利条件。

第八十六条　【事故调查处理的原则】事故调查处理应当按照科学严谨、依法依规、实事求是、注重实效的原则，及时、准确地查清事故原因，查明事故性质和责任，评估应急处置工作，总结事故教训，提出整改措施，并对事故责任单位和人员提出处理建议。事故调查报告应当依法及时向社会公布。事故调查和处理的具体办法由国务院制定。

事故发生单位应当及时全面落实整改措施，负有安全生产监督管理职责的部门应当加强监督检查。

负责事故调查处理的国务院有关部门和地方人民政府应当在批复事故调查报告后一年内，组织有关部门对事故整改和防范措

施落实情况进行评估，并及时向社会公开评估结果；对不履行职责导致事故整改和防范措施没有落实的有关单位和人员，应当按照有关规定追究责任。

条文对照

2014 年《安全生产法》	2021 年《安全生产法》
第八十三条　事故调查处理应当按照科学严谨、依法依规、实事求是、注重实效的原则，及时、准确地查清事故原因，查明事故性质和责任，总结事故教训，提出整改措施，并对事故责任者提出处理意见。事故调查报告应当依法及时向社会公布。事故调查和处理的具体办法由国务院制定。 事故发生单位应当及时全面落实整改措施，负有安全生产监督管理职责的部门应当加强监督检查。	**第八十六条**　事故调查处理应当按照科学严谨、依法依规、实事求是、注重实效的原则，及时、准确地查清事故原因，查明事故性质和责任，**评估应急处置工作，**总结事故教训，提出整改措施，并对事故责任**单位和人员**提出处理**建议**。事故调查报告应当依法及时向社会公布。事故调查和处理的具体办法由国务院制定。 事故发生单位应当及时全面落实整改措施，负有安全生产监督管理职责的部门应当加强监督检查。 **负责事故调查处理的国务院有关部门和地方人民政府应当在批复事故调查报告后一年内，组织有关部门对事故整改和防范措施落实情况进行评估，并及时向社会公开评估结果；对不履行职责导致事故整改和防范措施没有落实的有关单位和人员，应当按照有关规定追究责任。**

适用要点

第 86 条是关于事故调查处理的基本原则、主要任务、事故调查和对事故整改防范措施评估的规定。

一、事故调查的原则

事故调查处理应当按照科学严谨、依法依规、实事求是、注重实效的原则。(1)科学严谨,是指事故调查要尊重事故发生的客观规律,采取科学的方法,认真、细致、全面地获取、分析事故调查收集的每一份证据、材料。(2)依法依规,是指事故调查工作要严格遵守有关法律、行政法规的规定,既要遵守其中的实体法规定,还必须遵守程序法规定,确保调查程序正义和结果公正。(3)实事求是,是指事故调查就是要根据客观存在的情况和证据,研究与事故发生的有关事实,寻求事故发生的原因。(4)注重实效,是指在事故调查中既要对事故事实进行充分、准确的还原,也要重注调查的效率,还要在调查过程中及时发现问题,总结经验教训,避免今后发生类似事故。

二、事故调查的主要任务

事故调查的主要任务包括以下几个方面:(1)及时、准确地查清事故原因。及时,就是应在规定的时间内尽快查出事故原因。事故调查组应当自事故发生之日起 60 日内提交事故调查报告;特殊情况下,经负责事故调查的人民政府批准,提交事故调查报告的期限可以适当延长,但延长的期限最长不超过 60 日。准确,是指应当客观地、全面地反映事故发生的原因。查明事故原因,应根据事故调查所确认的事实,从直接原因入手,逐步深入到间接原因,从而掌握事故的全部原因。(2)查明事故性质和责任。这是指要查明事故的类型和具体责任的承担。事故性质是指事故是人为事故还是自然事故,是意外事故还是责任事故。查明事故性质是认定事故责任的前提和基础。如果是人为事故和责任事故,就应当查明哪些人对事故负有责任,负何种责任。事故责任分析,要根据事故调查所确认的事实,通过对直接原因和间接原因的分析,确定事故中的直接责任者和领导责任者;在直接责任和领导责任者中,根据其在事故发生过程中的作用,确定主要责任者。(3)评估应急处置工作。生产安全事故调查组应当对应急救援工作进行评估,并在事故调查报告中作出评估结论。(4)总结事故教训,提出整改措施。安全生产工作的方针是"安全第一,预防为主,综合治理",所以事故调查的宗旨是事故调查分析的目的,强调的是从认真分析事故原因做起,从中接受教训,采取相应措施,防止类似事故再次发生。(5)对事故责任单位和人员提出处理建议。生产安全事故责任追究制度是我国安全生产法的一项基本制度,如果事故属于人为事故和责任事故,事故调查组应该在事故调查报告中查明事故责任单位和人员,并对其提出处理建议。需要说明的是,调查的目的绝不仅仅是发现某人的问题和责任给予惩治,更是要分清责任,做出处理,使生产经营单位领导和职工从中吸取教训,改进工作。

三、事故调查报告的公布

事故调查报告应当及时向社会公开,公开的具体程序、公开范围和公开内容等应按照《政府信息公开条例》的规定进行。事故调查报告应当包括下列内容:(1)事故发生单位概况;(2)事故发生经过和事故救援情况;(3)事故造成的人员伤亡和直接经济损失;(4)事故发生的原因和事故性质;(5)事故责任的认定以及对事故责任者的处理建议;(6)事故防范和整改措施。事故调查报告应当附具有关证据材料。事故调查组成员应当在事故调查报告上签名。

四、事故调查和处理的具体办法

事故调查和处理的情况比较复杂,本法没有作出具体规定,授权由国务院制定具体办法。2007 年国务院制定了《生产安全事故报告和调查处理条例》,对事故调查组的组成、调查程序和具体办法作了规定。

(一)事故调查的具体组织

特别重大事故由国务院或者国务院授权有关部门组织事故调查组进行调查。重大事故、较大事故、一般事故分别由事故发生地省级人民政府、设区的市级人民政府、县级人民政府负责调查。省级人民政府、设区的市级人民政府、县级人民政府可以直接组织事故调查组进行调查,也可以授权或者委托有关部门组织事故调查组进行调查。未造成人员伤亡的一般事故,县级人民政府也可以委托事故发生单位组织事故调查组进行调查。上级人民政府认为必要时,可以调查由下级人民政府负责调查的事故。

(二)事故调查组的组成

事故调查组的组成应当遵循精简、效能的原则。根据事故的具体情况,事故调查组由有关人民政府、应急管理部门、负有安全生产监督管理职责的有关部门、公安机关以及工会等单位派人组成。事故调查组可以聘请有关专家参与调查。事故调查组成员应当具有事故调查所需要的知识和专长,并与所调查的事故没有直接利害关系。事故调查组组长由负责事故调查的人民政府指定。事故调查组组长主持事故调查组的工作。

(三)事故调查组履行的职权

事故调查组履行下列职权:查明事故发生的经过、原因、人员伤亡情况及直接经济损失;认定事故的性质和事故责任;提出对事故责任者的处理建议;总结事故教训,提出防范和整改措施;提交事故调查报告。事故调查组有权向有关单位和个人了解与事故有关的情况,并要求其提供相关文件、资料,有关单位和个人不得拒绝。事故发生单位的负责人和有关人员在事故调查期间不得擅离职守,并应当随时接受事故调查组的询问,如实提供有关情况。事故调查中发现涉嫌犯罪的,事故调查组应当及时将有关材料或者其复印件移交司法机关处理。事故调查中需要进行技术鉴定的,事故调查组应当委托具有国家规定资质的单位进行技术鉴定。

必要时，事故调查组可以直接组织专家进行技术鉴定。技术鉴定所需时间不计入事故调查期限。事故调查组成员在事故调查工作中应当诚信公正、恪尽职守，遵守事故调查组的纪律，保守事故调查的秘密。未经事故调查组组长允许，事故调查组成员不得擅自发布有关事故的信息。

五、事故发生单位落实整改的义务

事故调查的重要目的是杜绝类似事故的再次发生，因此事故发生单位应当及时全面落实整改措施。事故发生单位应当认真吸取事故教训，落实防范和整改措施，防止事故再次发生。防范和整改措施的落实情况应当接受工会和职工的监督。应急管理部门和负有安全生产监督管理职责的有关部门应当对事故发生单位落实防范和整改措施的情况进行监督检查。

六、事故整改和防范措施落实情况的评估

事故整改和防范措施落实情况关系事故调查报告是否得到落实，关系事故隐患是否得到彻底整改，关系防范措施是否到位，也关系事故责任单位和人员是否得到依法处理。因此，负责事故调查处理的国务院有关部门和地方人民政府应当在批复事故调查报告后一年内，组织有关部门对事故整改和防范措施落实情况进行评估，并及时向社会公开评估结果；对不履行职责导致事故整改和防范措施没有落实的有关单位和人员，应当按照有关规定追究责任。

典型案例

李玉明、相桂先行政管理纠纷案[1]

裁判要旨：根据2014年《安全生产法》第83条第1款的规定，事故调

〔1〕参见山东省高级人民法院（2018）鲁行终158号案例。

查处理应当按照科学严谨、依法依规、实事求是、注重实效的原则，及时、准确地查清事故原因，查明事故性质和责任，总结事故教训，提出整改措施，并对事故责任者提出处理意见。事故调查报告应当依法及时向社会公布。根据《生产安全事故报告和调查处理条例》第30条第1款的规定，事故调查报告应当包括下列内容：(1)事故发生单位概况；(2)事故发生经过和事故救援情况；(3)事故造成的人员伤亡和直接经济损失；(4)事故发生的原因和事故性质；(5)事故责任的认定以及对事故责任者的处理建议；(6)事故防范和整改措施。根据上述规定，事故调查报告是地方政府为了加强安全生产管理，减少生产安全事故发生，对发生的生产安全事故依法进行事故调查后，对于事故发生经过、造成损失、原因、责任及整改措施等形成的认定意见和报告。根据《安全生产法》及《生产安全事故报告和调查处理条例》的立法目的，事故调查报告中的"事故责任认定"是指安全生产事故责任，不同于上诉人主张的作为民事赔偿依据的"责任认定"。事故调查报告是政府责令事故单位采取整改措施，对负有安全生产责任的单位和个人进行处罚和处分的依据。事故调查报告本身并不设定事故受害方的权利义务。因此，本案中，上诉人李玉明、相桂先、冯玉滨虽是宏盛商场火灾事故的受损失一方，但事故调查报告并不涉及三上诉人的权利义务，被上诉人是否作出调查报告未侵害三上诉人的合法权益，原审法院据此认定三上诉人无本案原告主体资格并无不当。关于上诉人主张无事故调查报告无法主张民事赔偿，事故调查报告与上诉人有利害关系的上诉理由。

实用小贴士

生产安全事故的分级

根据生产安全事故造成的人员伤亡或者直接经济损失，事故一般分为以下等级：(1)特别重大事故，是指造成30人以上死亡，或者100人以上重伤(包括急性工业中毒，下同)，或者1亿元以上直接经济损失的事故；(2)重大事故，是指造成10人以上 30 人以下死亡，或者 50 人以上 100 人以下重伤，或者 5000 万元以上 1 亿元以下直接经济损失的事故；(3) 较大事故，是指造成 3 人以上 10 人以下死亡，或者 10 人以上 50 人以下重伤，或者 1000 万元以上 5000 万元以下直接经济损失的事故；(4) 一般事故，是指造成 3 人以下死亡，或者 10 人以下重伤，或者 1000 万元以下直接经济损失的事故。这里的"以上"包括本数，"以下"不包括本数。

事故发生地与事故发生单位不在同一个县级以上行政区域的事故调查

特别重大事故以下等级事故，事故发生地与事故发生单位不在同一个县级以上行政区域的，由事故发生地人民政府负责调查，事故发生单位所在地人民政府应当派人参加。

第八十七条　【责任事故的法律后果】生产经营单位发生生产安全事故，经调查确定为责任事故的，除了应当查明事故单位的责任并依法予以追究外，还应当查明对安全生产的有关事项负有审查批准和监督职责的行政部门的责任，对有失职、渎职行为的，依照本法第九十条的规定追究法律责任。

条文对照

2014 年《安全生产法》	2021 年《安全生产法》
第八十四条　生产经营单位发生生产安全事故，经调查确定为责任事故的，除了应当查明事故单位的责任并依法予以追究外，还应当查明对安全生产的有关事项负有审查批准和监督职责的行政部门的责任，对有失职、渎职行为的，依照本法第八十七条的规定追究法律责任。	**第八十七条**　生产经营单位发生生产安全事故，经调查确定为责任事故的，除了应当查明事故单位的责任并依法予以追究外，还应当查明对安全生产的有关事项负有审查批准和监督职责的行政部门的责任，对有失职、渎职行为的，依照本法第**九十**条的规定追究法律责任。

适用要点

第 87 条是关于追究生产经营单位及有关行政部门生产安全事故责任的规定。

生产安全事故有的属于责任事故,有的属于非责任事故。非责任事故是指事故的发生是由于自然原因(包括不可抗力)或者他人人为破坏造成的,与生产经营单位或者对安全生产有关事项负有审批和监督职责的行政部门的安全生产监督管理无关,这时不应追究生产经营单位或有关行政部门的法律责任。责任事故是指由于生产经营单位在安全生产管理方面的问题造成的事故,如安全生产规章制度不健全,安全投入不到位,未对从业人员进行安全生产教育和培训,不及时消除事故隐患,违章指挥、强令冒险作业等;或者是由于对安全生产的有关事项负有审查批准和监督职责的行政部门及其工作人员不依法履行职责,失职、渎职等造成的事故。

生产经营单位发生生产安全事故后,要依法进行事故调查处理。事故调查处理的重要任务之一就是查明事故的性质,即是否属于责任事故。一旦确定为责任事故,就必须对有关责任人依法予以追究。

一是查明生产经营单位在安全生产管理方面是否存在问题,进而导致事故的发生,同时依法追究责任单位、负责人、主管人员以及其他负有直接责任的人员的法律责任。二是查明对有关安全生产事项负有审查批准和监督职责的有关行政部门的责任,主要是查明其是否存在《安全生产法》第 90 条规定的失职、渎职行为,对有失职、渎职行为的,依照本法第 90 条的规定追究法律责任。

典型案例

奉化市安全生产监督管理局非诉执行审查案[1]

裁判要旨：申请执行人奉化市安全生产监督管理局于2014年5月27日作出(奉)安监管罚(2014)危－3号行政处罚决定。认定被执行人未经依法批准擅自经营储存危险物品的行为违反了2009年《安全生产法》第32条第1款的规定。根据2009年《安全生产法》第84条的规定，决定对被执行人王××作如下处罚：(一)罚款人民币51000元；(二)没收违法所得16000元。申请执行人奉化市安全生产监督管理局于作出处罚决定的同日向被执行人送达了处罚决定书。

第八十八条 【不得阻挠和干涉对事故的依法调查处理】任何单位和个人不得阻挠和干涉对事故的依法调查处理。

适用要点

本条是关于依法调查处理不受阻挠和干涉的规定。

生产安全事故发生后，有关人民政府或者有关部门和单位应当依法及时进行事故调查。除了法律、行政法规或者国务院另有规定的以外，事故发生后，一般应当组成事故调查组对事故进行调查。事故调查终结后，负责组织事故调查的有关人民政府应当及时做出批复，妥善处理事故。为了保证事故调查处理工作顺利进行，必须从制度上排除一切干扰和阻力。因此，本条规定，任何单位和个人不得阻挠和干涉对事故的依法调查处理。这里的“任何单位和个人”包括生产经营单位及其有关人员、地方

[1] 参见浙江省奉化市人民法院(2014)甬奉行审字第249号案例。

人民政府、政府部门及其工作人员以及其他任何单位和个人。本条规定的是不得阻挠、干涉对事故的依法调查处理，对于非依法进行的调查处理，如事故调查组组成不合法，事故调查程序不合法，对事故责任单位和人员的处理不符合法律规定等，有关方面可以提出意见，有关政府或者有关机关也可以要求纠正。这些不属于阻挠和干涉对事故的依法调查处理。

第八十九条　【定期统计分析生产安全事故情况】县级以上地方各级人民政府应急管理部门应当定期统计分析本行政区域内发生生产安全事故的情况，并定期向社会公布。

条文对照

2014年《安全生产法》	2021年《安全生产法》
第八十六条　县级以上地方各级人民政府~~安全生产监督~~管理部门应当定期统计分析本行政区域内发生生产安全事故的情况，并定期向社会公布。	**第八十九条**　县级以上地方各级人民政府**应急**管理部门应当定期统计分析本行政区域内发生生产安全事故的情况，并定期向社会公布。

适用要点

第89条是关于定期统计分析生产安全事故情况并向社会公布的规定。

定期统计分析生产安全事故情况对及时、全面掌握全国生产安全事故情况，深入分析全国安全生产形势，科学预测全国安全生产发展趋势，为安全生产监管工作提供可靠的信息支持和科学的决策依据等，具有重要意义。因此，本条规定，县级以上地方各级人民政府应急管理部门应当定期统计分析本行政区域内发生生产安全事故的情况。关于“定期统计分析”中的“定期”的含义，本条没有明确规定，可以在实际工作中，根据本行政区域内的生产安全事故情况灵活掌握。县级以上地方各级人民政府应急管理部门应当将统计分析生产安全事故情况向社会公布。

实践中，国家安全生产监督管理总局制定了《生产安全事故统计管理办法》，规范生产安全事故统计工作。生产安全事故由县级应急管理部门归口统计、联网直报。跨县级行政区域的特殊行业领域生产安全事故统计信息按照应急管理部门和有关行业领域主管部门确定的生产安全事故统计信息通报形式，实行上级应急管理部门归口直报。县级以上（含本级）应急管理部门负责接收本行政区域内生产经营单位报告和同级负有安全生产监督管理职责的部门通报的生产安全事故信息，真实、准确、完整、及时进行统计。县级以上应急管理部门应按规定时限在“安全生产综合统计信息直报系统”中填报生产安全事故信息，并按照《生产安全事故统计报表制度》有关规定进行统计。统计分析的内容主要包括事故发生单位的基本情况、事故造成的死亡人数（包括下落不明人数）、受伤人数（包括急性工业中毒人数）、直接经济损失、事故具体情况等。没有造成人员伤亡且直接经济损失小于100万元（不含）的生产安全事故，暂不纳入统计。

第六章 法律责任

第九十条 【监管部门工作人员的违法行为及责任】负有安全生产监督管理职责的部门的工作人员，有下列行为之一的，给予降级或者撤职的处分；构成犯罪的，依照刑法有关规定追究刑事责任：

（一）对不符合法定安全生产条件的涉及安全生产的事项予以批准或者验收通过的；

（二）发现未依法取得批准、验收的单位擅自从事有关活动或者接到举报后不予取缔或者不依法予以处理的；

（三）对已经依法取得批准的单位不履行监督管理职责，发现其不再具备安全生产条件而不撤销原批准或者发现安全生产违法行为不予查处的；

（四）在监督检查中发现重大事故隐患，不依法及时处理的。

负有安全生产监督管理职责的部门的工作人员有前款规定以外的滥用职权、玩忽职守、徇私舞弊行为的，依法给予处分；构成犯罪的，依照刑法有关规定追究刑事责任。

适用要点

本条是关于负有安全生产监督管理职责的部门的工作人员不依法履行监管职责的法律责任的规定。

负有安全生产监督管理职责的部门包括应急管理部门和对有关行业、领域的安全生产工作实施监督管理的部门。这些部门工作人员的违法行为主要表现在以下几个方面：

1. 对不符合法定安全生产条件的涉及安全生产的事项予以批准或者验收通过的。“安全生产条件”是指《安全生产法》和有关法律、行政法规、国家标准或者行业标准规定的安全生产条件，“涉及安全生产的事项”既包括《安全生产法》规定的矿山、金属冶炼、建筑施工、道路交通运输等活动中涉及的安全设施的监督等事项，也包括其他有关法律、行政法规规定应由负有安全生产监督管理职责的部门进行审批、验收的事项。

2. 发现未依法取得批准、验收的单位擅自从事有关活动或者接到举报后不予取缔或者不依法予以处理的。对于未依法取得批准或者验收合格的单位擅自从事有关活动的，负责行政审批的部门发现或者接到举报后应当根据情况予以取缔，或者依法给予其他处理。否则就属于不依法履行法定职责的行为，应依照本条的规定追究法律责任。

3. 对已经依法取得批准的单位不履行监督管理职责，发现其不再具备安全生产条件而不撤销原批准或者发现安全生产违法行为不予查处的。对已经依法取得批准的单位，发现其不再具备安全生产条件的应当撤销原批准或者发现安全生产违法行为应当予以查处。负责审批的部门不依法履行法律所规定的这一职责的，依照本条规定追究其法律责任。

4. 在监督检查中发现重大事故隐患，不依法及时处理的。按照本法第65条的规定，应急管理部门和其他负有安全生产监督管理职责的部门依法开展安全生产行政执法工作，对检查中发现的事故隐患，应当责令立即排除；重大事故隐患排除前或者排除过程中无法保证安全的，应当责令从危险区域内撤出作业人员，责令暂时停产停业或者停止使用相关设施、设备；重大事故隐患排除后，经审查同意，方可恢复生产经营和使用。如果对发现的重大事故隐患不及时依法处理，依照本条规定追究法律责任。

存在上述违法行为的，根据本条的规定，应当承担法律责任，法律责任的承担方式有政务处分和刑事责任。（1）政务处分。《公职人员政务处分法》规定公务人员违法应当给予政务处分,处分分为:警告、记过、记大过、降级、撤职、开除。根据本条规定,负有安全生产监督管理职责的部门的工作人员,有上述违法行为的,应当给予降级或者撤职的处分。(2)构成犯罪的,依照《刑法》有关规定追究刑事责任。负有安全生产监督管理职责的部门的工作人员,有上述违法行为的,构成犯罪的罪名主要涉及玩忽职守罪和滥用职权罪。是否构成犯罪、构成何种犯罪、承担何种刑事责任,要根据《刑法》的规定确定。根据《刑法》第 397 条的规定,国家机关工作人员滥用职权或者玩忽职守,致使公共财产、国家和人民利益遭受重大损失的,处 3 年以下有期徒刑或者拘役;情节特别严重的,处 3 年以上 7 年以下有期徒刑。《刑法》另有规定的,依照规定。国家机关工作人员徇私舞弊,犯前款罪的,处 5 年以下有期徒刑或者拘役;情节特别严重的,处 5 年以上 10 年以下有期徒刑。

典型案例

温岭市燃气有限公司与温岭市住房和城乡建设局行政纠纷案〔1〕

裁判要旨:本案中,原告的债权人代表在原告场站内实行安全检查时,发现中国联合网络通信有限公司温岭市分公司信号塔建在距离燃气场站不足 20 米处。按照相关的法律、法规规定,信号塔至少要离开燃气站周围 70 米至 100 米的距离,否则存在严重安全隐患,随时危及人民群众的生命财产安全。于是,原告公司安全员林作华于 2017 年 2 月 27 日将要求消除外涉安全隐患的公司文件交给原温岭市住房和城乡建设规划局燃气处主任阮圣行,但一直没有收到回复,也没有落实消除安全隐患。违反了 2014 年《安

〔1〕 参见浙江省温岭市人民法院(2019)浙 1081 行初 152 号案例。

全生产法》第87条第1款第4项,"在监督检查中发现重大事故隐患,不依法及时处理的"规定,因此,法院判决城乡建设局依法履行法定职责,排除安全隐患。

第九十一条　【监管部门违法责任】负有安全生产监督管理职责的部门,要求被审查、验收的单位购买其指定的安全设备、器材或者其他产品的,在对安全生产事项的审查、验收中收取费用的,由其上级机关或者监察机关责令改正,责令退还收取的费用;情节严重的,对直接负责的主管人员和其他直接责任人员依法给予处分。

适用要点

本条是关于负有安全生产监督管理职责的部门要求被审查、验收的单位购买指定的安全设备、器材或者其他产品的法律责任的规定。

负有安全生产监督管理职责的部门,在审查、验收中,不得要求被审查、验收的单位购买指定的安全设备、器材或者其他产品,也不得收取审查、验收费用;如果负有安全生产监督管理职责的部门要求被审查、验收的单位购买其指定的安全设备、器材或者其他产品的,由其上级机关或者监察机关责令改正;情节严重的,对直接负责的主管人员和其他直接责任人员依法给予政务处分。如果负有安全生产监督管理职责的部门在对安全生产事项的审查、验收中收取费用的,由其上级机关或者监察机关责令退还收取的费用;情节严重的,对直接负责的主管人员和其他直接责任人员依《公职人员政务处分法》等规定给予政务处分。

第九十二条 【承担安全评价、认证、检测、检验职责的机构及责任人员的法律责任】承担安全评价、认证、检测、检验职责的机构出具失实报告的,责令停业整顿,并处三万元以上十万元以下的罚款;给他人造成损害的,依法承担赔偿责任。

承担安全评价、认证、检测、检验职责的机构租借资质、挂靠、出具虚假报告的,没收违法所得;违法所得在十万元以上的,并处违法所得二倍以上五倍以下的罚款,没有违法所得或者违法所得不足十万元的,单处或者并处十万元以上二十万元以下的罚款;对其直接负责的主管人员和其他直接责任人员处五万元以上十万元以下的罚款;给他人造成损害的,与生产经营单位承担连带赔偿责任;构成犯罪的,依照刑法有关规定追究刑事责任。

对有前款违法行为的机构及其直接责任人员,吊销其相应资质和资格,五年内不得从事安全评价、认证、检测、检验等工作;情节严重的,实行终身行业和职业禁入。

条文对照

2014 年《安全生产法》	2021 年《安全生产法》
第八十九条 承担安全评价、认证、检测、检验工作的机构,出具虚假证明的,没收违法所得;违法所得在十万元以上的,并处违法所得二倍以上五倍以下的罚款;没有违法所得或者违法所得不足十万元的,单处或者并处十万元以上二十万元以下的罚款;对其直接负责的主管人员和其他直接责任人员处二万元以上五万元以下的罚款;给他人	**第九十二条** 承担安全评价、认证、检测、检验**职责**的机构出具**失实报告的,责令停业整顿,并处三万元以上十万元以下的罚款;给他人造成损害的,依法承担赔偿责任。** **承担安全评价、认证、检测、检验职责的机构租借资质、挂靠、出具虚假报告的,**没收违法所得;违法所得在十万元以上的,并处违法所得二倍以上五倍

续表

2014 年《安全生产法》	2021 年《安全生产法》
造成损害的，与生产经营单位承担连带赔偿责任；构成犯罪的，依照刑法有关规定追究刑事责任。 对有前款违法行为的机构，吊销其相应资质。	以下的罚款，没有违法所得或者违法所得不足十万元的，单处或者并处十万元以上二十万元以下的罚款；对其直接负责的主管人员和其他直接责任人员处**五**万元以上**十**万元以下的罚款；给他人造成损害的，与生产经营单位承担连带赔偿责任；构成犯罪的，依照刑法有关规定追究刑事责任。 对有前款违法行为的机构**及其直接责任人员**，吊销其相应资质**和资格，五年内不得从事安全评价、认证、检测、检验等工作；情节严重的，实行终身行业和职业禁入**。

适用要点

第 92 条是对安全评价、认证、检测、检验职责的机构及责任人员的法律责任的规定。

一、承担安全评价、认证、检测、检验职责的机构出具失实报告的法律责任

承担安全评价、认证、检测、检验职责的机构应当根据实际情况出具安全评价等报告并对其出具报告的真实性负责，如果出具失实报告的，要受到责令停业整顿，并处 3 万元以上 10 万元以下的罚款的行政处罚。因出具失实报告给他人造成损害的，依法承担民事赔偿责任。失实报告并非虚假报告，虚假报告应依据本条第 2 款处理。实践中，失实报告的认定应结合相关实际情况进行认定。

二、承担安全评价、认证、检测、检验职责的机构租借资质、挂靠、出具虚假报告的法律责任

我国实行安全评价、认证、检测、检验机构的资质认可制度，严禁租借资质、挂靠；严禁承担安全评价、认证、检测、检验职责的机构出具虚假报告。虚假报告是指出具与实际情况严重不符的安全评价报告、认证结论或者有关检测、检验数据。承担安全评价、认证、检测、检验职责的机构租借资质、挂靠、出具虚假报告的，机构及其直接负责的主管人员和其他直接责任人员应承担法律责任，法律责任包括行政责任、民事责任甚至刑事责任。

机构承担的行政责任包括：(1)没收违法所得。(2)罚款。违法所得在10万元以上的，并处违法所得2倍以上5倍以下的罚款，没有违法所得或者违法所得不足10万元的，单处或者并处10万元以上20万元以下的罚款。(3)吊销机构的相应资质，如安全评价资质等。机构承担的民事责任：给他人造成损害的，与生产经营单位承担连带赔偿责任。

承担安全评价、认证、检测、检验职责的机构的直接负责的主管人员和其他直接责任人员的行政责任：(1)罚款。处5万元以上10万元以下的罚款。(2)对违法行为的直接责任人员，吊销其相应资格。(3)实施行业禁入。违法行为的直接责任人员，5年内不得从事安全评价、认证、检测、检验等工作；情节严重的，实行终身行业和职业禁入。承担安全评价、认证、检测、检验职责的机构的直接负责的主管人员和其他直接责任人员构成犯罪的，依照《刑法》有关规定追究刑事责任。

典型案例

重庆君豪汽车修理厂、广安市安全生产监督管理局质量监督行政管理案[1]

裁判要旨：上诉人称应当适用2014年《安全生产法》第89条"承担安全评价、认证、检测、检验工作的机构，出具虚假证明的，没收违法所得；违法所得在十万元以上的，并处违法所得二倍以上五倍以下的罚款；没有违法所得或者违法所得不足十万元的，单处或者并处十万元以上二十万元以下的罚款……"的规定进行处罚。虽然上诉人购置了汽车维修检测设备，但未取得本条规定的"承担安全评价、认证、检测、检验工作"的资质，不属于本条规范的主体。上诉人关于其违法生产经营的行为，应适用本条规范进行处罚的上诉主张，本院不予支持。

实用小贴士

出具虚假证明文件涉嫌的罪名

《刑法》第229条对提供虚假证明文件罪、出具证明文件重大失实罪作了规定。

第1款规定，承担资产评估、验资、验证、会计、审计、法律服务、保荐、安全评价、环境影响评价、环境监测等职责的中介组织的人员故意提供虚假证明文件，情节严重的，处5年以下有期徒刑或者拘役，并处罚金；有下列情形之一的，处5年以上10年以下有期徒刑，并处罚金：(1)提供与证券发行相关的虚假的资产评估、会计、审计、法律服务、保荐等证明文件，情节特别严重的；(2)提供与重大资产交易相关的虚假的资产评估、会计、审计等证明文件，情节特别严重的；(3)在涉及公共安全的重大工程、项目中提供虚假的安全评价、环境影响评价等证明文件，致使公共财产、国家和人民利益遭受特别重大损失的。

[1] 参见四川省广安市中级人民法院(2017)川16行终96号案例。

有上述行为，同时索取他人财物或者非法收受他人财物构成犯罪的，依照处罚较重的规定定罪处罚。

第1款规定的人员，严重不负责任，出具的证明文件有重大失实，造成严重后果的，处3年以下有期徒刑或者拘役，并处或者单处罚金。

第九十三条 【未投入保证安全生产所必需的资金的法律责任】生产经营单位的决策机构、主要负责人或者个人经营的投资人不依照本法规定保证安全生产所必需的资金投入，致使生产经营单位不具备安全生产条件的，责令限期改正，提供必需的资金；逾期未改正的，责令生产经营单位停产停业整顿。

有前款违法行为，导致发生生产安全事故的，对生产经营单位的主要负责人给予撤职处分，对个人经营的投资人处二万元以上二十万元以下的罚款；构成犯罪的，依照刑法有关规定追究刑事责任。

适用要点

本条是关于生产经营单位的决策机构、主要负责人或者个人经营的投资人未依法履行资金投入法律责任的规定。

生产经营单位应确保安全生产资金投入，但生产经营单位资金投入在实践中需要经过其决策机构、主要负责人或者个人经营的投资人的同意。如果生产经营单位的决策机构、主要负责人或者个人经营的投资人不依照本法规定保证安全生产所必需的资金投入，致使生产经营单位不具备安全生产条件的，属于违法行为。该违法行为的主体是生产经营单位的决策机构、主要负责人或者个人经营的投资人；客观表现为由于未依法保证安全生产所必需的资金投入，致使生产经营单位不具备安全生产条件。

对该违法行为,应责令限期改正,提供必需的资金;逾期未改正的,责令生产经营单位停产停业整顿。因安全生产所必需的资金投入不到位,致使生产经营单位不具备安全生产条件,因而发生生产安全事故的,对生产经营单位的主要负责人给予撤职处分,并依据《安全生产法》第 95 条的规定进行罚款。对个人经营的投资人处 2 万元以上 20 万元以下的罚款。构成犯罪的,依照《刑法》有关规定追究刑事责任。这里主要是我国《刑法》中规定的"重大劳动安全事故罪"。

典型案例

史一杰与平阳县安全生产监督管理局、温州市安全生产监督管理局行政处罚案[1]

裁判要旨:根据平阳县人民政府批复的涉案事故调查报告,上诉人在监理过程中,未有效履行安全管理职责,未保证本单位安全生产投入的有效实施,未严格落实安全生产机构和人员,导致工程监理不到位,是事故发生的间接原因,对事故的发生负有一定的责任。被上诉人平阳县安全生产监督管理局在依据上述事故报告的基础上,对上诉人的违法行为进行立案、调查,认定涉案事故发生在上诉人公司的监理期间和监理范围,上诉人的行为违反了 2014 年《安全生产法》第 20 条规定,在履行告知、听证等法定程序后,依据 2014 年《安全生产法》第 90 条规定作出被诉行政处罚决定,认定事实清楚,适用法律正确,量罚适当,行政程序合法。被上诉人温州市安全生产监督管理局经复议审查后决定维持被诉行政处罚决定,并无不当。

〔1〕 参见浙江省温州市中级人民法院(2016)浙 03 行终 325 号案例。

实用小贴士

重大劳动安全事故罪的构成要件

《刑法》第135条规定："安全生产设施或者安全生产条件不符合国家规定，因而发生重大伤亡事故或者造成其他严重后果的，对直接负责的主管人员和其他直接责任人员，处三年以下有期徒刑或者拘役；情节特别恶劣的，处三年以上七年以下有期徒刑。"对安全生产设施或者安全生产条件直接负责的主管人员和其他直接责任人员是本罪的犯罪主体，具体是指对安全生产设施或者安全生产条件不符合国家规定负有直接责任的生产经营单位负责人、管理人员、实际控制人、投资人，以及其他对安全生产设施或者安全生产条件负有管理、维护职责的人员。本罪的客观方面表现为"安全生产设施或者安全生产条件不符合国家规定，因而发生重大伤亡事故或者造成其他严重后果的"行为。本罪属于结果犯，只有"发生重大伤亡事故或者造成其他严重后果的"，才构成本罪。

有下列情形之一的，应认定为"发生重大伤亡事故或者造成其他严重后果的"：(1)造成死亡1人以上，或者重伤3人以上的；(2)造成直接经济损失100万元以上的；(3)其他造成严重后果或者重大安全事故的情形。

有下列情形之一的，应认定为"情节特别恶劣的"：(1)造成死亡3人以上或者重伤10人以上，负事故主要责任的；(2)造成直接经济损失500万元以上，负事故主要责任的；(3)其他情节特别恶劣的情形。

第九十四条　【主要负责人未履行安全生产职责的法律责任】生产经营单位的主要负责人未履行本法规定的安全生产管理职责的，责令限期改正，处二万元以上五万元以下的罚款；逾期未改正的，处五万元以上十万元以下的罚款，责令生产经营单位停产停业整顿。

生产经营单位的主要负责人有前款违法行为，导致发生生产安全事故的，给予撤职处分；构成犯罪的，依照刑法有关规定追究刑事责任。

生产经营单位的主要负责人依照前款规定受刑事处罚或者撤职处分的，自刑罚执行完毕或者受处分之日起，五年内不得担任任何生产经营单位的主要负责人；对重大、特别重大生产安全事故负有责任的，终身不得担任本行业生产经营单位的主要负责人。

条文对照

2014年《安全生产法》	2021年《安全生产法》
第九十一条　生产经营单位的主要负责人未履行本法规定的安全生产管理职责的，责令限期改正；逾期未改正的，处二万元以上五万元以下的罚款，责令生产经营单位停产停业整顿。 生产经营单位的主要负责人有前款违法行为，导致发生生产安全事故的，给予撤职处分；构成犯罪的，依照刑法有关规定追究刑事责任。 生产经营单位的主要负责人依照前款规定受刑事处罚或者撤职处分的，自刑罚执行完毕或者受处分之日起，五年内不得担任任何生产经营单位的主要负责人；对重大、特别重大生产安全事故负有责任的，终身不得担任本行业生产经营单位的主要负责人。	**第九十四条**　生产经营单位的主要负责人未履行本法规定的安全生产管理职责的，责令限期改正，**处二万元以上五万元以下的罚款**；逾期未改正的，处**五**万元以上**十**万元以下的罚款，责令生产经营单位停产停业整顿。 生产经营单位的主要负责人有前款违法行为，导致发生生产安全事故的，给予撤职处分；构成犯罪的，依照刑法有关规定追究刑事责任。 生产经营单位的主要负责人依照前款规定受刑事处罚或者撤职处分的，自刑罚执行完毕或者受处分之日起，五年内不得担任任何生产经营单位的主要负责人；对重大、特别重大生产安全事故负有责任的，终身不得担任本行业生产经营单位的主要负责人。

适用要点

第94条是关于生产经营单位主要负责人未履行安全生产职责的法律责任的规定。

一、主要负责人未履行安全生产管理职责的法律责任

《安全生产法》第21条对生产经营单位的主要负责人的工作职责作了规定，主要负责人不履行安全生产管理职责的，属于违法行为，责令限期改正，处2万元以上5万元以下的罚款；逾期未改正的，处5万元以上10万元以下的罚款，责令生产经营单位停产停业整顿。

二、导致事故发生的法律责任

如果主要负责人未履行本法规定的安全生产管理职责，导致发生生产安全事故的，依法给予撤职处分。构成犯罪的，依法追究刑事责任。追究刑事责任的法律依据主要是《刑法》中的“重大责任事故罪”。主要负责人对事故发生负有责任的，还应依据《安全生产法》第95条的规定处以罚款。

三、对主要负责人的资格罚

生产经营单位的主要负责人依照本条第2款的规定受刑事处罚或者撤职处分的，自刑罚执行完毕或者受处分之日起，5年内不得担任任何生产经营单位的主要负责人；对重大、特别重大生产安全事故负有责任的，终身不得担任本行业生产经营单位的主要负责人。

实用小贴士

主要负责人未履行安全管理职责法律责任的特别规定

如果《安全生产法》对主要负责人未履行其安全生产管理职责的法律责任另有规定的，不能适用本条的规定，而应依据特别规定进行处罚。例如，《安全生产法》第

110 条对生产经营单位的主要负责人在本单位发生生产安全事故时，隐瞒不报、谎报或者迟报的法律责任作了规定，那么主要负责人瞒报事故的，应依据第 110 条的规定处罚，而不能适用本条。

第九十五条 【发生生产安全事故后主要负责人的法律责任】生产经营单位的主要负责人未履行本法规定的安全生产管理职责，导致发生生产安全事故的，由应急管理部门依照下列规定处以罚款：

（一）发生一般事故的，处上一年年收入百分之四十的罚款；

（二）发生较大事故的，处上一年年收入百分之六十的罚款；

（三）发生重大事故的，处上一年年收入百分之八十的罚款；

（四）发生特别重大事故的，处上一年年收入百分之一百的罚款。

条文对照

2014 年《安全生产法》	2021 年《安全生产法》
第九十二条 生产经营单位的主要负责人未履行本法规定的安全生产管理职责，导致发生生产安全事故的，由~~安全生产监督~~管理部门依照下列规定处以罚款： （一）发生一般事故的，处上一年年收入百分之三十的罚款； （二）发生较大事故的，处上一年年收入百分之四十的罚款； （三）发生重大事故的，处上一年年收入百分之六十的罚款；	**第九十五条** 生产经营单位的主要负责人未履行本法规定的安全生产管理职责，导致发生生产安全事故的，由**应急**管理部门依照下列规定处以罚款： （一）发生一般事故的，处上一年年收入百分之**四十**的罚款； （二）发生较大事故的，处上一年年收入百分之**六十**的罚款； （三）发生重大事故的，处上一年年收入百分之**八十**的罚款；

续表

2014 年《安全生产法》	2021 年《安全生产法》
（四）发生特别重大事故的，处上一年年收入百分之八十的罚款。	（四）发生特别重大事故的，处上一年年收入百分之**一百**的罚款。

适用要点

第 95 条是关于对事故单位主要负责人未履行职责导致生产安全事故处以罚款的规定。

生产经营单位负责人未履行《安全生产法》第 21 条等相关条文规定的法律责任，导致发生生产安全事故的，不但要按照第 94 条的规定给予撤职处分或者追究刑事责任，而且还要对其进行事故罚款。发生一般事故的，处上一年年收入 40% 的罚款；发生较大事故的，处上一年年收入 60% 的罚款；发生重大事故的，处上一年年收入 80% 的罚款；发生特别重大事故的，处上一年年收入 100% 的罚款。

事故发生单位主要负责人、直接负责的主管人员和其他直接责任人员的上一年年收入，属于国有生产经营单位的，是指该单位上级主管部门所确定的上一年年收入总额；属于非国有生产经营单位的，是指经财务、税务部门核定的上一年年收入总额。

生产经营单位提供虚假资料或者由于财务、税务部门无法核定等原因致使有关人员的上一年年收入难以确定的，按照下列办法确定：（1）主要负责人的上一年年收入，按照本省、自治区、直辖市上一年度职工平均工资的 5 倍以上 10 倍以下计算；（2）直接负责的主管人员和其他直接责任人员的上一年年收入，按照本省、自治区、直辖市上一年度职工平均工资的 1 倍以上 5 倍以下计算。

典型案例

郑建国、米易县应急管理局行政处罚案[1]

裁判要旨：案涉事故发生后，被上诉人通过现场踏勘，查阅焱兴公司、安宁公司的相关资料，对相关人员进行调查核实，结合专家组技术分析意见，经集体讨论对事故直接原因、间接原因分析和事故性质认定，认定事故性质为“一般事故”。发生事故的间接原因为焱兴公司未全面依法履行安全生产主体责任，相关安全生产管理制度落实不到位，焱兴公司工程管理混乱，未落实约定的安全措施等。案涉事故是安全生产责任事故，郑建国作为发生生产安全事故的生产经营单位的法定代表人及主要负责人，未督促、检查本单位的安全生产工作和及时消除安全生产事故隐患，未按照2014年《安全生产法》第18条的规定履行全部职责。米易县应急管理局依据2014年《安全生产法》第5条、第18条、第92条第1项等规定，按照郑建国2019年年收入99327.72元的30%计算给予其29798.31元罚款的行政处罚符合2014年《安全生产法》的相关规定。

实用小贴士

主要负责人的范围

依据《生产安全事故罚款处罚规定（试行）》第3条第2款的规定，主要负责人是指有限责任公司、股份有限公司的董事长或者总经理或者个人经营的投资人，其他生产经营单位的厂长、经理、局长、矿长（含实际控制人）等人员。

---

〔1〕 参见四川省攀枝花市中级人民法院（2021）川04行终12号案例。

第九十六条　【其他负责人和安全生产管理人员未履行安全生产职责的法律责任】生产经营单位的其他负责人和安全生产管理人员未履行本法规定的安全生产管理职责的，责令限期改正，处一万元以上三万元以下的罚款；导致发生生产安全事故的，暂停或者吊销其与安全生产有关的资格，并处上一年年收入百分之二十以上百分之五十以下的罚款；构成犯罪的，依照刑法有关规定追究刑事责任。

条文对照

2014年《安全生产法》	2021年《安全生产法》
第九十三条　生产经营单位的安全生产管理人员未履行本法规定的安全生产管理职责的，责令限期改正；导致发生生产安全事故的，暂停或者撤销其与安全生产有关的资格；构成犯罪的，依照刑法有关规定追究刑事责任。	**第九十六条**　生产经营单位的**其他负责人和**安全生产管理人员未履行本法规定的安全生产管理职责的，责令限期改正，**处一万元以上三万元以下的罚款**；导致发生生产安全事故的，暂停或者吊销其与安全生产有关的资格，**并处上一年年收入百分之二十以上百分之五十以下的罚款**；构成犯罪的，依照刑法有关规定追究刑事责任。

适用要点

第96条是关于其他负责人和安全生产管理人员未依法履职的法律责任的规定。

《安全生产法》第5条规定，“其他负责人对职责范围内的安全生产工作负责”。第25条对生产经营单位的安全生产管理机构以及安全生产管理人员履行的职责作了规定。“其他负责人”是指除了主要负责人之外的其他具有管理、指挥或者领导职权的从业人员。“安全生产管理人员”既包括本单位职工担任安全生产管理人员的情形，也包括生产经营单位依据本法第15条委托的依法设立的为安全生产提供技术、管理服务的机构的人员中承担本单位安全生产管理工作的人员。

生产经营单位的其他负责人、安全生产管理人员应当恪尽职守，依法履行职责，未履行安全生产管理职责的，责令限期改正，处1万元以上3万元以下的罚款。未履行职责的行为导致发生生产安全事故的，暂停或者吊销其与安全生产有关的资格，并处上一年年收入20%以上50%以下的罚款。例如，《安全生产法》第27条第3款规定，危险物品的生产、储存、装卸单位以及矿山、金属冶炼单位应当有注册安全工程师从事安全生产管理工作。鼓励其他生产经营单位聘用注册安全工程师从事安全生产管理工作。如果生产经营单位的注册安全工程师未履行法定职责，导致发生生产安全事故的，有关部门可以撤销其资格。未履行职责的行为导致事故发生，构成犯罪的，依照《刑法》有关规定追究刑事责任。

典型案例

华亭市应急管理局与焦某行政处罚非诉执行审查案[1]

裁判要旨：2014年《安全生产法》第93条规定：“生产经营单位的安全生产管理人员未履行本法规定的安全生产管理职责的，责令限期改正；导致发生生产安全事故的，暂停或者撤销其与安全生产有关的资格；构成犯罪的，依照刑法有关规定追究刑事责任。”该条对违法行为者承担法律责任的形式未规定罚款，华亭市应急管理局依据该条作出（华）应急罚字〔2019〕第11号《行政处罚决定书》（个人），对被执行人焦某处行政罚款1.2万元。系适

〔1〕 参见甘肃省华亭市人民法院（2020）甘0824行审9号案例。

用法律错误,不符合强制执行条件,应不准予执行。

第九十七条 【与从业人员、教育培训相关的违法行为及法律责任】生产经营单位有下列行为之一的,责令限期改正,处十万元以下的罚款;逾期未改正的,责令停产停业整顿,并处十万元以上二十万元以下的罚款,对其直接负责的主管人员和其他直接责任人员处二万元以上五万元以下的罚款:

(一)未按照规定设置安全生产管理机构或者配备安全生产管理人员、注册安全工程师的;

(二)危险物品的生产、经营、储存、装卸单位以及矿山、金属冶炼、建筑施工、运输单位的主要负责人和安全生产管理人员未按照规定经考核合格的;

(三)未按照规定对从业人员、被派遣劳动者、实习学生进行安全生产教育和培训,或者未按照规定如实告知有关的安全生产事项的;

(四)未如实记录安全生产教育和培训情况的;

(五)未将事故隐患排查治理情况如实记录或者未向从业人员通报的;

(六)未按照规定制定生产安全事故应急救援预案或者未定期组织演练的;

(七)特种作业人员未按照规定经专门的安全作业培训并取得相应资格,上岗作业的。

条文对照

2014 年《安全生产法》	2021 年《安全生产法》
第九十四条　生产经营单位有下列行为之一的，责令限期改正，可以处五万元以下的罚款；逾期未改正的，责令停产停业整顿，并处五万元以上十万元以下的罚款，对其直接负责的主管人员和其他直接责任人员处一万元以上二万元以下的罚款： （一）未按照规定设置安全生产管理机构或者配备安全生产管理人员的； （二）危险物品的生产、经营、储存单位以及矿山、金属冶炼、建筑施工、道路运输单位的主要负责人和安全生产管理人员未按照规定经考核合格的； （三）未按照规定对从业人员、被派遣劳动者、实习学生进行安全生产教育和培训，或者未按照规定如实告知有关的安全生产事项的； （四）未如实记录安全生产教育和培训情况的； （五）未将事故隐患排查治理情况如实记录或者未向从业人员通报的； （六）未按照规定制定生产安全事故应急救援预案或者未定期组织演练的； （七）特种作业人员未按照规定经专门的安全作业培训并取得相应资格，上岗作业的。	**第九十七条**　生产经营单位有下列行为之一的，责令限期改正，处**十**万元以下的罚款；逾期未改正的，责令停产停业整顿，并处**十**万元以上**二十**万元以下的罚款，对其直接负责的主管人员和其他直接责任人员处**二**万元以上**五**万元以下的罚款： （一）未按照规定设置安全生产管理机构或者配备安全生产管理人员、**注册安全工程师**的； （二）危险物品的生产、经营、储存、**装卸**单位以及矿山、金属冶炼、建筑施工、运输单位的主要负责人和安全生产管理人员未按照规定经考核合格的； （三）未按照规定对从业人员、被派遣劳动者、实习学生进行安全生产教育和培训，或者未按照规定如实告知有关的安全生产事项的； （四）未如实记录安全生产教育和培训情况的； （五）未将事故隐患排查治理情况如实记录或者未向从业人员通报的； （六）未按照规定制定生产安全事故应急救援预案或者未定期组织演练的； （七）特种作业人员未按照规定经专门的安全作业培训并取得相应资格，上岗作业的。

适用要点

第 97 条是关于生产经营单位违反从业人员管理、教育培训相关规定的法律责任的规定，是对 2014 年《安全生产法》第 94 条的修改，主要体现在三个方面：

1. 提高了罚款数额。规定“生产经营单位有下列行为之一的，责令限期改正，处十万元以下的罚款；逾期未改正的，责令停产停业整顿，并处十万元以上二十万元以下的罚款，对其直接负责的主管人员和其他直接责任人员处二万元以上五万元以下的罚款”。

2. 将原来的“可以处五万元以下的罚款”修改为“处十万元以下的罚款”，只要存在所列违法行为，就“处”罚款，而非“可以处”。

3. 增加了违法行为的类型。(1)增加了“未按照规定配备注册安全工程师的”这一违法行为；(2)将主要负责人和安全生产管理人员未按照规定经考核合格的单位的类别增加了“危险物品的装卸单位、运输单位”两类。

典型案例

青岛经济技术开发区黄浦纺织机械厂、青岛市黄岛区安全生产监管执法局再审审查与审判监督案[1]

裁判要旨：根据原审查明的事实，被申请人在安全生产检查中，发现再审申请人存在多项违法行为，如再审申请人存在未能如实记录安全生产教育和培训情况、3 名从事电焊工作人员未按照规定经专门的安全作业培训并取得相应资格就上岗作业的违法情形，遂对再审申请人进行了调查处理，在被申请

〔1〕 参见山东省高级人民法院(2018)鲁行申 264 号案例。

人下达限期整改指令书后再审申请人逾期未能整改，再审申请人法定代表人高泗宝在被申请人两次制作的现场检查记录和对其询问笔录上均签字确认，高泗宝作为完全行为能力人，应当知道在相应的调查材料上签字确认的法律后果。被申请人所作行政处罚经过指令整改、第二次现场检查、立案审批、处罚告知、听证告知、作出处罚决定并送达等程序，符合相关规定。因此，被申请人依据2014年《安全生产法》第94条第4项、第7项的规定，认定再审申请人有两项违法行为并分别裁量、合并处罚，符合《安全生产违法行为行政处罚办法》第53条的规定。

实用小贴士

“一事不再罚”的适用

《行政处罚法》第29条规定：“对当事人的同一个违法行为，不得给予两次以上罚款的行政处罚。同一个违法行为违反多个法律规范应当给予罚款处罚的，按照罚款数额高的规定处罚。”在《安全生产法》第97条规定的各类违法行为中，只要生产经营单位存在其中的一个违法行为，就应处罚；如果存在多个违法行为，应该分别裁量，合并处罚。例如，一个生产单位存在多工种、多个特种作业人员未按照规定经专门的安全作业培训并取得相应资格就上岗作业的，仍属于一个违法行为。如果生产经营单位存在“未如实记录安全生产教育和培训情况的”和“未将事故隐患排查治理情况如实记录的”则是两个违法行为。如果生产经营单位既“未将事故隐患排查治理情况如实记录”又“未向从业人员通报”，因生产经营单位违反了不同的法律义务，要分别承担责任，也属于两个违法行为。

第九十八条 【与矿山、金属冶炼建设项目相关违法行为及法律后果】生产经营单位有下列行为之一的，责令停止建设或者停产停业整顿，限期改正，并处十万元以上五十万元以下的罚款，对其直接负责的主管人员和其他直接责任人员处二万元以上五万元以下的罚款；逾期未改正的，处五十万元以上一百万元以下的罚款，

对其直接负责的主管人员和其他直接责任人员处五万元以上十万元以下的罚款;构成犯罪的,依照刑法有关规定追究刑事责任:

（一）未按照规定对矿山、金属冶炼建设项目或者用于生产、储存、装卸危险物品的建设项目进行安全评价的;

（二）矿山、金属冶炼建设项目或者用于生产、储存、装卸危险物品的建设项目没有安全设施设计或者安全设施设计未按照规定报经有关部门审查同意的;

（三）矿山、金属冶炼建设项目或者用于生产、储存、装卸危险物品的建设项目的施工单位未按照批准的安全设施设计施工的;

（四）矿山、金属冶炼建设项目或者用于生产、储存、装卸危险物品的建设项目竣工投入生产或者使用前,安全设施未经验收合格的。

条文对照

2014 年《安全生产法》	2021 年《安全生产法》
第九十五条 生产经营单位有下列行为之一的,责令停止建设或者停产停业整顿,限期改正;逾期未改正的,处五十万元以上一百万元以下的罚款,对其直接负责的主管人员和其他直接责任人员处二万元以上五万元以下的罚款;构成犯罪的,依照刑法有关规定追究刑事责任: （一）未按照规定对矿山、金属冶炼建设项目或者用于生产、储存、装卸危险物品的建设项目进行安全评价的; （二）矿山、金属冶炼建设项目或	**第九十八条** 生产经营单位有下列行为之一的,责令停止建设或者停产停业整顿,限期改正,**并处十万元以上五十万元以下的罚款,对其直接负责的主管人员和其他直接责任人员处二万元以上五万元以下的罚款**;逾期未改正的,处五十万元以上一百万元以下的罚款,对其直接负责的主管人员和其他直接责任人员处**五**万元以上**十**万元以下的罚款;构成犯罪的,依照刑法有关规定追究刑事责任: （一）未按照规定对矿山、金属冶

续表

2014 年《安全生产法》	2021 年《安全生产法》
者用于生产、储存、装卸危险物品的建设项目没有安全设施设计或者安全设施设计未按照规定报经有关部门审查同意的； （三）矿山、金属冶炼建设项目或者用于生产、储存、装卸危险物品的建设项目的施工单位未按照批准的安全设施设计施工的； （四）矿山、金属冶炼建设项目或者用于生产、储存危险物品的建设项目竣工投入生产或者使用前，安全设施未经验收合格的。	炼建设项目或者用于生产、储存、装卸危险物品的建设项目进行安全评价的； （二）矿山、金属冶炼建设项目或者用于生产、储存、装卸危险物品的建设项目没有安全设施设计或者安全设施设计未按照规定报经有关部门审查同意的； （三）矿山、金属冶炼建设项目或者用于生产、储存、装卸危险物品的建设项目的施工单位未按照批准的安全设施设计施工的； （四）矿山、金属冶炼建设项目或者用于生产、储存、**装卸**危险物品的建设项目竣工投入生产或者使用前，安全设施未经验收合格的。

适用要点

第 98 条是关于生产经营单位违反建设项目安全管理法律责任的规定。

生产经营单位对矿山、金属冶炼建设项目或者用于生产、储存、装卸危险物品的建设项目应进行安全评价，建设项目安全设施设计应经审查同意，施工单位应按照批准的安全设施设计施工，建设项目竣工投入生产或者使用前应进行安全设施验收且验收合格。如果生产经营单位未履行上述义务的，属于违法行为，应该承担相应的法律责任。

本条是对 2014 年《安全生产法》第 95 条的修改完善。其主要体现在以下三个方面：一是增加了对违法行为直接进行罚款处罚的规定。在责令生产经营单位停止建设或者停产停业整顿，限期改正的同时，并处 10

万元以上50万元以下的罚款，对其直接负责的主管人员和其他直接责任人员处2万元以上5万元以下的罚款。二是提高了对逾期未改正的直接负责的主管人员和其他直接责任人员的罚款数额，由原来的“处二万元以上五万元以下的罚款”提高到“处五万元以上十万元以下的罚款”。三是增加“装卸危险物品的建设项目投入生产或者使用前，安全设施未经验收合格的”这一种新的违法行为。

典型案例

迁西县安全生产监督管理局与迁西县鑫汇金矿有限公司行政处罚案[1]

裁判要旨：2014年《安全生产法》第95条规定，生产经营单位有下列行为之一的，责令停止建设或者停产停业整顿，限期改正；逾期未改正的，处50万元以上100万元以下的罚款，对其直接负责的主管人员和其他直接责任人员处2万元以上5万元以下的罚款；构成犯罪的，依照《刑法》有关规定追究刑事责任。(迁西)安监管罚字(2016)第(1)号行政处罚决定仅对生产经营单位即鑫汇金矿作出责令停止建设尾矿库、罚款60万元的行政处罚，却未对直接负责的主管人员和其他直接责任人员处以罚款。

第九十九条　【与安全设备相关的违法行为及法律后果】生产经营单位有下列行为之一的，责令限期改正，处五万元以下的罚款；逾期未改正的，处五万元以上二十万元以下的罚款，对其直接负责的主管人员和其他直接责任人员处一万元以上二万元以下的

[1] 参见河北省迁西县人民法院(2016)冀0227行审59号案例。

罚款；情节严重的，责令停产停业整顿；构成犯罪的，依照刑法有关规定追究刑事责任：

（一）未在有较大危险因素的生产经营场所和有关设施、设备上设置明显的安全警示标志的；

（二）安全设备的安装、使用、检测、改造和报废不符合国家标准或者行业标准的；

（三）未对安全设备进行经常性维护、保养和定期检测的；

（四）关闭、破坏直接关系生产安全的监控、报警、防护、救生设备、设施，或者篡改、隐瞒、销毁其相关数据、信息的；

（五）未为从业人员提供符合国家标准或者行业标准的劳动防护用品的；

（六）危险物品的容器、运输工具，以及涉及人身安全、危险性较大的海洋石油开采特种设备和矿山井下特种设备未经具有专业资质的机构检测、检验合格，取得安全使用证或者安全标志，投入使用的；

（七）使用应当淘汰的危及生产安全的工艺、设备的；

（八）餐饮等行业的生产经营单位使用燃气未安装可燃气体报警装置的。

条文对照

2014 年《安全生产法》	2021 年《安全生产法》
第九十六条　生产经营单位有下列行为之一的，责令限期改正，~~可以~~处五万元以下的罚款；逾期未改正的，处五万元以上二十万元以下的罚款，对其直接负责的主管人员和其他直接责任	**第九十九条**　生产经营单位有下列行为之一的，责令限期改正，处五万元以下的罚款；逾期未改正的，处五万元以上二十万元以下的罚款，对其直接负责的主管人员和其他直接责任人员

续表

2014 年《安全生产法》	2021 年《安全生产法》
人员处一万元以上二万元以下的罚款；情节严重的，责令停产停业整顿；构成犯罪的，依照刑法有关规定追究刑事责任： （一）未在有较大危险因素的生产经营场所和有关设施、设备上设置明显的安全警示标志的； （二）安全设备的安装、使用、检测、改造和报废不符合国家标准或者行业标准的； （三）未对安全设备进行经常性维护、保养和定期检测的； （四）未为从业人员提供符合国家标准或者行业标准的劳动防护用品的； （五）危险物品的容器、运输工具，以及涉及人身安全、危险性较大的海洋石油开采特种设备和矿山井下特种设备未经具有专业资质的机构检测、检验合格，取得安全使用证或者安全标志，投入使用的； （六）使用应当淘汰的危及生产安全的工艺、设备的。	处一万元以上二万元以下的罚款；情节严重的，责令停产停业整顿；构成犯罪的，依照刑法有关规定追究刑事责任： （一）未在有较大危险因素的生产经营场所和有关设施、设备上设置明显的安全警示标志的； （二）安全设备的安装、使用、检测、改造和报废不符合国家标准或者行业标准的； （三）未对安全设备进行经常性维护、保养和定期检测的； **（四）关闭、破坏直接关系生产安全的监控、报警、防护、救生设备、设施，或者篡改、隐瞒、销毁其相关数据、信息的；** **（五）**未为从业人员提供符合国家标准或者行业标准的劳动防护用品的； **（六）**危险物品的容器、运输工具，以及涉及人身安全、危险性较大的海洋石油开采特种设备和矿山井下特种设备未经具有专业资质的机构检测、检验合格，取得安全使用证或者安全标志，投入使用的； **（七）**使用应当淘汰的危及生产安全的工艺、设备的； **（八）餐饮等行业的生产经营单位使用燃气未安装可燃气体报警装置的。**

适用要点

第99条是生产经营单位违反关于安全设施、设备、劳动防护用品安全管理规定法律责任的规定。

本条是对2014年《安全生产法》第96条的修改和完善，主要体现在以下两个方面：

1. 将2014年《安全生产法》第96条中的“可以处五万元以下的罚款”修改为“处五万元以下的罚款”。

2. 增加了适用本条处罚的两种安全生产违法行为：一是关闭、破坏直接关系生产安全的监控、报警、防护、救生设备、设施，或者篡改、隐瞒、销毁其相关数据、信息的；二是餐饮等行业的生产经营单位使用燃气未安装可燃气体报警装置的。

生产经营单位应当对其安全设施、设备和劳动防护用品尽到安全管理职责：(1)在有较大危险因素的生产经营场所和有关设施、设备上设置明显的安全警示标志；(2)保证安全设备的安装、使用、检测、改造和报废符合国家标准或者行业标准；(3)对安全设备进行经常性维护、保养和定期检测；(4)确保直接关系生产安全的监控、报警、防护、救生设备、设施处于正常运行状态并确保其相关数据、信息的真实性、准确性；(5)为从业人员提供符合国家标准或者行业标准的劳动防护用品；(6)危险物品的容器、运输工具，以及涉及人身安全、危险性较大的海洋石油开采特种设备和矿山井下特种设备经具有专业资质的机构检测、检验合格，取得安全使用证或者安全标志，方可投入使用；(7)严禁使用应当淘汰的危及生产安全的工艺、设备；(8)餐饮等行业的生产经营单位使用燃气应安装可燃气体报警装置。如果生产经营单位违反上述义务，对安全设施、设备及劳动防护用品等未尽到安全管理职责的，属于违法行为，应该依据本条承担法律责任。

典型案例

北京鸿鹄渔港海鲜餐饮有限公司与北京市平谷区人民政府等行政处罚案[1]

裁判要旨:2014年《安全生产法》第96条规定,生产经营单位有下列行为之一的,责令限期改正,可以处5万元以下的罚款:安全设备的安装、使用、检测、改造和报废不符合国家标准或者行业标准的;未对安全设备进行经常性维护、保养和定期检测的。本案中,鸿鹄渔港公司作为建筑面积500平方米以上的餐饮经营单位,其未按时清理排油烟管道,而是超过规定清理期限2日。依据上述规定,平谷区商委作出的处罚决定认定事实清楚、证据确凿、适用法律正确。2014年《安全生产法》第96条,《北京市餐饮经营单位安全生产规定》第25条、第35条已明确规定了中餐操作间排油烟管道超期清理的相应处罚,该规定系以超期清理行为作为处罚依据,且平谷区商委的处罚系在规定量罚范围之内,已考虑了原告违法的具体情节,原告认为其应被免予处罚无事实和法律依据。

第一百条　【违反危险物品安全管理的法律责任】未经依法批准,擅自生产、经营、运输、储存、使用危险物品或者处置废弃危险物品的,依照有关危险物品安全管理的法律、行政法规的规定予以处罚;构成犯罪的,依照刑法有关规定追究刑事责任。

[1] 参见北京市平谷区人民法院(2018)京0117行初359号案例。

适用要点

本条是关于违反危险物品安全管理的法律责任的规定。

危险物品的生产、经营、运输、储存、使用或者处置等，具有极高的危险性，生产经营单位需要取得相应资质或者经过批准才有资格从事危险物品的生产、经营、运输、储存、使用或者处置等。本条是引导性条款，生产经营单位未经依法批准，擅自生产、经营、运输、储存、使用危险物品或者处置废弃危险物品的，依照有关危险物品安全管理的法律、行政法规的规定予以处罚；构成犯罪的，依照《刑法》有关规定追究刑事责任。例如，我国《危险化学品安全管理条例》对危险化学品生产、经营、运输、储存、使用或者处置等作了明确规定，并对未经依法批准擅自生产、经营、运输、储存、使用危险物品或者处置废弃危险化学品的行为规定了相应的法律责任。如果生产经营单位违反了关于危险化学品安全管理的规定，应依据《危险化学品安全管理条例》的规定给予行政处罚。

实用小贴士

危险物品肇事罪

危险物品肇事罪是指违反爆炸性、易燃性、放射性、毒害性、腐蚀性物品的管理规定，在生产、储存、运输、使用中发生重大事故，造成严重后果的犯罪行为。爆炸性、易燃性、放射性、毒害性、腐蚀性物品的生产者、储存者、运输者、使用者是本罪的犯罪主体。本罪的客观方面表现为“违反爆炸性、易燃性、放射性、毒害性、腐蚀性物品的管理规定，在生产、储存、运输、使用中发生重大事故，造成严重后果的”行为。本罪属于结果犯，只有“发生重大事故的”，才构成本罪。有下列情形之一的，应认定为“发生重大事故”：(1)造成死亡1人以上，或者重伤3人以上的；(2)造成直接经济损失100万元以上的；(3)其他造成严重后果或者重大安全事故的情形。构成本罪的，处3年以下有期徒刑或者拘役。后果特别严重的，处3年以上7年以下有期徒刑。有下列情形之一的，应认定为“后果特别严重”：(1)造成死亡3人以上或者重伤10人以上，负事故主要责任的；(2)造成直接经济损失500万元以上，负事故主要责任的；(3)其他后果特别严重的情形。

第一百零一条　【与安全管理制度相关的违法行为及法律责任】生产经营单位有下列行为之一的，责令限期改正，处十万元以下的罚款；逾期未改正的，责令停产停业整顿，并处十万元以上二十万元以下的罚款，对其直接负责的主管人员和其他直接责任人员处二万元以上五万元以下的罚款；构成犯罪的，依照刑法有关规定追究刑事责任：

（一）生产、经营、运输、储存、使用危险物品或者处置废弃危险物品，未建立专门安全管理制度、未采取可靠的安全措施的；

（二）对重大危险源未登记建档，未进行定期检测、评估、监控，未制定应急预案，或者未告知应急措施的；

（三）进行爆破、吊装、动火、临时用电以及国务院应急管理部门会同国务院有关部门规定的其他危险作业，未安排专门人员进行现场安全管理的；

（四）未建立安全风险分级管控制度或者未按照安全风险分级采取相应管控措施的；

（五）未建立事故隐患排查治理制度，或者重大事故隐患排查治理情况未按照规定报告的。

条文对照

2014 年《安全生产法》	2021 年《安全生产法》
第九十八条　生产经营单位有下列行为之一的，责令限期改正，~~可以~~处十万元以下的罚款；逾期未改正的，责令停产停业整顿，并处十万元以上二十万元以下的罚款，对其直接负责的主管人员和其他直接责任人员处二万元以	**第一百零一条**　生产经营单位有下列行为之一的，责令限期改正，处十万元以下的罚款；逾期未改正的，责令停产停业整顿，并处十万元以上二十万元以下的罚款，对其直接负责的主管人员和其他直接责任人员处二万元以上

续表

2014 年《安全生产法》	2021 年《安全生产法》
上五万元以下的罚款；构成犯罪的，依照刑法有关规定追究刑事责任： （一）生产、经营、运输、储存、使用危险物品或者处置废弃危险物品，未建立专门安全管理制度、未采取可靠的安全措施的； （二）对重大危险源未登记建档，或者未进行评估、监控，或者未制定应急预案的； （三）进行爆破、吊装以及国务院~~安全生产监督~~管理部门会同国务院有关部门规定的其他危险作业，未安排专门人员进行现场安全管理的； （四）未建立事故隐患排查治理制度的。	五万元以下的罚款；构成犯罪的，依照刑法有关规定追究刑事责任： （一）生产、经营、运输、储存、使用危险物品或者处置废弃危险物品，未建立专门安全管理制度、未采取可靠的安全措施的； （二）对重大危险源未登记建档，未进行**定期检测、**评估、监控，未制定应急预案，或者未**告知应急措施**的； （三）进行爆破、吊装**、动火、临时用电**以及国务院**应急**管理部门会同国务院有关部门规定的其他危险作业，未安排专门人员进行现场安全管理的； **（四）未建立安全风险分级管控制度或者未按照安全风险分级采取相应管控措施的；** **（五）**未建立事故隐患排查治理制度**，或者重大事故隐患排查治理情况未按照规定报告的**。

适用要点

第 101 条是关于生产经营单位未建立相应安全管理制度及未采取措施落实相关制度的法律责任的规定。是对 2014 年《安全生产法》第 98 条的修改与完善。主要体现在两个方面：

1. 将“可以处十万元以下的罚款”修改为“处十万元以下的罚款”。

2. 增加了违法行为的情形。一是增加了“对重大危险源未告知应急措施的”“未建立安全风险分级管控制度或者未按照安全风险分级采取相应管控措施的""重大事故隐患排查治理情况未按照规定报告的"这三种违法行为；二是增加了"动火、临时用电"这两种作业需要专门人员进行现场安全管理的规定。

根据《安全生产法》，生产经营单位应履行以下安全生产管理制度及其落实措施的职责：(1)生产经营单位生产、经营、运输、储存、使用危险物品或者处置废弃危险物品，应当建立专门安全管理制度，并采取可靠的安全措施，防止事故发生；(2)对重大危险源登记建档，并进行定期检测、评估、监控，制定应急预案，并向有关人员告知应急措施；(3)进行爆破、吊装、动火、临时用电以及国务院应急管理部门会同国务院有关部门规定的其他危险作业，应安排专门人员进行现场安全管理；(4)应建立安全风险分级管控制度，并按照安全风险分级采取相应管控措施；(5)建立事故隐患排查治理制度，并将重大事故隐患排查治理情况按照规定向负有安全生产监督管理的部门报告。生产经营单位未尽到上述义务的，责令限期改正，处10万元以下的罚款；逾期未改正的，责令停产停业整顿，并处10万元以上20万元以下的罚款，对其直接负责的主管人员和其他直接责任人员处2万元以上5万元以下的罚款；构成犯罪的，依照《刑法》有关规定追究刑事责任。

典型案例

江苏丽都箱包有限公司与常州市武进区安全生产监督管理局行政处罚案[1]

裁判要旨：依照2014年《安全生产法》第38条、第98条第4项之规定，生产经营单位应当建立健全生产安全事故隐患排查治理制度，如生产经营单位未建立事故隐患排查治理制度的，安全生产监督管理部门有权

〔1〕参见江苏省常州市中级人民法院(2019)苏04行终45号案例。

责令其限期改正，并可以处 10 万元以下的罚款。前述法律赋予了安全生产监管部门针对上述两种违法情形进行执法的自由裁量权，其中，既有是否决定给予罚款这一自由裁量权，也有决定具体罚款数额的这一处罚幅度的自由裁量权。

第一百零二条　【未采取措施消除事故隐患的法律责任】生产经营单位未采取措施消除事故隐患的，责令立即消除或者限期消除，处五万元以下的罚款；生产经营单位拒不执行的，责令停产停业整顿，对其直接负责的主管人员和其他直接责任人员处五万元以上十万元以下的罚款；构成犯罪的，依照刑法有关规定追究刑事责任。

条文对照

2014 年《安全生产法》	2021 年《安全生产法》
第九十九条　生产经营单位未采取措施消除事故隐患的，责令立即消除或者限期消除；生产经营单位拒不执行的，责令停产停业整顿，并~~处十万元以上五十万元以下的罚款~~，对其直接负责的主管人员和其他直接责任人员处二万元以上五万元以下的罚款。	**第一百零二条**　生产经营单位未采取措施消除事故隐患的，责令立即消除或者限期消除，**处五万元以下的罚款**；生产经营单位拒不执行的，责令停产停业整顿，对其直接负责的主管人员和其他直接责任人员处**五**万元以上**十**万元以下的罚款；**构成犯罪的，依照刑法有关规定追究刑事责任**。

适用要点

第 102 条是关于生产经营单位未采取措施消除事故隐患的法律责任的规定。

生产经营单位要对本单位安全生产全面负责，生产经营单位有主动发现并消除事故隐患的责任，防止生产安全事故的发生。负有安全生产监督管理的部门有对生产经营单位进行监督检查的职责，对其在监督检查中发现的问题，有权作出责令限期改正等现场处理措施，同时对生产经营单位处5万元以下的罚款。一般事故隐患当场就可以排除，但有些事故隐患则需要较长的时间排除。因此，生产经营单位未采取措施消除事故隐患的，责令立即消除或者限期消除。立即消除事故隐患还是限期消除，由有关行政执法机关根据具体情况作出自由裁量。如果限期消除，期限的长短要根据隐患的具体情况合理确定。

生产经营单位拒不执行立即消除或者限期消除事故隐患指令的，本法采取了双罚制。一方面，责令生产经营单位停产停业整顿，并依据《安全生产法》第112条的规定，负有安全生产监督管理职责的部门可以自作出责令改正之日的次日起，按照原处罚数额按日连续处罚。另一方面，对其直接负责的主管人员和其他直接责任人员处5万元以上10万元以下的罚款。直接负责的主管人员是指在生产经营单位拒不消除事故隐患中负有领导责任的人员。其他直接责任人员是指直接实施消除事故隐患的责任人员。

典型案例

刘志国与澧县安全生产监督管理局安监行政处罚及行政赔偿案[1]

裁判要旨：2014年《安全生产法》第99条规定："生产经营单位未采取措施消除事故隐患的，责令立即消除或者限期消除；生产经营单位拒不执行的，责令停产停业整顿，并处十万元以上五十万元以下的罚款，对其

[1] 参见湖南省常德市中级人民法院(2018)湘07行终92号案例。

直接负责的主管人员和其他直接责任人员处二万元以上五万元以下的罚款。”澧县安监局发现刘志国的冷库存在事故隐患，向刘志国下达了责令限期整改指令书。后又发现刘志国未按要求进行整改，刘志国明确表示责令限制整改指令书上指出的5个问题中的4个问题无法整改到位。2018年1月12日的听证会上，刘志国明确告知澧县安监局其已经采取放氨、断电的措施停产停业。而澧县安监局所提交的证据材料不能证明刘志国存在拒不执行责令限期整改指令，且仍然继续经营的违法事实。据此，澧县安监局作出被诉处罚决定主要证据不足，应予撤销的决定。因被诉处罚决定已由澧县安监局在本案二审期间主动撤销，故依据《行政诉讼法》第74条第2款第2项的规定，确认被诉处罚决定违法。刘志国在收到澧县安监局的责令限期整改指令后，发现无法整改到位，主动停产停业以消除事故隐患，其认为不应再次受到行政处罚的上诉主张成立，本院予以支持。

第一百零三条　【违反承包、出租中安全管理职责的法律责任】生产经营单位将生产经营项目、场所、设备发包或者出租给不具备安全生产条件或者相应资质的单位或者个人的，责令限期改正，没收违法所得；违法所得十万元以上的，并处违法所得二倍以上五倍以下的罚款；没有违法所得或者违法所得不足十万元的，单处或者并处十万元以上二十万元以下的罚款；对其直接负责的主管人员和其他直接责任人员处一万元以上二万元以下的罚款；导致发生生产安全事故给他人造成损害的，与承包方、承租方承担连带赔偿责任。

生产经营单位未与承包单位、承租单位签订专门的安全生产管理协议或者未在承包合同、租赁合同中明确各自的安全生产管理职责，或者未对承包单位、承租单位的安全生产统一协调、管理的，责令限期改正，处五万元以下的罚款，对其直接负责的主管人

员和其他直接责任人员处一万元以下的罚款;逾期未改正的,责令停产停业整顿。

矿山、金属冶炼建设项目和用于生产、储存、装卸危险物品的建设项目的施工单位未按照规定对施工项目进行安全管理的,责令限期改正,处十万元以下的罚款,对其直接负责的主管人员和其他直接责任人员处二万元以下的罚款;逾期未改正的,责令停产停业整顿。以上施工单位倒卖、出租、出借、挂靠或者以其他形式非法转让施工资质的,责令停产停业整顿,吊销资质证书,没收违法所得;违法所得十万元以上的,并处违法所得二倍以上五倍以下的罚款,没有违法所得或者违法所得不足十万元的,单处或者并处十万元以上二十万元以下的罚款;对其直接负责的主管人员和其他直接责任人员处五万元以上十万元以下的罚款;构成犯罪的,依照刑法有关规定追究刑事责任。

条文对照

2014 年《安全生产法》	2021 年《安全生产法》
第一百条 生产经营单位将生产经营项目、场所、设备发包或者出租给不具备安全生产条件或者相应资质的单位或者个人的,责令限期改正,没收违法所得;违法所得十万元以上的,并处违法所得二倍以上五倍以下的罚款;没有违法所得或者违法所得不足十万元的,单处或者并处十万元以上二十万元以下的罚款;对其直接负责的主管人员和其他直接责任人员处一万元以上二万元以下的罚款;导致发生生产安全	**第一百零三条** 生产经营单位将生产经营项目、场所、设备发包或者出租给不具备安全生产条件或者相应资质的单位或者个人的,责令限期改正,没收违法所得;违法所得十万元以上的,并处违法所得二倍以上五倍以下的罚款;没有违法所得或者违法所得不足十万元的,单处或者并处十万元以上二十万元以下的罚款;对其直接负责的主管人员和其他直接责任人员处一万元以上二万元以下的罚款;导致发生生产

续表

2014 年《安全生产法》	2021 年《安全生产法》
事故给他人造成损害的，与承包方、承租方承担连带赔偿责任。 生产经营单位未与承包单位、承租单位签订专门的安全生产管理协议或者未在承包合同、租赁合同中明确各自的安全生产管理职责，或者未对承包单位、承租单位的安全生产统一协调、管理的，责令限期改正，~~可以~~处五万元以下的罚款，对其直接负责的主管人员和其他直接责任人员~~可以~~处一万元以下的罚款；逾期未改正的，责令停产停业整顿。	安全事故给他人造成损害的，与承包方、承租方承担连带赔偿责任。 生产经营单位未与承包单位、承租单位签订专门的安全生产管理协议或者未在承包合同、租赁合同中明确各自的安全生产管理职责，或者未对承包单位、承租单位的安全生产统一协调、管理的，责令限期改正，处五万元以下的罚款，对其直接负责的主管人员和其他直接责任人员处一万元以下的罚款；逾期未改正的，责令停产停业整顿。 **矿山、金属冶炼建设项目和用于生产、储存、装卸危险物品的建设项目的施工单位未按照规定对施工项目进行安全管理的，责令限期改正，处十万元以下的罚款，对其直接负责的主管人员和其他直接责任人员处二万元以下的罚款；逾期未改正的，责令停产停业整顿。以上施工单位倒卖、出租、出借、挂靠或者以其他形式非法转让施工资质的，责令停产停业整顿，吊销资质证书，没收违法所得；违法所得十万元以上的，并处违法所得二倍以上五倍以下的罚款，没有违法所得或者违法所得不足十万元的，单处或者并处十万元以上二十万元以下的罚款；对其直接负责的主管人员和其他直接责任人员处五万元以上十万元以下的罚款；构成犯罪的，依照刑法有关规定追究刑事责任。**

适用要点

第103条是关于生产经营单位违反承包、出租中安全管理职责规定以及矿山、金属冶炼建设项目和用于生产、储存、装卸危险物品的建设项目施工单位违反安全管理规定法律责任的规定。

一、生产经营单位将生产经营项目、场所、设备发包或者出租给不具备安全生产条件或者相应资质的单位或者个人的法律责任

生产经营单位应将生产经营项目、场所、设备发包或者出租给具备安全生产条件或者相应资质的单位或者个人，否则，负有安全生产监督管理职责的部门应责令限期改正，没收违法所得；违法所得10万元以上的，并处违法所得2倍以上5倍以下的罚款；没有违法所得或者违法所得不足10万元的，单处或者并处10万元以上20万元以下的罚款；对其直接负责的主管人员和其他直接责任人员处1万元以上2万元以下的罚款；导致发生生产安全事故给他人造成损害的，与承包方、承租方承担连带赔偿责任。

二、未签订安全生产管理协议或者未对承包单位、承租单位的安全生产统一协调、管理的法律责任

生产经营单位将其场所、设备、生产经营项目出租、承包给具有资质的单位或者个人的，仍然要承担相应的安全生产管理责任：一是生产经营单位应与承包单位、承租单位签订专门的安全生产管理协议或者在承包合同、租赁合同中明确各自的安全生产管理职责；二是生产经营单位仍应承担对承包单位、承租单位的安全生产统一协调、管理职责。如果生产经营单位未与承包单位、承租单位签订专门的安全生产管理协议或者未在承包合同、租赁合同中明确各自的安全生产管理职责，或者未对承包单位、承租单位的安全生产统一协调、管理的，责令限期改正，处5万元以下的罚款，对其直接负责的主管人员和其他直接责任人员可以处1万元以

下的罚款；逾期未改正的，责令停产停业整顿。

三、矿山、金属冶炼建设项目和用于生产、储存、装卸危险物品的建设项目施工单位违反安全管理义务的法律责任

一是矿山、金属冶炼建设项目和用于生产、储存、装卸危险物品的建设项目施工单位应按照规定对施工项目进行安全管理，否则，负有安全生产监督管理职责的部门应责令限期改正，处10万元以下的罚款，对其直接负责的主管人员和其他直接责任人员处2万元以下的罚款；逾期未改正的，责令停产停业整顿。

二是矿山、金属冶炼建设项目和用于生产、储存、装卸危险物品的建设项目施工单位倒卖、出租、出借、挂靠或者以其他形式非法转让施工资质的，责令停产停业整顿，吊销资质证书，没收违法所得；违法所得10万元以上的，并处违法所得2倍以上5倍以下的罚款，没有违法所得或者违法所得不足10万元的，单处或者并处10万元以上20万元以下的罚款；对其直接负责的主管人员和其他直接责任人员处5万元以上10万元以下的罚款；构成犯罪的，依照刑法有关规定追究刑事责任。

典型案例

海南大富豪客运有限公司临高分公司与海口市交通运输和港航管理局其他行政行为案[1]

裁判要旨：2014年《安全生产法》第100条第2款规定："生产经营单位未与承包单位、承租单位签订专门的安全生产管理协议或者未在承包合同、租赁合同中明确各自的安全生产管理职责，或者未对承包单位、承租单位的安全

〔1〕参见海南省海口市中级人民法院(2019)琼01行终14号案例。

生产统一协调、管理的，责令限期改正，可以处五万元以下的罚款，对其直接负责的主管人员和其他直接责任人员可以处一万元以下的罚款；逾期未改正的，责令停产停业整顿。”本案上诉人自2018年1月以来多次出现站外揽客违规经营的行为，2018年8月3日，被上诉人的执法人员在例行巡察时，又发现上诉人经营的客运车辆有在站外上车，且未经过安检的情况，被上诉人在下达《责令改正通知书》后，上诉人仍然出现站外揽客经营行为，说明上诉人及相关管理人员未能加强管理、落实安全生产责任，且拒不改正。据此，被上诉人经立案、调查核实、集体讨论、处罚告知后，作出的处罚决定符合法律的规定。

实用小贴士

违法所得的认定

依据《安全生产违法行为行政处罚办法》第58条的规定，本办法所称的违法所得，按照下列规定计算：(1)生产、加工产品的，以生产、加工产品的销售收入作为违法所得；(2)销售商品的，以销售收入作为违法所得；(3)提供安全生产中介、租赁等服务的，以服务收入或者报酬作为违法所得；(4)销售收入无法计算的，按当地同类同等规模的生产经营单位的平均销售收入计算；(5)服务收入、报酬无法计算的，按照当地同行业同种服务的平均收入或者报酬计算。

第一百零四条 【违反交叉作业安全管理的法律责任】两个以上生产经营单位在同一作业区域内进行可能危及对方安全生产的生产经营活动，未签订安全生产管理协议或者未指定专职安全生产管理人员进行安全检查与协调的，责令限期改正，处五万元以下的罚款，对其直接负责的主管人员和其他直接责任人员处一万元以下的罚款；逾期未改正的，责令停产停业。

条文对照

2014 年《安全生产法》	2021 年《安全生产法》
第一百零一条 两个以上生产经营单位在同一作业区域内进行可能危及对方安全生产的生产经营活动,未签订安全生产管理协议或者未指定专职安全生产管理人员进行安全检查与协调的,责令限期改正,~~可以~~处五万元以下的罚款,对其直接负责的主管人员和其他直接责任人员~~可以~~处一万元以下的罚款;逾期未改正的,责令停产停业。	**第一百零四条** 两个以上生产经营单位在同一作业区域内进行可能危及对方安全生产的生产经营活动,未签订安全生产管理协议或者未指定专职安全生产管理人员进行安全检查与协调的,责令限期改正,处五万元以下的罚款,对其直接负责的主管人员和其他直接责任人员处一万元以下的罚款;逾期未改正的,责令停产停业。

适用要点

第 104 条是关于违反交叉作业安全管理的法律责任的规定。

同一区域内,有两个以上生产经营单位进行作业,可能危及对方安全生产的,应当签订安全管理协议,并指定专职安全生产管理人员进行安全检查与协调。例如,在同一区域内,既有从事煤层气开采的活动,又存在煤炭资源的开采活动的,这两个生产经营单位在同一作业区域内进行可能危及对方安全生产的生产经营活动,如果未签订安全生产管理协议或者未指定专职安全生产管理人员进行安全检查与协调,责令限期改正,处 5 万元以下的罚款,对其直接负责的主管人员和其他直接责任人员处 1 万元以下的罚款;逾期未改正的,责令停产停业。

典型案例

固镇县安全生产监督管理局、蚌埠渔润生物技术有限公司非诉执行审查行政案[1]

裁判要旨：依据2014年《安全生产法》第101条“两个以上生产经营单位在同一作业区域内进行可能危及对方安全生产的生产经营活动，未签订安全生产管理协议或者未指定专职安全生产管理人员进行安全检查与协调的，责令限期改正，可以处五万元以下的罚款，对其直接负责的主管人员和其他直接责任人员可以处一万元以下的罚款；逾期未改正的，责令停产停业”的规定，于2018年5月21日作出(固)安监罚(2018)大队－4号《行政处罚决定书》，决定对蚌埠渔润生物技术有限公司罚款40000元。本院认为，申请执行人固镇县安全生产监督管理局作出的《行政处罚决定书》在行政主体、行政权限、行政程序、法律适用方面合法。

第一百零五条　【员工宿舍不符合安全要求的法律责任】生产经营单位有下列行为之一的，责令限期改正，处五万元以下的罚款，对其直接负责的主管人员和其他直接责任人员处一万元以下的罚款；逾期未改正的，责令停产停业整顿；构成犯罪的，依照刑法有关规定追究刑事责任：

（一）生产、经营、储存、使用危险物品的车间、商店、仓库与员工宿舍在同一座建筑内，或者与员工宿舍的距离不符合安全要求的；

[1] 参见安徽省固镇县人民法院(2019)皖0323行审6号案例。

（二）生产经营场所和员工宿舍未设有符合紧急疏散需要、标志明显、保持畅通的出口、疏散通道，或者占用、锁闭、封堵生产经营场所或者员工宿舍出口、疏散通道的。

条文对照

2014 年《安全生产法》	2021 年《安全生产法》
第一百零二条　生产经营单位有下列行为之一的，责令限期改正，~~可以~~处五万元以下的罚款，对其直接负责的主管人员和其他直接责任人员~~可以~~处一万元以下的罚款；逾期未改正的，责令停产停业整顿；构成犯罪的，依照刑法有关规定追究刑事责任： （一）生产、经营、储存、使用危险物品的车间、商店、仓库与员工宿舍在同一座建筑内，或者与员工宿舍的距离不符合安全要求的； （二）生产经营场所和员工宿舍未设有符合紧急疏散需要、标志明显、保持畅通的出口，或者锁闭、封堵生产经营场所或者员工宿舍出口的。	**第一百零五条**　生产经营单位有下列行为之一的，责令限期改正，处五万元以下的罚款，对其直接负责的主管人员和其他直接责任人员处一万元以下的罚款；逾期未改正的，责令停产停业整顿；构成犯罪的，依照刑法有关规定追究刑事责任： （一）生产、经营、储存、使用危险物品的车间、商店、仓库与员工宿舍在同一座建筑内，或者与员工宿舍的距离不符合安全要求的； （二）生产经营场所和员工宿舍未设有符合紧急疏散需要、标志明显、保持畅通的出口**、疏散通道**，或者**占用、**锁闭、封堵生产经营场所或者员工宿舍出口**、疏散通道**的。

适用要点

第 105 条是生产经营单位违反作业场所和员工宿舍安全距离及出口、疏散通道安全管理的法律责任的规定。

危险物品具有极大的危险性，如易燃、易爆物品等，所以生产、经营、储存、使用危险物品的车间、商店、仓库与员工宿舍不得在同一座建筑。员工宿舍与生产、经营、储存、使用危险物品的车间、商店、仓库与员工宿舍不在同一建筑物内的,生产经营单位还应确保二者之间的距离应当符合安全要求。无论是否为从事高危作业的生产经营场所以及员工宿舍都应设有符合紧急疏散需要、标志明显、保持畅通的出口,也不得占用、锁闭、封堵生产经营场所或者员工宿舍出口、疏散通道。否则,应责令限期改正,处5万元以下的罚款,对其直接负责的主管人员和其他直接责任人员处1万元以下的罚款;逾期未改正的,责令停产停业整顿;构成犯罪的,依照刑法有关规定追究刑事责任。

典型案例

太仓市应急管理局与张伟行政非诉审查案[1]

裁判要旨:2019年7月,申请人太仓市应急管理局依法对太仓伟航包装有限公司进行现场执法检查。发现该公司存在:储存、使用危险物品醋酸正丙酯、异丙醇、醋酸乙酯的车间与员工宿舍在同一座建筑内的违法事实。太仓伟航包装有限公司的上述违法事实,有申请人提交的询问笔录、现场检查记录、现场处理措施决定书、责令限期整改指令书、化学品安全技术说明书、证据提取单、视频资料等证据予以证实。太仓伟航包装有限公司的上述行为违反了2014年《安全生产法》第39条第1款的规定,违法事实清楚。申请人依据2014年《安全生产法》第102条第1项的规定,对直接负责的主管人员即被申请人作出上述行政处罚,证据充分,适用依据正确、程序合法。现申请人作出的行政处罚决定已生效。被申请人拒不履行义务,申请人向本院申请强制执行,该案符合人民法院进行强制执行的法定条件。

〔1〕 参见太仓市人民法院(2020)苏0585行审24号案例。

第一百零六条 【免责协议无效】生产经营单位与从业人员订立协议,免除或者减轻其对从业人员因生产安全事故伤亡依法应承担的责任的,该协议无效;对生产经营单位的主要负责人、个人经营的投资人处二万元以上十万元以下的罚款。

适用要点

本条是关于生产经营单位与从业人员订立协议,免除或者减轻其对从业人员因生产安全事故伤亡依法应承担的责任的规定。

生产经营单位不得与从业人员订立协议,免除或者减轻其对从业人员因生产安全事故伤亡依法应承担的责任。否则,不但该约定无效,有关部门还有权对生产经营单位的主要负责人、个人经营的投资人处 2 万元以上 10 万元以下的罚款。

典型案例

成都晨源物流有限公司与张大训劳动争议案[1]

裁判要旨:原告不得在劳动合同、规章制度中免除或减轻的法定责任是对其从业人员因生产安全事故伤亡依法应承担的责任,而以上安全管理手册中的条款为经济损失,未违反禁止性规定,15% 的责任额比例在促使驾驶员提高安全驾驶意识,保有谨慎驾驶义务的同时,也属合理范围内,本院予以采纳。被告对此另提出,原告在事故发生后已经按照其张贴的安全禁令特别规定对被告作出待岗学习的处罚。本院认为,据原被告《劳动合同书》,被告

〔1〕 参见四川省都江堰市人民法院(2016)川 0181 民初 4496 号案例。

超速驾驶行为违反原告规章制度，原告依合同约定作出待岗学习处罚，在被告违反原告规章制度的行为造成原告经济损失的情况下，原告依劳动合同约定也有权向被告主张赔偿，对被告该项抗辩理由，本院不予采纳。因此，被告应承担的责任比例为2010年原告安全管理手册中明确的15%。

实用小贴士

存在约定"免除或者减轻其对从业人员因生产安全事故伤亡依法应承担的责任的"劳动合同的效力

如果劳动合同中，生产经营单位与劳动者约定"免除或者减轻其对从业人员因生产安全事故伤亡依法应承担的责任的"，该约定无效，该约定无效不影响劳动合同其他部分的效力。所以，劳动者仍可以根据劳动合同的约定向生产经营单位主张劳动报酬。

第一百零七条 【从业人员不服从安全管理的法律责任】生产经营单位的从业人员不落实岗位安全责任，不服从管理，违反安全生产规章制度或者操作规程的，由生产经营单位给予批评教育，依照有关规章制度给予处分；构成犯罪的，依照刑法有关规定追究刑事责任。

条文对照

2014年《安全生产法》	2021年《安全生产法》
第一百零四条 生产经营单位的从业人员不服从管理，违反安全生产规章制度或者操作规程的，由生产经营单位给予批评教育，依照有关规章制度给	**第一百零七条** 生产经营单位的从业人员**不落实岗位安全责任**，不服从管理，违反安全生产规章制度或者操作规程的，由生产经营单位给予批评教

续表

2014 年《安全生产法》	2021 年《安全生产法》
予处分；构成犯罪的，依照刑法有关规定追究刑事责任。	育，依照有关规章制度给予处分；构成犯罪的，依照刑法有关规定追究刑事责任。

适用要点

第 107 条是关于生产经营单位从业人员违反生产经营单位内部安全管理规定的法律责任的规定。

《安全生产法》第 3 章对从业人员安全生产权利义务也作了规定，但是《安全生产法》的立法目的之一是保护从业人员生命健康安全。因此，《安全生产法》没有对从业人员违反内部安全管理行为规定明确的法律责任，而是由生产经营单位对不落实岗位安全责任，不服从管理，违反安全生产规章制度或者操作规程的从业人员进行批评教育，并由生产经营单位依照有关规章制度给予处分。例如，煤矿企业制定了全员安全生产责任制并对违反安全生产责任制的行为规定了内部处分的规章制度，那么对违反全员安全生产责任制的从业人员即可依据其内部的规章制度对其进行处分。

《刑法》第 134 条第 1 款规定："在生产、作业中违反有关安全管理的规定，因而发生重大伤亡事故或者造成其他严重后果的，处三年以下有期徒刑或者拘役；情节特别恶劣的，处三年以上七年以下有期徒刑。"这里的"有关安全管理的规定"包括单位内部安全管理规章制度。如果从业人员违反单位内部安全管理制度，因而发生重大伤亡事故或者造成其他严重后果，也构成重大责任事故罪，依照《刑法》第 134 条第 1 款的规定追究其刑事责任。

典型案例

姚玉平、深圳市京泉华科技股份有限公司劳动合同纠纷案[1]

裁判要旨:2014 年《安全生产法》第 104 条规定,生产经营单位的从业人员不服从管理,违反安全生产规章制度或者操作规程的,由生产经营单位给予批评教育,按照有关规章制度给予处分……被上诉人提交的《员工手册》、培训记录、双方签订的劳动合同等形成证据链,证明《员工手册》系经民主程序制定并已告知上诉人。故被上诉人根据调查批复的依据,按照《员工手册》的规定对上诉人作出辞退处理,并未违反法律规定。上诉人以被上诉人未将《劳动管理制度》及《员工手册》的附件发给上诉人、未对上诉人培训为由主张《劳动管理制度》及《员工手册》不能适用于上诉人依据不足,本院不予支持。原审判决被上诉人无须支付上诉人违法解除劳动合同赔偿金并无不当,本院予以维持。

实用小贴士

“主要负责人”、“其他负责人”以及“安全生产管理人员”也是本条中的从业人员

本条中的“从业人员”主要是负责人之外的普通从业人员;但“主要负责人”、“其他负责人”以及“安全生产管理人员”也是本条中的“从业人员”。“主要负责人”、“其他负责人”以及“安全生产管理人员”违反《安全生产法》规定的职责的,应根据《安全生产法》的规定进行处罚。例如,“其他负责人”未履行《安全生产法》规定的安全生产职责的,依据《安全生产法》第 96 条的规定处罚。如果“其他负责人”不落实岗位安全责任,不服从管理,违反安全生产规章制度或者操作规程,应依据本条的规定进行处理。

[1] 参见广东省深圳市中级人民法院(2018)粤 03 民终 22588 号案例。

第一百零八条 【拒绝、阻碍安全检查的法律责任】违反本法规定，生产经营单位拒绝、阻碍负有安全生产监督管理职责的部门依法实施监督检查的，责令改正；拒不改正的，处二万元以上二十万元以下的罚款；对其直接负责的主管人员和其他直接责任人员处一万元以上二万元以下的罚款；构成犯罪的，依照刑法有关规定追究刑事责任。

适用要点

本条是关于生产经营单位拒绝、阻碍负有安全生产监督管理职责的部门依法实施监督检查的法律责任的规定。

生产经营单位对负有安全生产监督管理职责的部门的监督检查人员依法履行监督检查职责，应当予以配合，不得拒绝、阻挠。对生产经营单位拒绝、阻挠负有安全生产监督管理职责的部门行政执法的违法行为，要承担一定的法律责任。存在拒绝、阻碍负有安全生产监督管理职责的部门依法实施监督检查的，责令生产经营单位改正，配合并采取有效措施保证执法部门能够依法实施监督检查，接受执法部门依法实施的监督检查。拒不改正的，实行双罚制：一方面，对生产经营单位处 2 万元以上 20 万元以下的罚款；另一方面，对其直接负责的主管人员和其他直接责任人员处 1 万元以上 2 万元以下的罚款。构成犯罪的，主要是依据《刑法》第 277 条的规定，以“妨害公务罪”追究刑事责任。妨害公务罪主要是指以暴力、威胁方法阻碍国家机关工作人员依法执行职务的犯罪行为。构成妨害公务罪的，处 3 年以下有期徒刑、拘役、管制或者罚金。

典型案例

深圳市交通运输委员会、滴滴出行科技有限公司深圳分公司非诉执行审查案[1]

裁判要旨：本院经审查认为，申请执行人查明被执行人滴滴出行科技有限公司深圳分公司，存在“生产经营单位拒绝、阻碍负有安全生产监督管理职责的部门依法实施监督检查”的违法行为，事实清楚，证据确凿。申请执行人作出的行政处罚决定书符合法律规定、程序合法，该处罚决定已经发生法律效力。被执行人经催告仍不履行行政处罚决定，申请执行人申请人民法院强制执行，符合法律规定，依法应准予执行。

第一百零九条 【未按规定投保的法律责任】高危行业、领域的生产经营单位未按照国家规定投保安全生产责任保险的，责令限期改正，处五万元以上十万元以下的罚款；逾期未改正的，处十万元以上二十万元以下的罚款。

条文对照

2014年《安全生产法》	2021年《安全生产法》
	第一百零九条　高危行业、领域的生产经营单位未按照国家规定投保安全生产责任保险的，责令限期改正，处五万元以上十万元以下的罚款；逾期未

〔1〕参见深圳市盐田区人民法院（2019）粤0308行审2364号案例。

续表

2014 年《安全生产法》	2021 年《安全生产法》
	改正的，处十万元以上二十万元以下的罚款。

适用要点

本条是关于应投保而未投保“安责险”的法律责任的规定。

高危行业、领域的生产经营单位应当按照国家规定投保安全生产责任保险，否则应责令限期改正，处 5 万元以上 10 万元以下的罚款；逾期未改正的，处 10 万元以上 20 万元以下的罚款。“国家规定”不限于《安全生产法》的规定，还包括其他法律、法规、规章中规定应当投保安全生产责任保险的高危行业、领域的生产经营单位。例如，《安全生产责任保险实施办法》规定，煤矿、非煤矿山、危险化学品、烟花爆竹、交通运输、建筑施工、民用爆炸物品、金属冶炼、渔业生产等高危行业领域的生产经营单位应当投保安全生产责任保险。这些生产经营单位不投保安全生产责任保险的，负有安全生产监督管理职责的部门依据本条的规定对其进行处罚。

第一百一十条　【主要负责人不立即组织抢救的法律责任】生产经营单位的主要负责人在本单位发生生产安全事故时，不立即组织抢救或者在事故调查处理期间擅离职守或者逃匿的，给予降级、撤职的处分，并由应急管理部门处上一年年收入百分之六十至百分之一百的罚款；对逃匿的处十五日以下拘留；构成犯罪的，依照刑法有关规定追究刑事责任。

生产经营单位的主要负责人对生产安全事故隐瞒不报、谎报或者迟报的，依照前款规定处罚。

条文对照

2014 年《安全生产法》	2021 年《安全生产法》
第一百零六条 生产经营单位的主要负责人在本单位发生生产安全事故时,不立即组织抢救或者在事故调查处理期间擅离职守或者逃匿的,给予降级、撤职的处分,并由~~安全生产监督~~管理部门处上一年年收入百分之六十至百分之一百的罚款;对逃匿的处十五日以下拘留;构成犯罪的,依照刑法有关规定追究刑事责任。 生产经营单位的主要负责人对生产安全事故隐瞒不报、谎报或者迟报的,依照前款规定处罚。	**第一百一十条** 生产经营单位的主要负责人在本单位发生生产安全事故时,不立即组织抢救或者在事故调查处理期间擅离职守或者逃匿的,给予降级、撤职的处分,并由**应急**管理部门处上一年年收入百分之六十至百分之一百的罚款;对逃匿的处十五日以下拘留;构成犯罪的,依照刑法有关规定追究刑事责任。 生产经营单位的主要负责人对生产安全事故隐瞒不报、谎报或者迟报的,依照前款规定处罚。

适用要点

第 110 条是关于生产经营单位主要负责人隐瞒不报、谎报或者迟报事故或者事故发生时不立即组织抢救或者在事故调查处理期间擅离职守或者逃匿的法律责任的规定。

生产安全事故发生后,接到事故报告的主要负责人,应当按照《安全生产法》《生产安全事故报告和调查处理条例》的规定报告事故,并立即组织事故抢救,在事故调查处理期间配合调查,不得擅离职守,更不得逃匿。否则,是严重的违法行为。依据本条进行处罚的主要负责人的安全生产违法行为主要包括:(1)生产经营单位的主要负责人对生产安全事故隐瞒不报、谎报或者迟报的;(2)生产经营单位的主要负责人在本单位发生生产安全事故时,不立即组织抢救的;(3)在事故调查处理期间主要负责人擅离职守或者逃匿的。存在上述违法行为,对主要负责人给予降级、撤职的政务处分,并处上一年年收入 60% 至 100% 的罚款。这里必须指出的是,对主要负责人进行罚款的职权由应急管理部门行使,其他负有安全生产监督管理职责的部门不能依据本条的规定对主要负责人做出罚款的行政处罚,法律另有规定的除外。

对逃匿的处 15 日以下拘留。这里的“拘留”是指行政拘留,按照《治安管理处罚法》的规定,行政拘留由公安机关实施。

主要负责人的上述违法行为构成犯罪的,依照《刑法》有关规定追究刑事责任。

典型案例

罗平县安全生产监督管理局与刘武生产安全行政处罚案[1]

裁判要旨:2014 年《安全生产法》第 106 条规定:“生产经营单位的主要负责人在本单位发生生产安全事故时,不立即组织抢救或者在事故调查处理期间擅离职守或者逃匿的,给予降级、撤职的处分,并由安全生产监督管理部门处上一年年收入百分之六十至百分之一百的罚款;对逃匿的处十五日以下拘留;构成犯罪的,依照刑法有关规定追究刑事责任。生产经营单位的主要负责人对生产安全事故隐瞒不报、谎报或者迟报的,依照前款规定处罚。”因此,针对被申请执行人刘武的违法行为,申请执行人罗平县安全生产监督管理局在履行了处罚告知、听证告知等法定程序后,有权依据上述规定,对其予以行政处罚。

〔1〕 参见罗平县人民法院(2017)云 0324 行审 3 号案例。

实用小贴士

主要负责人罚款的细化规定

依据《生产安全事故罚款处罚规定(试行)》第11条和第13条,事故发生单位主要负责人有《安全生产法》第110条、《生产安全事故报告和调查处理条例》第35条规定的下列行为之一的,依照下列规定处以罚款:(1)事故发生单位主要负责人在事故发生后不立即组织事故抢救的,处上一年年收入100%的罚款;(2)事故发生单位主要负责人迟报事故的,处上一年年收入60%至80%的罚款;漏报事故的,处上一年年收入40%至60%的罚款;(3)事故发生单位主要负责人在事故调查处理期间擅离职守的,处上一年年收入80%至100%的罚款;(4)谎报、瞒报事故或者事故发生后逃匿的,处上一年年收入100%的罚款。

第一百一十一条 【对生产安全事故隐瞒不报、谎报或者迟报的法律责任】有关地方人民政府、负有安全生产监督管理职责的部门,对生产安全事故隐瞒不报、谎报或者迟报的,对直接负责的主管人员和其他直接责任人员依法给予处分;构成犯罪的,依照刑法有关规定追究刑事责任。

适用要点

本条是关于有关地方人民政府、负有安全生产监督管理职责的部门,对生产安全事故隐瞒不报、谎报或者迟报的法律责任的规定。

事故发生后,事故现场有关人员应当立即向本单位负责人报告;单位负责人接到报告后,应当于1小时内向事故发生地县级以上人民政府应急管理部门和负有安全生产监督管理职责的有关部门报告。情况紧急时,事故现场有关人员可以直接向事故发生地县级以上人民政府应急管理部门和负有安全生产监督管理职责的有关部门报告。应急管理部门和负有安全生产监督管理职责的有关部门接到事故报告后,应当依照下列规定上报事故情况,并通知公安机关、劳动保障行政部门、工会等:(1)特别重大事故、重大事故逐级上报至应急管理部门和负有安全生产监督管理职责的有关部门;(2)较大事故逐级上报至省、自治区、直辖市人民政府应急管理部门和负有安全生产监督管理职责的有关部门;(3)一般事故上报至设区的市级人民政府应急管理部门和负有安全生产监督管理职责的有关部门。应急管理部门和负有安全生产监督管理职责的有关部门依照前款规定上报事故情况,应当同时报告本级人民政府。应急管理部门和负有安全生产监督管理职责的有关部门以及省级人民政府接到发生特别重大事故、重大事故的报告后,应当立即报告国务院。必要时,应急管理部门和负有安全生产监督管理职责的有关部门可以越级上报事故情况。应急管理部门和负有安全生产监督管理职责的有关部门逐级上报事故情况,每级上报的时间不得超过2小时。

有关地方人民政府、负有安全生产监督管理职责的部门,对生产安全事故隐瞒不报、谎报或者迟报的,对直接负责的主管人员和其他直接责任人员依《公职人员政务处分法》给予政务处分。

在安全事故发生后,有关地方人民政府、负有安全生产监督管理职责的部门负有报告职责的人员不报或者谎报事故情况,贻误事故抢救,情节严重的,处3年以下有期徒刑或者拘役;情节特别严重的,处3年以上7年以下有期徒刑。本罪属于情节犯,只有“情节严重的”,才构成本罪。有下列情形之一的,应认定为“情节严重”。(1)导致事故后果扩大,增加死亡1人以上,或者增加重伤3人以上,或者增加直接经济损失100万元以上的。(2)实施下列行为之一,致使不能及时有效开展事故抢救的:①决定不报、迟报、谎报事故情况或者指使、串通有关人员不报、迟报、谎报事故情况的;②在事故抢救期间擅离职守或者逃匿的;③伪造、破坏事故现场,或者转移、藏匿、毁灭遇难人员尸体,或者转移、藏匿受伤人员的;④毁灭、伪造、隐匿与事故有关的图纸、记录、计算机数据等资料以及其他证据的。(3)其他情节严重的情形。有下列情形之一的,应认定为“情节特别严重”。(1)导致事故后果扩大,增加死亡3人以上,或者增加重伤10人以上,或者增加直接经济损失500万元以上的；(2)采用暴力、胁迫、命令等方式阻止他人报告事故情况，导致事故后果扩大的；(3)其他情节特别严重的情形。

第一百一十二条　【拒不改正的法律后果】生产经营单位违反本法规定，被责令改正且受到罚款处罚，拒不改正的，负有安全生产监督管理职责的部门可以自作出责令改正之日的次日起，按照原处罚数额按日连续处罚。

条文对照

2014年《安全生产法》	2021年《安全生产法》
	第一百一十二条　生产经营单位违反本法规定，被责令改正且受到罚款处罚，拒不改正的，负有安全生产监督管理职责的部门可以自作出责令改正之日的次日起，按照原处罚数额按日连续处罚。

适用要点

本条是关于生产经营单位拒不改正按日连续处罚的规定。

本条主要适用于以下两种情形：一是生产经营单位存在《安全生产法》规定的违法行为，被责令改正且受到罚款处罚，拒不改正的情形；二是生产经营单位因存在事故隐患被责令立即消除或者限期消除事故隐患且受到罚款处罚，拒不改正的情形。负有安全生产监督管理职责的部门可以自作出责令改正之日的次日起，按照原处罚数额按日对拒不改正的生产经营单位连续处罚。“可以”二字说明，负有安全生产监督管理职责的部门可以选择按日连续处罚，也可以不选择。是否选择，由负有安全生产监督管理职责的部门根据具体情况确定。“作出责令改正之日的次日”既包括作出立即改正或立即消除之日的次日，也包括作出限期改正或者限期消除之日的次日。

第一百一十三条　【“关闭”行政处罚的具体适用】生产经营单位存在下列情形之一的，负有安全生产监督管理职责的部门应当提请地方人民政府予以关闭，有关部门应当依法吊销其有关证照。生产经营单位主要负责人五年内不得担任任何生产经营单位的主要负责人；情节严重的，终身不得担任本行业生产经营单位的主要负责人：

（一）存在重大事故隐患，一百八十日内三次或者一年内四次受到本法规定的行政处罚的；

（二）经停产停业整顿，仍不具备法律、行政法规和国家标准或者行业标准规定的安全生产条件的；

（三）不具备法律、行政法规和国家标准或者行业标准规定的安全生产条件，导致发生重大、特别重大生产安全事故的；

（四）拒不执行负有安全生产监督管理职责的部门作出的停产停业整顿决定的。

条文对照

2014年《安全生产法》	2021年《安全生产法》
第一百零八条　生产经营单位不具备~~本法和其他有关~~法律、行政法规和国家标准或者行业标准规定的安全生产条件，经停产停业整顿仍不具备安全生产条件的，予以关闭；有关部门应当	**第一百一十三条**　生产经营单位**存在下列情形之一的，负有安全生产监督管理职责的部门应当提请地方人民政府**予以关闭，有关部门应当依法吊销其有关证照。**生产经营单位主要负责**

续表

2014 年《安全生产法》	2021 年《安全生产法》
依法吊销其有关证照。	**人五年内不得担任任何生产经营单位的主要负责人;情节严重的,终身不得担任本行业生产经营单位的主要负责人:** **(一)存在重大事故隐患,一百八十日内三次或者一年内四次受到本法规定的行政处罚的;** (二)经停产停业整顿,仍不具备**法律、行政法规和国家标准或者行业标准规定的**安全生产条件的; (三)不具备法律、行政法规和国家标准或者行业标准规定的安全生产条件,**导致发生重大、特别重大生产安全事故的;** **(四)拒不执行负有安全生产监督管理职责的部门作出的停产停业整顿决定的。**

适用要点

第 113 条是关于"关闭"这一行政处罚具体适用的规定。

关闭并非当然为行政处罚。例如,生产经营单位自行关闭,煤矿因产能控制等政策原因关闭退出,这时的"关闭"就不是行政处罚。本条规定的生产经营单位的关闭是行政处罚,是指行政机关对违反行政管理秩序的生产经营单位,依法剥夺其从事某项生产经营活动的资格的行政处罚。根据本条的规定,关闭适用于以下四种情形:

(1)存在重大事故隐患,180 日内 3 次或者 1 年内 4 次受到本法规定的行政处罚的。在适用这一情形关闭生产经营单位时,必须明确两点:一是必须存在重大事故隐患，是否存在重大事故隐患通常以国务院有关部门制定的判定标准加以判断；二是必须因存在重大事故隐患在180日内3次或者1年内4次受到《安全生产法》规定的行政处罚的，依据其他法律受到处罚的，不构成这一情形。

(2)经停产停业整顿，仍不具备法律、行政法规和国家标准或者行业标准规定的安全生产条件的。对于生产经营单位不具备《安全生产法》和其他有关法律、行政法规和国家标准或者行业标准规定的安全生产条件，应由有关行政执法机关责令限期改正；逾期未改正的，给予责令停止建设或者停产停业整顿等行政处罚，对于经停产停业整顿仍然不具备安全生产条件的，应当给予关闭的行政处罚。

(3)不具备法律、行政法规和国家标准或者行业标准规定的安全生产条件，导致发生重大、特别重大生产安全事故的。在适用这一情形时，必须注意两点：一是必须发生重大、特别重大生产安全事故，发生一般事故的，不适用。二是重大、特别重大生产安全事故是因生产经营单位不具备法律、行政法规和国家标准或者行业标准规定的安全生产条件导致的。

(4)拒不执行负有安全生产监督管理职责的部门作出的停产停业整顿决定的。适用这一情形的条件有两个：一是负有安全生产监督管理职责的部门对生产经营单位作出了停产停业整顿决定；二是生产经营单位拒不执行该停产停业整顿决定。

出现上述情形之一的，负有安全生产监督管理职责的部门应当提请地方人民政府予以关闭，证照颁发部门应当依法吊销其有关证照。因本条规定的事由被关闭的，生产经营单位主要负责人5年内不得担任任何生产经营单位的主要负责人；情节严重的，终身不得担任本行业生产经营单位的主要负责人。这里的“情节严重”通常是指造成重大、特别重大生产安全事故。

典型案例

山东诺斯曼食品有限公司、济宁市兖州区应急管理局行政处罚纠纷案[1]

裁判要旨:2014年《安全生产法》第108条规定:生产经营单位不具备本法和其他有关法律、行政法规和国家标准或者行业标准规定的安全生产条件,经停产停业整顿仍不具备安全生产条件的,予以关闭;有关部门应当依法吊销其有关证照。结合以上法律条文的内容,在中华人民共和国领域内从事生产经营活动未"关闭"并具有有关证照的单位,均应当适用《安全生产法》。本案被上诉人作出被诉行政行为时,上诉人并未关闭,具有相应的生产经营执照。被上诉人有权对其进行生产安全检查,以消除安全生产隐患,防止和减少安全事故的发生。上诉人虽主张已因环保原因处于停产整顿状态,但并不能因此而免除其承担安全生产的责任,不能因此而使其免于被职权部门进行安全生产检查。被上诉人可以依据《安全生产法》的规定对上诉人进行安全检查,并对发现的问题依职责作出相应的行政处理。上诉人主张因其处于停产整顿状态,被上诉人无权对具进行安全检查及行政处理的观点,没有法律依据,本院不予采纳。

第一百一十四条　【应急管理部门处以罚款的情形】发生生产安全事故,对负有责任的生产经营单位除要求其依法承担相应的赔偿等责任外,由应急管理部门依照下列规定处以罚款:

(一)发生一般事故的,处三十万元以上一百万元以下的罚款;

(二)发生较大事故的,处一百万元以上二百万元以下的罚款;

[1] 参见山东省济宁市中级人民法院(2019)鲁08行终68号案例。

（三）发生重大事故的，处二百万元以上一千万元以下的罚款；

（四）发生特别重大事故的，处一千万元以上二千万元以下的罚款。

发生生产安全事故，情节特别严重、影响特别恶劣的，应急管理部门可以按照前款罚款数额的二倍以上五倍以下对负有责任的生产经营单位处以罚款。

条文对照

2014 年《安全生产法》	2021 年《安全生产法》
第一百零九条　发生生产安全事故，对负有责任的生产经营单位除要求其依法承担相应的赔偿等责任外，由安~~全生产监督~~管理部门依照下列规定处以罚款： （一）发生一般事故的，处二十万元以上五十万元以下的罚款； （二）发生较大事故的，处五十万元以上一百万元以下的罚款； （三）发生重大事故的，处一百万元以上五百万元以下的罚款； （四）发生特别重大事故的，处五百万元以上一千万元以下的罚款；情节特别严重的，处一千万元以上二千万元以下的罚款。	**第一百一十四条**　发生生产安全事故，对负有责任的生产经营单位除要求其依法承担相应的赔偿等责任外，由**应急**管理部门依照下列规定处以罚款： （一）发生一般事故的，处**三十**万元以上**一百**万元以下的罚款； （二）发生较大事故的，处**一百**万元以上**二百**万元以下的罚款； （三）发生重大事故的，处**二百**万元以上**一千**万元以下的罚款； （四）发生特别重大事故的，处**一千**万元以上**二千**万元以下的罚款。 **发生生产安全事故，情节特别严重、影响特别恶劣的，应急管理部门可以按照前款罚款数额的二倍以上五倍以下对负有责任的生产经营单位处以罚款。**

适用要点

第114条是对生产安全事故责任单位罚款的规定。

本条借鉴《生产安全事故报告和调查处理条例》第37条，对2014年《安全生产法》第109条作出修改，之所以对事故单位进行处罚，主要目的在于督促生产经营单位采取措施，防止事故的发生。

适用本条规定，对生产经营单位进行处罚的，应当符合以下条件：

（1）生产经营单位发生了生产安全事故。"事故"的判断按照《生产安全事故报告和调查处理条例》的标准进行。

（2）该事故属于责任事故。引发事故的原因很多，有自然原因，也有人为原因。法律是对人的行为的调整，如果是自然原因引起的事故，不属于责任事故，也就不能依据《安全生产法》第114条对生产经营单位进行处罚。

（3）生产经营单位对事故的发生负有责任，生产经营单位对事故的发生没有责任的，不适用本条的规定给予处罚。

按照本法第115条的规定，本法规定的行政处罚，由应急管理部门和其他负有安全生产监督管理职责的部门按照职责分工决定。但是，对单位进行事故罚款的，处罚机关属于应急管理部门。之所以这样规定，是因为对于事故的调查和处理，原则上由应急管理部门在政府领导下进行组织或者牵头，其他部门参加，为了统一、公正执法，对事故单位处以罚款的，原则上由应急管理部门执行。当然，其他法律另有规定的，按照其规定。例如，按照《特种设备安全法》和国务院《特种设备安全监察条例》的规定，特种设备重大以下事故的责任单位，由负责特种设备安全监督管理的部门给予相应的处罚。

对事故单位的处罚标准如下：（1）发生一般事故的，处30万元以上100万元以下的罚款；（2）发生较大事故的，处100万元以上200万元以下的罚款；（3）发生重大事故的，处200万元以上1000万元以下的罚款；（4）发生特别重大事故的，处1000万元以上2000万元以下的罚款。发生生产安全事故，情节特别严重、影响特别恶劣的，应急管理部门可以按照上述罚款数额的2倍以上5倍以下对负有责任的生产经营单位处以罚款。

典型案例

济南鹏发建筑机械有限公司与南京市栖霞区安全生产监督管理局行政处罚案[1]

裁判要旨：本案中，案涉事故属于一般事故，鹏发公司是生产经营单位，对起吊作业现场安全管理不到位，未设置警示标志及隔离措施，吊装作业现场无专人安全监管，对事故发生负有一定责任，被上诉人在上述处罚范围内给予鹏发公司处罚，事实清楚，适用法律正确。关于上诉人提出被上诉人作出的案涉行政处罚决定显失公平的问题，本院经审查认为，2014年《安全生产法》第109条第1项规定，发生一般事故的，处20万元以上50万元以下的罚款。本案中，案涉事故系一般事故，被上诉人根据相关生产经营单位在事故中的责任，并经合行政处罚过程中的表现，在上述处罚范围内对上诉人作出处罚，符合法律规定，上诉人的上述主张，缺乏法律依据，本院不予支持。

第一百一十五条　【行政处罚决定机关】本法规定的行政处罚，由应急管理部门和其他负有安全生产监督管理职责的部门按照职责分工决定；其中，根据本法第九十五条、第一百一十条、第一百一十四条的规定应当给予民航、铁路、电力行业的生产经营单位及其主要负责人行政处罚的，也可以由主管的负有安全生产监督

[1] 参见江苏省南京市中级人民法院(2018)苏01行终673号案例。

管理职责的部门进行处罚。予以关闭的行政处罚，由负有安全生产监督管理职责的部门报请县级以上人民政府按照国务院规定的权限决定；给予拘留的行政处罚，由公安机关依照治安管理处罚的规定决定。

条文对照

2014年《安全生产法》	2021年《安全生产法》
第一百一十条　本法规定的行政处罚，由~~安全生产监督~~管理部门和其他负有安全生产监督管理职责的部门按照职责分工决定。予以关闭的行政处罚由负有安全生产监督管理职责的部门报请县级以上人民政府按照国务院规定的权限决定；给予拘留的行政处罚由公安机关依照治安管理处罚法的规定决定。	**第一百一十五条**　本法规定的行政处罚，由**应急**管理部门和其他负有安全生产监督管理职责的部门按照职责分工决定**；其中，根据本法第九十五条、第一百一十条、第一百一十四条的规定应当给予民航、铁路、电力行业的生产经营单位及其主要负责人行政处罚的，也可以由主管的负有安全生产监督管理职责的部门进行处罚**。予以关闭的行政处罚，由负有安全生产监督管理职责的部门报请县级以上人民政府按照国务院规定的权限决定；给予拘留的行政处罚，由公安机关依照治安管理处罚的规定决定。

适用要点

第115条是关于行政处罚决定机关的规定。

负有安全生产监督管理职责的部门在职责分工范围内承担安全生产监督管理工作，各部门要对各自监管领域的安全生产违法行为实施行政处罚,有利于加强对各行业、各领域安全生产的管理,规范和统一执法尺度。负有安全生产监督管理职责的部门监管违法行为的范围,要根据各部门的职责分工来确定。目前,规定各部门的职责分工的依据主要是有关法律、法规和国务院的“三定方案”等。

民航、铁路、电力行业的主要负责人因《安全生产法》第95条受到事故罚款或因第110条规定的违法行为受到处罚的,以及民航、铁路、电力行业的生产经营单位受到《安全生产法》第114条的事故罚款的,原则上由应急管理部门行使罚款权力,但也可以由主管民航、铁路、电力行业的负有安全生产监督管理职责的部门进行处罚。

关闭是最为严厉的行政处罚,所以关闭生产经营单位的,由负有安全生产监督管理职责的部门报请县级以上人民政府按照国务院规定的权限决定。

限制人身自由的行政处罚权只能由公安机关行使,给予拘留的行政处罚由公安机关依照《治安管理处罚法》的规定决定。

典型案例

富民永飞防滑耐磨材料厂、富民县人民政府行政处罚案[1]

裁判要旨:根据2014年《安全生产法》第110条的规定,本案中富民县政府具有作出关闭矿山的权限,因此富民县政府主体适格;2015年至2017年,富民县政府及相关职能部门对永飞材料厂现场进行了多次检查,发现永飞材料厂存在“采场高陡边坡、一面墙”等安全隐患,并多次要求永飞材料厂进行整改。富民县政府认为经整改后永飞材料厂仍存在安全隐患,已不再具有安

〔1〕 参见云南省高级人民法院(2019)云行终30号案例。

全生产的条件，在履行了相应告知、听证等程序后根据2014年《安全生产法》第108条、第110条的规定作出2号关闭矿山决定书，符合法律规定。

第一百一十六条 【赔偿】生产经营单位发生生产安全事故造成人员伤亡、他人财产损失的，应当依法承担赔偿责任；拒不承担或者其负责人逃匿的，由人民法院依法强制执行。

生产安全事故的责任人未依法承担赔偿责任，经人民法院依法采取执行措施后，仍不能对受害人给予足额赔偿的，应当继续履行赔偿义务；受害人发现责任人有其他财产的，可以随时请求人民法院执行。

适用要点

第116条是关于生产安全事故赔偿的规定。

生产经营单位发生生产安全事故造成人员伤亡、他人财产损失的，应当依法承担赔偿责任。这里的“依法”主要是依据《民法典》、《劳动法》、《劳动合同法》以及《工伤保险条例》等。这里的“赔偿责任”是一种“民事赔偿责任”，民事赔偿是法律对生产经营单位因生产安全事故所作的否定性评价。生产经营单位拒不承担或者其负责人逃匿的，由人民法院依据《民事诉讼法》等法律规定强制执行。

生产安全事故的责任人未依法承担赔偿责任，经人民法院依法采取执行措施后，仍不能对受害人给予足额赔偿的，就其不能得到赔偿的部分，责任人应当继续履行赔偿义务；受害人发现责任人有其他财产的，也可以随时请求人民法院执行。

本条关于生产经营单位的民事赔偿责任的规定相对比较原则，实践中处理民事赔偿问题，还应当适用《民法典》《民事诉讼法》等有关法律的规定。

典型案例

南充市顺庆区灯台乡人民政府、赵大刚乡履行法定职责纠纷案〔1〕

裁判要旨：根据2014年《安全生产法》第111条第1款"生产经营单位发生生产安全事故造成人员伤亡、他人财产损失的，应当依法承担赔偿责任；拒不承担或者其负责人逃匿的，由人民法院依法强制执行"之规定，发生安全生产事故，承担赔偿责任的主体是生产经营单位。本案中，被上诉人之女身亡的民事赔偿责任已在民事诉讼中确定完毕，被上诉人和上诉人履行安全生产监督管理职责的行政行为之间并无行政法意义上的利害关系。

〔1〕参见四川省南充市中级人民法院(2018)川13行终101号案例。

第七章　附　　则

第一百一十七条　【法律术语】本法下列用语的含义：

危险物品，是指易燃易爆物品、危险化学品、放射性物品等能够危及人身安全和财产安全的物品。

重大危险源，是指长期地或者临时地生产、搬运、使用或者储存危险物品，且危险物品的数量等于或者超过临界量的单元（包括场所和设施）。

适用要点

本条是关于危险物品和重大危险源含义的规定。

一、危险物品的含义

危险物品和重大危险源是《安全生产法》中的两个重要概念。危险物品，是指易燃易爆物品、危险化学品、放射性物品等能够危及人身安全和财产安全的物品。“易燃易爆物品”包括民用爆炸物品和国家标准《危险货物品名表》中以燃烧爆炸为主要特性的压缩气体和液化气体、易爆液体、易燃固体、自燃物品和遇湿易燃物品、氧化剂和有机过氧化剂以及毒害品、腐蚀品中部分易燃易爆化学物品。“危险化学品”是指具有毒害、腐蚀、爆炸、燃烧、助燃等性质，对人体、设施、环境具有危害的剧毒化学品和其他化学品。危险化学品目录，由国务院应急管理部门会同国务院工业和信息化、公安、环境保护、卫生、市场监督管理、交通运输、铁路、民用航空、农业主管部门，根据化学品危险特性的鉴别和分类标准确定、公布，并适时调整。放射性物品就是含有放射性核素，并且物品中的总放射性含量和单位质量的放射性含量均超过免于监管的限值的物品。国家规定的豁免值是指不超过国家标准《放射性物品安全运输规程》（GB 11806－2019）中放射性核素的基本限值。

二、重大危险源的含义

重大危险源包括两层含义：一是长期地或者临时地生产、搬运、使用或者储存危险物品；二是危险物品的数量等于或者超过临界量的单元（包括场所和设施）。重大危险源存在于生产经营场所或者设施上，在设置重大危险源时，应该远离社区及公共场所。

典型案例

淮南市苍松汽车运输有限公司与泰州市公安局直属分局公安行政复议案[1]

裁判要旨：本案的主要争议焦点之一为，涉案车辆悬挂的"易燃液体"警示标志是否符合《车辆标志》的规定。关于上诉人诉称的《车辆标志》适用的对象应该是危险货物，而不是涉案的危险化学品的观点。2014年《安全生产法》第112条第1款规定，危险物品，是指易燃易爆物品、危险化学品、放射性物品等能够危及人身安全和财产安全的物品。据此，危险物品包括危险化学品。故上诉人的上述意见不能成立。

〔1〕参见江苏省泰州市中级人民法院（2014）泰中行终字第00137号案例。

第一百一十八条　【安全事故的划分标准】本法规定的生产安全一般事故、较大事故、重大事故、特别重大事故的划分标准由国务院规定。

国务院应急管理部门和其他负有安全生产监督管理职责的部门应当根据各自的职责分工，制定相关行业、领域重大危险源的辨识标准和重大事故隐患的判定标准。

条文对照

2014 年《安全生产法》	2021 年《安全生产法》
第一百一十三条　本法规定的生产安全一般事故、较大事故、重大事故、特别重大事故的划分标准由国务院规定。 国务院~~安全生产监督~~管理部门和其他负有安全生产监督管理职责的部门应当根据各自的职责分工，制定相关行业、领域重大事故隐患的判定标准。	**第一百一十八条**　本法规定的生产安全一般事故、较大事故、重大事故、特别重大事故的划分标准由国务院规定。 国务院**应急**管理部门和其他负有安全生产监督管理职责的部门应当根据各自的职责分工，制定相关行业、领域**重大危险源的辨识标准和**重大事故隐患的判定标准。

适用要点

第 118 条是关于生产安全事故划分标准规定及重大危险源的辨识标准和重大事故隐患判定标准制定的规定。

一、生产安全事故划分标准的规定

《生产安全事故报告和调查处理条例》第 3 条规定，根据生产安全事故造成的人员伤亡或者直接经济损失，事故一般分为以下等级：(1)特别重大事故,是指造成 30 人以上死亡,或者 100 人以上重伤(包括急性工业中毒),或者 1 亿元以上直接经济损失的事故;(2)重大事故,是指造成 10 人以上 30 人以下死亡,或者 50 人以上 100 人以下重伤,或者 5000 万元以上 1 亿元以下直接经济损失的事故;(3)较大事故,是指造成 3 人以上 10 人以下死亡,或者 10 人以上 50 人以下重伤,或者 1000 万元以上 5000 万元以下直接经济损失的事故;(4)一般事故,是指造成 3 人以下死亡,或者 10 人以下重伤,或者 1000 万元以下直接经济损失的事故。国务院应急管理部门可以会同国务院有关部门,制定事故等级划分的补充性规定。上述所称的"以上"包括本数,所称的"以下"不包括本数。

二、相关行业、领域重大危险源的辨识标准和重大事故隐患的判定标准的制定

《安全生产事故隐患排查治理暂行规定》将生产安全事故隐患界定为:生产经营单位违反安全生产法律、法规、规章、标准、规程和安全生产管理制度的规定,或者因其他因素在生产经营活动中存在可能导致事故发生的物的危险状态、人的不安全行为和管理上的缺陷。实践中将事故隐患区分为一般事故隐患和重大事故隐患。什么是重大事故隐患?《安全生产事故隐患排查治理暂行规定》第 3 条对其进行了界定:"重大事故隐患,是指危害和整改难度较大,应当全部或者局部停产停业,并经过一定时间整改治理方能排除的隐患,或者因外部因素影响致使生产经营单位自身难以排除的隐患。"该界定中仍有很多概念不明确,例如何谓"危害较大",何谓"整改难度较大",而"全部或者局部停产停业"则是从事故隐患的整改角度出发进行的界定,至于"经过一定时间整改治理方能排除"或者"因外部因素影响致使生产经营单位自身难以排除"则是对"全部或者局部停产停业"后生产经营单位整改难度的要求。针对实践中难以认定"重大危险源"和"重大事故隐患"的现实,本条第 2 款规定,国务院应急管理部门和其他负有安全生产监督管理职责的部门应当根据各自的职责分工,制定相关行业、领域重大危险源的辨识标准和重大事故隐患的判

定标准。例如，应急管理部制定了煤矿、金属、非金属矿山、化工和危险化学品、烟花爆竹、工贸行业重大生产安全事故隐患判定标准；公安部制定了《重大火灾隐患判定方法》，水利部制定了《水利工程生产安全重大事故隐患判定标准（试行）》，交通运输部制定了《危险货物港口作业重大事故隐患判定指南》等。

典型案例

徐水泉与中山市安全生产监督管理局、广东省安全生产监督管理局质量监督行政管理案[1]

裁判要旨：根据 2014 年《安全生产法》第 113 条第 1 款的规定，生产安全一般事故、较大事故、重大事故、特别重大事故的划分标准由国务院规定。《生产安全事故报告和调查处理条例》第 3 条第 1 款规定："根据生产安全事故造成的人员伤亡或者直接经济损失，事故一般分为以下等级：……（四）一般事故，是指造成 3 人以下死亡，或者 10 人以下重伤，或者 1000 万元以下直接经济损失的事故。"本案中，陈明猛在未与收货单位进行货品交接的情况下，即单独打开车厢后门，致发生被车上掉下来的纸卷压倒死亡的事故。根据上述规定，此次事故应属一般事故。

第一百一十九条　【施行日期】本法自 2002 年 11 月 1 日起施行。

〔1〕参见广东省中山市第一人民法院（2016）粤 2071 行初 173 号案例。

适用要点

本条是关于本法施行日期的规定。

2002 年 6 月 29 日第九届全国人民代表大会常务委员会第二十八次会议通过《安全生产法》,该法自 2002 年 11 月 1 日起实施。2009 年 8 月 27 日第十一届全国人民代表大会常务委员会第十次会议对《安全生产法》第一次修正,修正内容自 2009 年 8 月 27 日实施。2014 年 8 月 31 日第十二届全国人民代表大会常务委员会第十次会议对《安全生产法》第二次修正,修正内容自 2014 年 12 月 1 日实施。2021 年 6 月 10 日第十三届全国人民代表大会常务委员会第二十九次会议通过《关于修改〈中华人民共和国安全生产法〉的决定》,对《安全生产法》第三次修正,修改内容自 2021 年 9 月 1 日起施行。

流 程 图 表

生产安全事故报告的一般程序

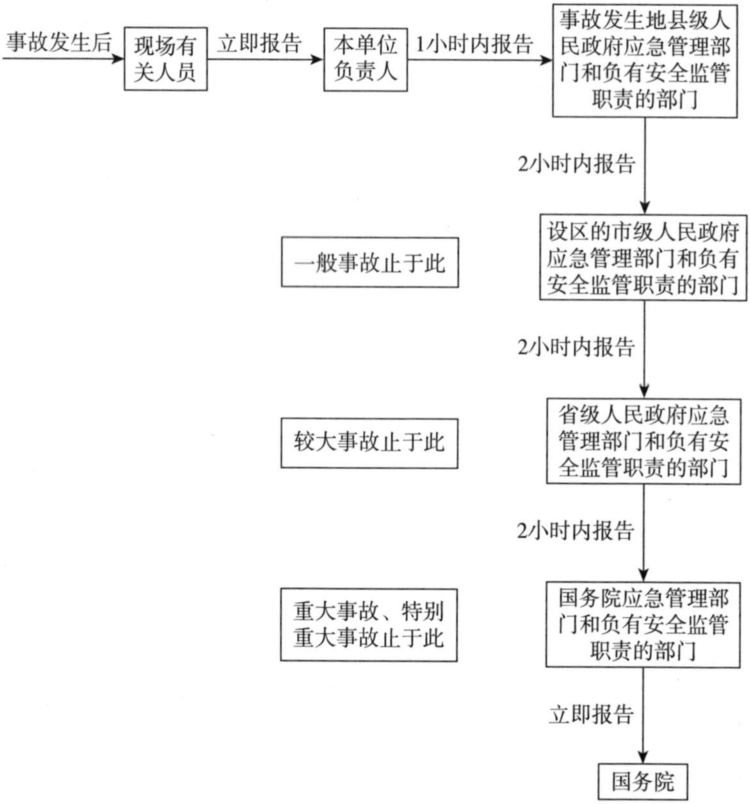

生产安全调查处理的一般程序

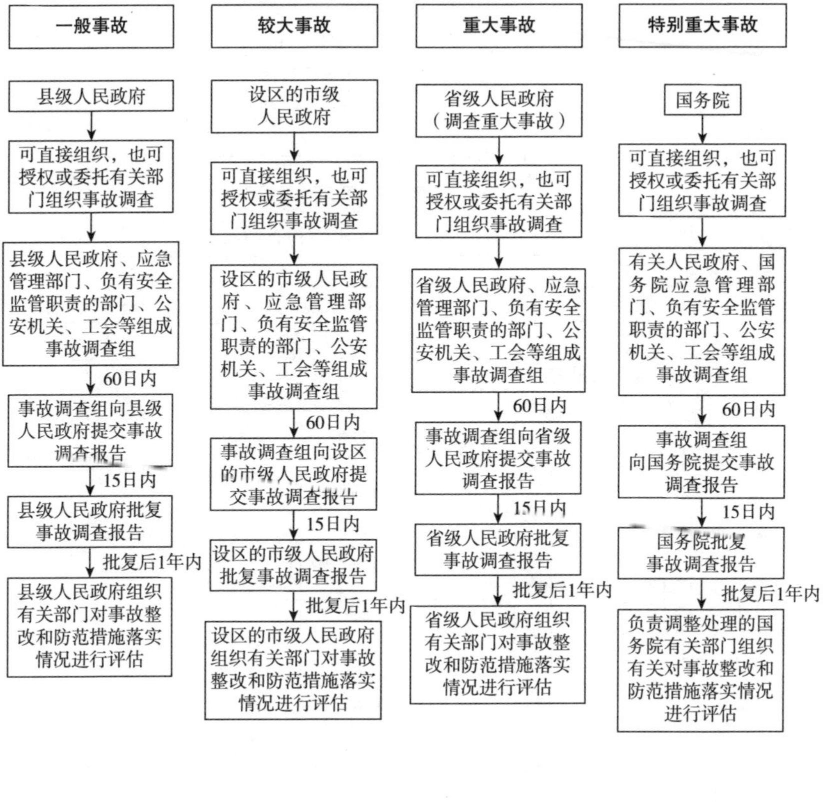

安全生产行政执法流程图

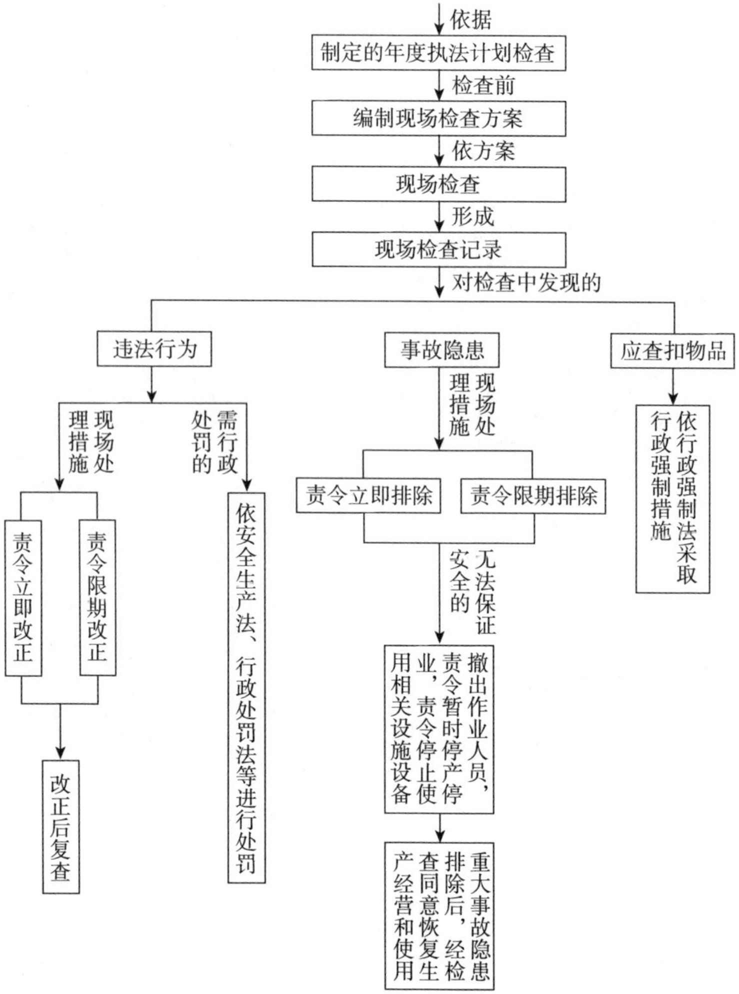

图书在版编目(CIP)数据

最新安全生产法条文对照与重点解读 / 李遐桢编著
. -- 北京 : 法律出版社, 2021
ISBN 978 7 - 5197 - 5698 - 7

Ⅰ. ①最… Ⅱ. ①李… Ⅲ. ①安全生产-安全法规-法律解释-中国 Ⅳ. ①D922.545

中国版本图书馆 CIP 数据核字(2021)第 113580 号

最新安全生产法条文对照与重点解读
ZUIXIN ANQUAN SHENGCHANFA TIAOWEN DUIZHAO YU ZHONGDIAN JIEDU

李遐桢 编著

责任编辑 陶玉霞 董 昱
装帧设计 汪奇峰

出版发行 法律出版社
编辑统筹 法规出版分社
责任校对 张红蕊
责任印制 张建伟
经 销 新华书店

开本 A5
印张 11 **字数** 310 千
版本 2021 年 7 月第 1 版
印次 2021 年 7 月第 1 次印刷
印刷 三河市兴达印务有限公司

地址:北京市丰台区莲花池西里 7 号(100073)
网址:www. lawpress. com. cn
投稿邮箱:info@ lawpress. com. cn
举报盗版邮箱:jbwq@ lawpress. com. cn
销售电话:010 - 83938349
客服电话:010 - 83938350
咨询电话:010 - 63939796

书号:ISBN 978 - 7 - 5197 - 5698 - 7
定价:48. 00 元

凡购买本社图书,如有印装错误,我社负责退换。电话:010 - 83938349